NL 현대사

NL 현대사

강철서신에서 뉴라이트까지

박찬수 지음

● 일러두기

1. 이 책은 관훈클럽신영연구기금의 지원을 받아 저술·출판되었습니다.
2. 본문에 등장한 시 「전사 1」과 「바보 과대표」는 각각 『김남주 시전집』(창비, 2014)과 『바보 과대표』(두리, 1993)에서 발췌한 것으로, 저작권자의 허가를 받아 수록했습니다.

들어가는 말

『한겨레』 편집국장을 맡고 있던 2012년 5월의 일이다. '부정경선 파동'에 휩싸인 통합진보당 기사가 연일 1면과 종합면 주요 기사로 나갈 때였다. 평소 친했던 진보 인사들의 전화가 빗발쳤다. '경기동부'로 상징되는 당권파의 경선 부정 논란을 두고 진보 진영에서도 의견이 쫙 갈라졌다. 당권파에 호의적인 NL계에서는 "『한겨레』가 사실 보도를 하지 않고 여론에 편승해 당권파를 매장하려 한다"고 비난했다. 반대로 PD계 또는 당권파에 비판적인 그룹에서는 "『한겨레』가 당권파를 감싸면서 진보 진영 전체를 수렁에 빠뜨리고 있다"고 비판했다. 심지어 트위터에 『한겨레』 기자 몇몇의 이름을 거론하며 '당권파의 나팔수'라 지칭하는 글을 올린 진보 논객도 있었다.

난감했다. 2년의 편집국장 재임 기간 중 가장 힘든 시기였다. 그때의 기사를 다시 살펴봐도, 『한겨레』 보도가 당권파(또는 NL 주사파)나 비당권파(또는 PD) 중 어느 한쪽에 치우쳤다고 생각하지는 않는다. 우리는 당권파와 비당권파의 유력 인사들을 거의 모두 인터뷰했고, 균형을 잃은 것처럼 보이는 기사나 문구는 가차 없이 잘라냈다. 당시 정치부 데스크는 게이트키핑gatekeeping(일선 기자가 보낸 기사를 취사선택하는 과정)을 훌륭하게 수행했다.

하지만 NL은 너무나 '뜨거운 감자'였다. 내 생각과 달리, 외부에서는 『한겨레』 기사를 둘러싸고 이런저런 말과 논란이 끊이지 않았다. 칼날 위를 맨발로 걷는 느낌이었다. NL이 뭐기에, 도대체 NL의 뭐가 문제기에, 이렇게 진보 진영 내부에서조차 첨예하게 의견이 갈리며 날카로운 비수를 서로에게 사정없이 꽂는 걸까? 나중에 내가 직접 'NL에 관한 심층기사를 한번 써야겠다'고 마음먹었다. 누구도 사건의 전모를 자세하게 이야기하지 않고, 단지 정치적 의도와 과장만 따지며 사생결단의 싸움을 벌이는 데 대한 답답함의 발로였다. 기자로서 오기일 수도 있었다. 이 책의 발판이 된「박찬수의 NL 현대사」를 『한겨레』에 연재하게 된 직접적인 계기다.

"왜 PD는 안 쓰고 NL만 써요?" 2016년 봄 『한겨레』 토요판에 「박찬수의 NL 현대사」를 연재하자 어느 후배가 던진 질문이다. 왜 'NL-PD 현대사'가 아니고 'NL 현대사'인가? NL과 PD가 한국 사회 변혁운동을 주도해온 두 개의 큰 축인 건 맞다. 하지만 1987년 6월항쟁 이후 운동의 주류가 NL이었음을 부인하기는 어렵다. 지금은 'NL'을 북한과 관련해서 해석하려는 경향이 강하지만, 1980년대 후반부터 2000년 무렵까지 NL은 민주화운동 또는 진보적인 재야운동의 큰 흐름을 통칭하는 의미로 받아들여졌다. 이 책은 그 시기 운동의 모습을 담고 있고, 그렇기에 PD 역시 어느 정도는 포괄하고 있다.

NL에 대한 개인적인 궁금증도 컸다. 1989년 여름, 말단 경찰기자로 한양대 현장 취재를 맡으며 지켜본 전대협 출범식 장면은 놀라움으로 다가왔다. 대학생 특유의 낭만적이고 비조직적인 모습은 찾아볼 수 없었다. 수만 명이 〈전대협 진군가〉에 맞추어 일사불란하게 움직이는 것을 보면서, 마음속으로 '새로운 학생운동이 한국 사회를 바꾸겠구나'라고 생각했다.

그렇게 강고해 보였던 전국조직이, 수십 년 민주화 투쟁을 이끌어온 학생운동이, 불과 몇 년 만에 무너진 이유가 궁금했다. 김영환을 비롯한 적지 않은 인사가 목숨을 걸고 방북하게 만든 동인動因은 무엇일까? 또 그렇게 평양을 찾았던 사람 중 상당수가 북한에 실망하거나 극단적인 전향을 택한 이유는 무엇일까? 지금도 NL계 핵심으로 꼽히는 한 인사는 '30년 전 NL 운동에 뛰어들 때와 지금을 비교하면 생각은 여전합니까?'라는 질문에 "이 세상에 변하지 않는 게 어디 있겠나"라고 말했다. 초기 NL 운동과 지금의 NL은 무엇이 바뀌고 무엇이 바뀌지 않은 걸까……. 이런 개인적인 궁금증을 한번 풀어보고 싶은 욕구가 컸다.

처음에는 내가 직접 보고 겪었던 1980년대 중후반, NL이 처음 생겨나 확산되던 시절의 이야기만 쓰려고 했다. 그런데 2016년 4월 29일 『한겨레』 토요판 커버스토리로 「박찬수의 NL 현대사」 첫 회가 나간 뒤 예상보다 큰 관심과 논란, 비난에 깜짝 놀랐다. 1980년대부터 2000년대 초반까지 직간접적으로 NL을 경험한 세대가 그만큼 다양하고, 이제껏 가슴에 담아둔 이야기가 많다는 뜻이었다. 어떻게든 여러 목소리를 기사에 담아내야 했다. 애초 토요판에 길어야 10회 정도 연재하고 끝낼 생각이던 내용이 30회 가까운 분량으로 늘어나 한 권의 책으로 묶여 나온 것은 이런 이유에서다(신문 연재는 15회로 끝났다).

　　누가 뭐래도 NL은 지난 30년간 한국의 사회변혁운동을 이끌어온 중심 사조다. 그 NL의 공과를 누구도 공개적으로 말하려 하지 않기에, 물꼬를 튼다는 생각으로 '내가 알고 있는 작은 단면'을 보여주자고 시작한 일이다. 그러니 이 책이 NL 운동의 모든 것을 담고 있지는 않다. 어떤 사안의 전모를 온전히 드러내고 평가하는 데서 기자는 전문 연구자를 따라가지 못한다. 기자의 역할은 불충분한 윤곽이라도 빨리 사람들에게 제시해 후속 작업의 불씨를 지필 수 있게 하는 것이다. 민감한 사안을 비교적 객관적 시각으로 풀어낼 수 있다는 점도 기자의 장점이다. 이 책에 담긴 조각들이 우리 현대사에서 NL의 흔적을 온전히 그리는 데 작은 도움이라도 되기를 바란다. 한 시대를 풍미했고 지금도 여전히 강한 영향력을 지닌 사조에 대한 깊이 있는 성찰과 평가는 다음에 누군가의 몫이다.

　　책을 쓰기 위해 많은 이를 만났다. NL에 관해 알지 못했던 사실도 적지 않게 새로 깨달았다. 모든 운동에는 공과가 있고, 성쇠도 당연하다. 취재 과정에서 가장 가슴 아팠던 것은 1990년대 NL 주도의 학생운동이 와해되는 과정에서 마음에 상처를 입은 90년대 학번들의 침묵이었다. 이들 중 일부는 인터뷰에 응했지만, 이름을 밝히는 데 동의한 사람은 매우 적었다. 인터뷰에 응하고도 막상 기사가 나간 뒤에는 내 전화를 받지 않는 이도 있었다. 1990년대 한총련 대표로 평양을 방문하고 수년간 베를린 범청학련 사무국에서 일했던 인사는, 평양과 베를린 시절의 경험에 관한 인터뷰에 처음에는 동의했지만 곧 마음을 바꾸었다. "아직은 그때 일을 공개적으로 이야기할 준비가 되지 않았다. 미안하다"고 말했다. 20년 전 일을 지금도 가슴깊이 꾹 눌러 담고 침묵하는 것이 90년대 학번, 특히 NL 학생운동을 했던 이들의 공통된 정서다. 그런 점에서 1970~1980년대에 대학을 다닌 세대와는 사뭇 달랐다.

NL 사조가 우리 사회에 남긴 흔적 중 가장 아픈 부분이 바로 이 점, 즉 과거의 잘잘못을 공개적으로 성찰하지 않고 격동의 시기를 지나쳐온 점이 아닐까 생각한다. 1990년대 학생운동의 퇴조와 통일운동 협소화에 NL은 어떤 책임이 있는지, 그 부분을 냉철하게 되돌아보지 않고 그냥 달려만 왔다. 그것이 NL을 입에 올리기조차 힘든 뜨거운 감자로 만들어버렸다. "반공 이데올로기와 국가보안법이 강고한 상황에서 아직 NL을 객관적으로 평가할 시기가 아니다"라는 지적만으로 이 상처를 가릴 수는 없다고 본다.

이 책에 담긴 내용은 누군가에게는 이미 알고 있고 술자리에서 지나가듯 했던 이야기일 수 있다. 누구는 NL을 부정적으로 묘사했다고 비판할 수 있고, 반대로 여전히 NL에 관해 솔직하지 못하다고 타박할 수도 있다. 다 일리 있는 말이다. 그렇게 술자리에서 떠들며 이야기한 것을 검증해서 팩트fact로 뒷받침하는 것이 기자의 몫이다. 여기 담긴 내용이 모두 진실truth이라 장담할 수는 없지만, 적어도 사실에 근접해 있고 또 그러려고 노력했다고 말할 수 있다. 그것을 어떻게 해석하고 받아들일지는 독자의 몫이다.

끝으로, 이름을 밝히거나 익명匿名으로 인터뷰에 응하고 때로는 소중한 자료를 건네주신 분들께 깊은 고마움을 전한다. 그분들의 통찰력 있는 조언이 아니었다면, 한 시대를 움직인 운동 사조의 그림자조차 밟지 못했을 것이다. 신문 연재를 처음 제안하고 격려한 고경태·최우성 전·현 토요판 에디터, 그리고 책을 내기까지 많은 도움을 준 인물과사상사에도 감사한 마음을 전한다.

2017년 늦가을

박찬수

차례

들어가는 말 • 5

제1부 NL의 등장

1　NL 논란은 현재진행형이다 —— 17
2　세 동지의 엇갈린 운명 —— 34
3　광주는 달랐다 —— 44
4　구호가 엇갈렸다, 경찰도 헷갈렸다 —— 54
5　"이제 집은 해체된다" —— 64

제2부 NL 전성기와 전대협

1　극우 총장이 불 지핀 주사파 논쟁 —— 77
2　민족주의, 거대한 블랙홀 —— 87
3　해방전사여, 음주와 흡연을 절제하라 —— 97
4　독재정권이 모두에게 남긴 상처 —— 107
5　구국의 강철대오 —— 117

6 대중은 사라지고 이념만 남았다 ── 127
7 평양에서 보낸 '팩시밀리 편지' ── 137
8 그날 밤 베를린의 술집에서 ── 147
9 늦봄의 마지막 편지 ── 157
10 NL 교과서 ── 167
11 운동의 성공은 진정성에 달려 있다 ── 177

제3부 갈등과 분열

1 불신의 싹을 틔운 평양 방문 ── 191
2 시대착오적인 전위조직 ── 203
3 변절과 모색 사이 ── 215
4 드라마와 현실은 다르다 ── 227
5 "나는 프락치가 아니다" ── 238
6 '열사의 시대'는 갔다 ── 251
7 패권주의와 피해의식 ── 264
8 'NL은 수단방법을 가리지 않는다' ── 276
9 전설적인 대중활동 ── 287
10 진보정당 역시 대중정당이다 ── 300
11 뉴라이트의 탄생 ── 312

제1부
**NL의
등장**

1

NL 논란은 현재진행형이다
강철서신과 NL의 등장

강철서신, 금기를 뛰어넘다

제5공화국의 폭압통치가 극에 달했던 1986년 3월, 휴학하고 공장 취업을 준비하던 김지연(서울대 약대 83학번)은 서클 '고전연구회' 선배인 김영환(서울대 법대 82학번)에게서 팸플릿(문건) 하나를 타이핑해달라는 부탁을 받았다. 그 시절에는 타자기가 귀했고 타자를 할 수 있는 학생도 드물었다. 건네진 문건의 제목은 '한 노동운동가가 청년학생들에게 보내는 편지'. 김지연은 전동타자기로 문건을 타이핑한 뒤 김영환에게 건넸다. 그는 "운동론이나 혁명론을 다룬 다른 팸플릿과 달리, KBS 시청료 거부 투쟁을 지지하고 주체사상을 언급한 게 새로웠다"고 기억했다.

김영환은 이 팸플릿을 딱 한 부 복사한 뒤 다시 7부로 복사하고, 원본과 1차 복사본은 폐기했다. 국가안전기획부(안기부, 국정원의 전신)나 경찰의 추적을 피하기 위한 나름의 보안조치였다. 7부는 서울대 각 단과대학의 학과 사무실에 몰래 뿌렸다. 팸플릿 맨 끝에는 작성자의 이름이 '강철'로 표시되어 있었다.

지금 이 순간도 이 땅의 자주화와 민주화를 위해 분투하고 계신 청년학생동지 여러분! 지금 우리나라에서는 전국적으로 민주주의적 개헌을 위한 천만 명 서명운동이 높은 열기로 진행되고 있으며, KBS 시청료 납부 거부운동이 새로운 바람을 일으키며 확산하고 있습니다. 이러한 민중들의 투쟁은 양키 침략자들과 그의 충실한 개 전두환 독재자 일당의 파쇼적 폭압에 대한 그리고 기만과 착취와 부패에 대한 세찬 항거의 표현인 것입니다. 우리는 이러한 운동이 비록 그 수준이 낮다 하더라도, 민중의 이익과 입장에 근거한 민중의 산발적 투쟁에 무관심하여 남의 일처럼 생각해선 안됩니다. 역사의 주인은 민중입니다.……지금 청년학생들에게 부과된 가장 크고도 중요한 임무는 주체사상을 학습하고 이해하여 이를 지도적 지침으로 삼으며 주체사상을 중심으로 굳게 뭉치는 일입니다. 이렇게 되어야만이 비로소 청년학생운동이 종파주의를 비롯한 제반 편향에 쉽게 빠지지 않을 강한 기반이 마련될 수 있을 것이며, 적의 어떠한 분열 와해 파괴 공작도 진정한 단결을 유지하며 싸워 이길 수 있는 힘이 만들어질 것입니다.

• 「한 노동운동가가 청년학생들에게 보내는 편지」

팸플릿에 언급된 '주체사상'이 북한 주체사상을 뜻한다는 것을 알아차린 사람은 처음에는 거의 없었다. 1980년대 학생운동권을 뒤흔들고 이후 30년간 숱한 논쟁과 갈등을 불러온 'NLNational Liberation(민족해방) 노선', 좀 더 좁혀서 이야기하면 남한의 자생적인 '주사파(주체사상파)'는 이렇게 세상에 모습을 드러냈다. 그 뒤 두 달 남짓한 기간 강철 명의의 팸플릿이 잇따라 서울대에 배포되었다. 파장은 즉각적이고 광범위했다. 문건은 수천, 수만 부로 복사에 재복사를 거듭하며 순식간에 서울은 물론 전국의 대학·노동현장·재야운동권으로 퍼져나갔다. 해방 이후 이처럼 단기간에 운동권을 사로잡은 문건은 전무후무했다. 나중에 이 문건들은 몰래 책으로 만들어져 출간되었고, '강철서신'이란 제목이 붙었다. 강철은 안기부와 치안본부가 쫓는 1급 추적 대상이 되었다.

강철서신을 쓴 김영환은 이렇게 회상했다. "팸플릿이 일단 배포되면 큰 반향이 있을 거라고 생각했다. 설령 반향이 없더라도 공안당국이 집요하게 추적할 거라는 건 분명했다. 매회 북한을 암시하는 언급이 조금씩 들어 있었으니까. 그래

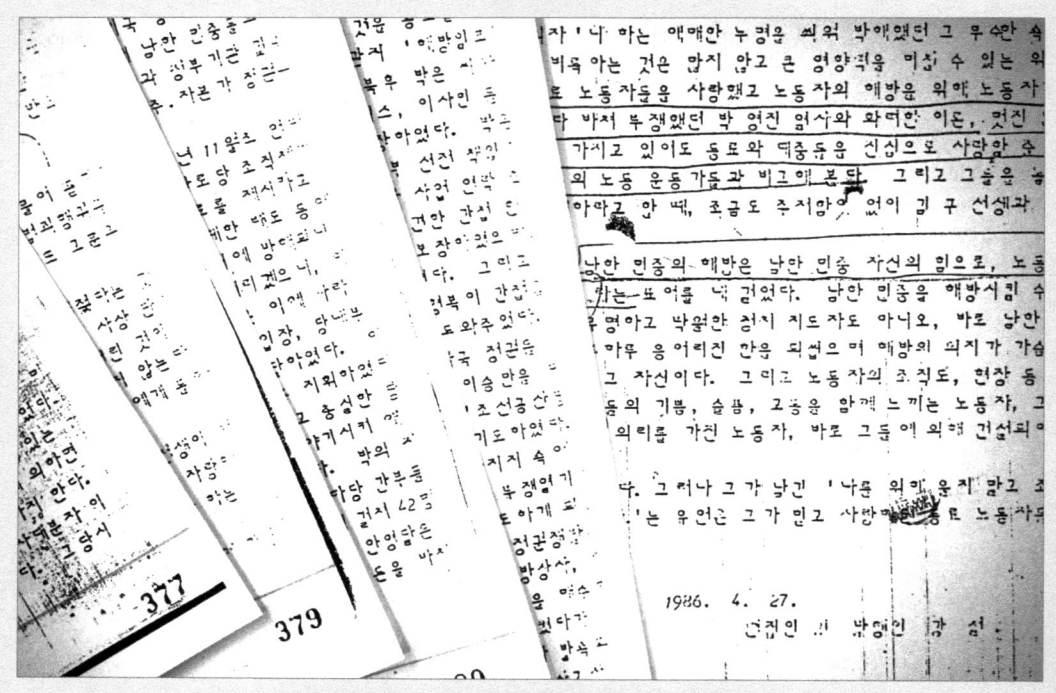

김영환이 쓴 '강철서신'의 일부. 맨 마지막 장에 "1986. 4. 27. 편집인 겸 발행인 강철"이라고 적혀 있다. 1980년대 학생운동권을 뒤흔들고 이후 30년간 숱한 논쟁과 갈등을 불러온 'NL 노선'은 이 팸플릿을 통해 세상에 모습을 드러냈다. ▶사진: 저자 제공서 보안에 무척 신경 썼다. 원본과 첫 복사본을 폐기하고, 팸플릿 제작·배포에 관여한 사람도 후배 2명으로 한정했다. 그 외엔 누구에게도 이 팸플릿을 얘기하지 않았다. 나와 함께 구국학생연맹을 만든 정대화(서울대 법대 82학번)가 한번은 '요즘 대학가에 널리 읽히는 팸플릿이니 읽어보라'고 강철서신을 건네준 적이 있다. 그걸 보고 '아 반향이 있구나'란 생각을 했다." 김영환은 나중에 붙잡혀 안기부 조사를 받을 때 "운동권뿐 아니라 안기부와 치안본부, 공안연구소 등 모든 공안기관과 연구원들이 강철 문건을 한 부씩은 갖고 있다. 줄잡아 10만 부는 복사가 되어 유통됐을 것이다"란 이야기를 들었다고 한다.

학생운동권에 특히 충격을 준 것은 두 번째 문건 「우리는 간첩 박헌영으로부터 무엇을 배울 것인가」였다. 문건을 타이핑했던 김지연은 원고를 받았을 때 "이렇게까지 노골적으로 써도 되나"라는 생각에 겁이 덜컥 났다고 했다. 일본 강점기에 줄곧 국내에 머물며 사회주의 독립운동의 불씨를 살렸고 해방 이후에는 남조선노동당(남로당) 당수를 지낸 박헌영朴憲永. 그를 '미국의 스파이'로 규정하는 강철서신 내용은 한국전쟁 무렵 박헌영을 간첩 혐의로 처형했던 북한 정권의 주장과 거의 흡사했다.

> 박헌영은 1925년 조선공산당과 공산청년동맹의 일부 조직이 파괴되었을 때 이 전조직에 관해 일본 관헌에 고발하고

이 공로로 일찍 석방될 수 있었다. 이때부터 확고한 정치적 신념과 혁명적 양심을 상실했고 1939년 10월 CIC(CIA의 전신)로부터 미국을 위해 복무하라는 권유를 받고 승낙했다. ……(월북 뒤 한국전쟁이 한창이던) 1951년 박헌영은 무장폭동 지휘부를 결성하고 자기 세력을 확대하다 미군이 평양 방면으로 진공해오면 무장부대들을 평양 주변에 결집시켜 동원할 계획을 갖고 준비하다 (내란 모의가) 발각됐다.……
'박헌영이 정말 간첩이었느냐'라는 질문에 나는 자신있게 '그렇다'고 대답할 수 있지만, 다시 한 번 부탁하고 싶은 것은 그 질문보다 '박헌영은 왜 간첩이 되었는가' '우리는 이 역사적 사실로부터 무엇을 배울 것인가'라는 질문에 진지함과 관심을 모아달라는 것이다……. 혁명운동은 지식과 재능으로 하는 것이 아니라 신념과 의리로 하는 것이다. 박헌영은 높은 지식과 재능을 갖춘 사람이었지만 혁명적 신념과 의리가 없었다.

• 「우리는 간첩 박헌영으로부터 무엇을 배울 것인가」

비로소 팸플릿이 지향하는 바가 뚜렷해졌다. 해방 이후 오랫동안 금기로 여긴 '북한'이란 벽을 뛰어넘으려 하고 있었다. 먼 훗날의 과제로 여기던 반제국주의 투쟁과 통일운동을 지금 당장 전면에 내걸어야 한다고 주장했다. 특히 반제국주의는 '반미'라는 훨씬 구체적인 형태로 가시화했다. 이전의 학생운동과 전혀 다른 새로운 조류의 출현이었다.

독재의 횡포가 너무 살벌해 작은 회의나 고민조차 사치로 여기던 시절, 강철서신은 다양한 방식으로 학생들의 삶을 바꾸었다. 익명을 요청한 한 인사는 이렇게 말했다. "가장 인상적이었던 건 '힘 있는 사람은 힘으로, 돈 있는 사람은 돈으로, 지식 있는 사람은 지식으로 운동에 기여할 수 있다'는 구절이었다. 나중에 보니 북한 김일성 주석의 말을 인용한 것이더라. 그 무렵 운동을 계속할지 말지 고민하고 있었는데 이 구절을 읽고 내가 비록 능력은 없어도 변화와 변혁에 도움을 줄 수는 있겠구나 생각했다. 그게 지금도 강렬한 기억으로 남아 있다." 그는 1989년 군에서 제대한 뒤 곧바로 노동운동에 뛰어들었고, 1995년 민주노총 결성 과정에 적극 참여했다.

1986년 봄 '강철서신'이란 이름으로 배포된 팸플릿 6편의 저자가 모두 강철은 아니다. 「한 노동운동가가 청년학생들에게 보내는 편지 Ⅰ·Ⅱ」와 「우리는 간첩 박헌영으로부터 무엇을 배울 것인가」에 이어 노동자 조직 건설에 관한 세 팸플릿이 하나로 묶여 나왔다. 「선진적 노동자의 임무」·「노동자 조직 건설과 운영에 관한 4가지 원칙」·「지금 당장 우리는 무엇을 해야 하는가」가 그것인데, 이 중 「선진적 노동자의 임무」란 팸플릿 저자는 '박무산'으로 표기되어 있었다. 강철과 박무산은 모두 가명이다. 경찰 추적을 피하기 위해 팸플릿이나 유인물에 가명을 쓰는 것은 일반적이었다. 김영환은 왜 6편의 강철서신 중 유독 「선진적 노동자의 임무」에만 강철 대신에 '박무산'이란 가명을 썼을까? 사실 이 팸플릿의 저자는 따로 있었다. 팸플릿 내용이 좋아 강철서신 시리즈에 삽입했지만, 자신이 쓴 것이 아니었기에 필자를 '박무산'으로 표기했던 것이다. 「선진적 노동자의 임무」를 쓴 이는 당시 서울 구로공단 삼립식품에 다니던 고졸 출신 노동자 심진구(1960년생)였다. 1985년 무렵 김영환을 만나 그가 '북한'을 접하는 데 영향을 준 것으로 알려져 있다. 심진구는 자신의 글이 강철서신에 포함되었다는 이유로 안기부에 끌려가 혹독한 고문을 당하고 평생 그 후유증에 시달렸다.

NL은 무엇인가?

벌써 30년 전의 일이다. 하지만 NL의 등장과 확산을 어떻게 볼지는 여전히 뜨거운 논란거리다. 2013년 이석기 통합진보당(통진당) 의원을 내란음모 혐의로 구속하고 이듬해 헌법재판소가 통진당에 유례없는 '정당 해산' 결정을 내린 사건은 이 논란이 매우 정치적이고 현재진행형임을 보여준다. 김영환은 헌법재판소 재판에 정부 쪽 증인으로 출석했다. 그는 "통진당 주요 인사들이 (1992년 주체사상을 지도이념으로 결성된) 민혁당 당원이거나 산하 조직원이었다"는 취지로 진술했다. 그의 증언은 수만 명의 당원을 가진 통진당이 '과거의 민족민주혁명당(민혁당)을 계승한 이적단체'라는 헌법재판소의 논리적 비약을 메우는 데 중요한 구실을 했다. 주사파를 법적으로 다루는 것은 오히려 역효과를 부른다고 주장했던 김영환은 정부 쪽 증인으로 나선 이유를 『중앙일보』와의 인터뷰에서 이렇게 밝혔다. "(통진당은) 극단적인 종북 성향 탓에 국민들로부터 확실히 고립됐기 때문이다. 그렇다면 이런 정당은 사법적으로 해산하는 게 맞다고 생각을 바꿨다."■ 그의 증언은 진보 진영의 거센 비판을 받았다. 통진당에 대한 그의 시각은 차치하고라도, 30년 전 팸플릿에서 그렇게 강조했던 '의리'라는 측면에서 그랬다. 통진당을 변론한 이재화 변호사는 트위터에 "보수건 진보건 인간은 최소한의 예의가 있어야 한다"고 썼다.

   김영환은 헌법재판소 증언을 마치고 하와이로 가서 대학 선배인 백태웅(서울대 학도호국단 총학생장과 사노맹 중앙위원장 역임, 현 하와이대학교 법대 교수)을 만났다. 강철서신 영향으로 운동권에서 NL과 주사파 영향력이 급증하던 시절, 백태웅은 '이정로'라는 필명으로 주체사상을 정면 비판하는 글을 썼다. 「주체사상, 조선노동당, 조선민주주의 인민공화국에 대한

■ 강찬호, 「진보 살릴 유일한 길은 종북세력과의 명확한 결별」, 『중앙SUNDAY』, 2014년 12월 21일.

우리의 태도」라는 문건이었다.

> 현재 북한의 '김일성 절대화'의 문제점은 심각한 지경이다. 당과 수령에 대한 맹목적 충성을 강조하는 북한의 선전, 선동 활동은 사회를 강화시키는 것이 아니다. 자본주의적 요소가 전면적으로 침투하기 시작할 때 어이없는 허약성을 불러올 수 있다.……일부 주사파 세력은 남한 혁명을 조선노동당 내지는 한국민족민주전선이 대신 지도해줄 것이라는 착각을 하고 있다. 그것이 전적으로 환상이라고 아무리 말해줘도 그들은 들으려 하질 않는다.
>
> • 「주체사상, 조선노동당, 조선민주주의 인민공화국에 대한 우리의 태도」

1980년대 운동권에서 가장 대척점에 섰던 두 사람은 30년 가까운 세월이 흐른 뒤 다시 만나, 하와이 해변에서 함께 수영을 하며 이야기를 나누었다. 백태웅은 왜 헌법재판소에 나가 증언했느냐고 후배인 김영환을 나무랐다고 한다. 김영환은 "나도 증언을 후회한다는 그런 비슷한 얘기를 했던 것 같다"며 "(내 속에는) 후회하는 측면과 잘했다는 측면이 항상 공존한다"고 말했다.

NL 주사파를 상징하는 말처럼 되어버린 '종북'이란 단어를 처음 쓴 이들은 2001년 사회당이었다. 사회당은 민주노동당의 통합 제의에 "민중의 요구보다 조선노동당의 외교정책을 우위에 놓는 종북세력과는 당을 함께하지 않겠다"고 말했다. 2007년 대선 패배 이후 민주노동당 내 NL과 PD People's Democracy(민중민주 노선 또는 평등파)의 노선투쟁 과정에서, PD 계열인 조승수 당시 진보정치연구소장은 "종북주의와 이에 바탕한 패권주의가 당내 다수파가 됐다"고 NL 주사파를 공개 비난했다. "종북주의에 기반한 다수파(NL)는 당비 대납과 집단 주소 이전, 심지어 부모·친척·미성년자까지 입당시켜 지역위원회를 장악하고 지금은 중앙위원회와 대의원까지 주요 의결기구를 장악했다. 국민들은 민주노동당의 정체성(북한과의 관계와 태도)에 의구심을 보내고 있다." 이때부터 '종북'은 대중적 용어로 확산되었다. 조승수의 주장은 예언과도 같았다. 5년 뒤인 2012년 4월 비례대표 후보를 뽑는 경선에 대리투표와 공개투표 등 대규모 부정이 있었다는 '부정경선 사건'으로 통진당은 만신창이가 되었다.

　　　　1945년 해방 시기부터 민주화운동사를 정리해온 '민주화운동기념사업회'는 1980년대 중반 이후 NL 운동을 체계적으로 정리하는 데에 어려움을 겪고 있다. NL과 주사파 운동을 민주화운동 범주에 포함할지에 대해 우리 사회의 의견이 아직 일치되지 않았기 때문이다. 자료는 비교적 폭넓게 수집하지만 그중 상당 부분은 비공개로 분류하고 있다. 홍계신 민주화운동기념사업회 사료관장은 이렇게 말했다. "관련 법과 시행령에서 민주화운동 범주를 규정하고 있기 때문에 그에 따라 사료를 수집하고 정리해서 서비스한다. 1960~1970년대까지는 (민주화운동 범주를 정하는 게) 어렵지 않지만 1980년대 중반 이후엔 NL과 주사파에 대한 사회적 합의가 이루어지지 않은 게 아무래도 사료 수집과 공개에 영향을 끼친다." 이유야 어떻든 지난 30년간 한국 사회운동에 중요한 영향을 끼친 NL 운동의 공과가 객관적으로 평가되지 않는 것도 같은 맥락이다.

NL 사조의 영향

1986년 돌연 등장한 NL 사조는 우리 사회에 많은 영향을 끼쳤다. 대중노선을 분명히 함으로써 학생운동권의 엘리트적·전위적 운동방식에 큰 변화를 불러왔다. 1987년 6월 항쟁 과정에서 학생운동이 일반 시민의 민주화 열기와 성공적으로 결합할 수 있었던 데에는 NL의 대중노선 역할이 컸다는 평가가 있다. 1988년 결성된 '반미청년회' 의장을 지냈던 조혁(고려대 인문대 82학번)은 이렇게 말했다. "NL이나 주사파가 세력이 커서 운동을 주도할 수 있었던 게 아니라, 정치력이 있고 유연했기에 1987년 민주화 시기를 주도했던 것이다. 그리고 이것이 다시 NL의 확산에 기여했다. 지금이야 (운동권 출신이) 정치권에 많이 진출해 있으니까 쉬워 보이지만, 1980년대 중반만 해도 (개량주의적인) 야당과 함께 투쟁하자고 하면 내부에서 격렬한 비판을 받곤 했다. '직선개헌 쟁취'란 전 국민적 구호를 내거는 것도 대중추수주의大衆追隨主義, populism▪란 비판을 받을 때였다." 운동권에서 외면했던 '수준 낮은' KBS 시청료 거부 투쟁을 높이 평가한 강철서신이 단적인 예다.

반론도 있다. 서울대 법대 학생회장을 지낸 임성택(82학번)의 말이다. "NL의 대중노선이 새롭다고 보지 않는다. 1980년 무림-학림 논쟁 때부터 대중노선은 학생운동의 한 흐름으로 죽 이어져왔고 언제나 대중노선이 다수파였다. NL은 학생운동의 분열을 극복했다고 말하지만 오히려 그 이후 NL과 PD로 운동의 분열이 훨씬 심해지고 고착화했다. NL 전체에서 주사파의 영향력도 과장되어 있다. 중요한 역할은 했지만 NL의 압도적 다수는 주사가 아닌 '비주사'였다."

NL 운동의 유산 가운데 논쟁적인 부분은 '서클 해체'다. 1986년 새롭게 나타난 NL 계열은 학생운동의 근거지 역할을 하던 학내 서클을 해산하고 새로운 활동가조직을 건설함으로써 운동의 주도권을 확실하게 틀어쥘 수 있었다. 학생활동가들의 재생산기지였던 서클의 해체가 이후 학생운동의 급속한 몰락을 가져왔다고 주장하는 이들이 있다. 1980년대

▪ 대중의 요구를 무비판적으로 수용해 그대로 따르려는 태도. 레닌은 '전위조직은 대중을 이끌어야지 뒤꽁무니를 좇아서는 안 된다'고 대중추수주의를 비판했다.

사회구성체 논쟁을 정리한 『사회구성체론과 사회과학방법론』의 저자 이진경(서울대 사회학과 82학번, 현 서울과기대 교수)은 "학생운동뿐만이 아니다. 학생운동이 전체 사회운동의 풀(저수지)이었는데 그 풀이 말라버렸다. 학생운동이 몰락하면서 전체 사회운동도 쇠퇴했다. 서클이 이어졌다면 지금 운동권의 상황은 많이 달랐을 것이다"라고 말했다.

NL 운동의 부침이 훨씬 극적인 것은, 남한에 NL을 확산시킨 '강철' 김영환과 민혁당 핵심 인사 상당수가 1990년대 중반부터 '북한 정권 타도'와 '북한 민중 해방'을 외치는 노선으로 180도 변신했기 때문이다. 이들의 변신은 1970년대 일단의 미국 민주당 저명인사들이 네오콘Neo-Conservative(신보수주의자)으로 전향한 것을 연상케 한다. 김영환은 1995년 월간 『말』 4월호에 실린 「반미, 북한 그리고 90년대에 대한 나의 생각」이란 인터뷰 기사에서 전향을 공식화했다. 지하 전위당前衛黨, vanguard party■인 민혁당 중앙위원장으로 있을 때였다. 민혁당은 산하에 경기남부위원회와 영남위원회, 전북위원회 등 3개 지역조직을 두고 있었다. 이 중 김영환이 관할한 전북위원회 다수가 그를 따라 전향했다. 재야단체 연합체인 전국민족민주운동연합(전민련) 조국통일위원회에서 활동하던 홍진표

■ 북한에서 노동자 계급의 전위대로서 사회주의 혁명을 위한 투쟁을 선도하는 정당을 일컫는다.

NL은 1987년 6월항쟁 과정에서 '호헌 철폐, 독재 타도'라는 대중적 슬로건을 들고 나왔다. 학생운동이 일반 시민의 민주화 열기와 성공적으로 결합할 수 있었던 데에는 NL의 대중노선 역할이 컸다.

(서울대 정치학과 83학번, 현 『시대정신』 편집인) 등도 김영환의 설득으로 노선을 바꾸었다. 홍진표는 "통일운동 과정에서 북한 정권의 교조적 태도에 실망해 유학을 떠나려던 참에 김영환 씨가 북한민주화운동을 제안했다. 북한 실상을 알게 된 만큼 거절할 수 없었다"고 말했다.

그 무렵 전향한 인사 중에는 박근혜 정부에서 어버이연합 파문에 연루된 허현준(전 청와대 국민소통비서관실 선임행정관)도 있다.■ 1994년 전북대 총학생회장과 전북총련 의장을 지낸 허현준은 민혁당 정식 당원은 아니었지만 전북위원회 산하에서 일을 했다. 김영환은 "허현준 씨를 개인적으로 잘 안다. 북한민주화운동을 처음 시작할 때 합류한 건 아니었고, 나중에 전북위원회가 집단적으로 사상 전향을 하면서 산하에 있던 사람들도 자연스럽게 합류했는데 그때 허씨도 같이했다"고 말했다. 그는 "북한민주화운동으로 노선 전환한 사람들도 다양하게 갈라진다"면서 "정치하고 싶은 사람은 정치하는 거고, 개인적인 선택일 뿐"이라고 덧붙였다.

백태웅은 '허현준 사건'을 보면서 "안타깝다"고 말했다. "1980년대 주사파 운동을 했던 사람들은, 다른 운동을 한

■ 극우단체인 '대한민국 어버이연합'이 전국경제인연합회(전경련)에서 뒷돈을 받고, 청와대에서 집회 지시를 전달 받아 여러 사건에 개입했다는 의혹. 2016년 『시사저널』 보도를 통해 청와대 선임행정관 허현준이 어버이연합에 관제 데모를 지시한 정황이 포착되었다.

사람들도 마찬가지겠지만, 사상적 좌표를 모색하는 그런 과정에 있었으리라 본다. 이념에 의해 운동을 한 거라기보다는 사회운동 속에서 전망을 찾기 위해 이것저것 섭렵하는 과정이었다. (이념은 바뀔 수 있지만) 중요한 건 초심이다. 사회적 약자를 돕고 사회 변화를 위해 헌신하려던 초심을 잃지 않는다면 (허현준처럼) 극도로 정치화하는 모습은 나타나지 않았을 것이다."

'주사파'나 '전향 주사파'가 NL의 큰 줄기는 아니다. 주체사상을 따랐다기보다는 민족 문제가 중요하다고 생각해 NL 노선을 지향했던 수많은 '보통 사람'이 있다. 김영환이나 홍진표 등은 어떤 생각으로 북한 조선노동당이나 노동당을 추종하는 전위당(민혁당)에 가입했고, 또 왜 갑작스레 방향을 튼 것일까? 김영환과 함께 남한 NL 운동의 정립에 중요한 역할을 했던 하영옥(서울대 법대 82학번)은 전향을 거부하고 험난한 길을 걸었다. 안락하지 못한 삶을 살기는 한기홍(연세대 심리학과 81학번, 현 북한민주화네트워크 대표)을 비롯해 북한민주화운동에 뛰어든 사람들 역시 마찬가지다. 김영환에게 처음 북한을 접하게 했던 노동자 심진구는 이 세상 사람이 아니다. 격동의 시대에 좋든 싫든 NL의 세례를 받았던 80~90학번들은 그때를 어떻게 기억하고 있을까?

2

세 동지의 엇갈린 운명
불운한 사람 심진구

"김영환을 만난 것을 후회한다"

2008년 4월 '진실·화해를 위한 과거사정리위원회(진실화해위)'에 제5공화국 시절 고문피해 사건의 진실 규명을 요청하는 한 통의 편지가 도착했다. 진실화해위는 국가권력에 왜곡되거나 가려진 사건의 진실을 밝히고자 노무현 정부 시절인 2005년 발족하여 2010년 말까지 활동한 기관이다. 편지를 보낸 사람은 심진구. 그는 1986년 국가보안법 위반 혐의로 안기부에 불법 구금되어 구타 등 가혹행위를 당하고 혐의가 조작되었으니 이를 바로잡아 달라고 요청했다. 이 사안은 진실화해위 제3소위원회로 넘어갔다. 2년여가 흐른 2010년 6월, 제3소위원회는 "안기부가 심진구 씨를 영장 없이 연행해 불법 구금하고 강압적 조사를 가해 일부 범죄사실을 조작했다. 이는 형사소송법의 재심 사유에 해당한다"는 결정을 내렸다. 심진구는 이 결정을 근거로 법원에 재심을 청구했고, 2012년 11월 서울중앙지방법원에서 26년 전 사건에 대해 무죄 선고를 받았다. 무죄 선고 직후 소감을 묻는 질문에 그는 이렇게 답했다. "김영환을 만난 것을 후회한다." 심진구와 김영환 사이에 무슨 일이 있었던 걸까? 1990년대 주체사상을 지도이념으로 했던 자생적 전위당 '민혁당'의 두 주역 김영환과 하영옥은 모두 심진구와 얽혀 있다. 서로 다른 길을 걸어간 세 사람은 한때 가장 가까운 동지였다.

심진구가 김영환을 처음 만난 때는 1984년 1월 무렵이다. 심진구는 진실화해위에 진실 규명을 요청하기 전인 2007년 7월 『오마이뉴스』에 보낸 글에서 김영환과의 첫 만남을 이렇게 기억했다.

> 영환이! 우리가 처음 만난 1984년 1월 20일경 서울 구로3동 이광우의 자취방이 생각나네. 고교 동창인 광우는 내게 자취방을 불쑥 찾아온 자네를 "서울대 공법학과 2학년(82학번) 김영환"이라고 소개했지. 학교에서 무슨 일을 하느냐고 묻자 자네는 "OB팀(고전연구회)에서 활동한다"고 했지. 학내 사정에 과문한 내가 "무슨 맥주회사 야구팀이냐"고 묻자 자네는 "단재 신채호와 정약용 선생을 연구하는 학교 동아

리 모임"이라고 설명해 주었다네. 자네를 처음 만났을 때의 단상은 이것이 전부였네. 자네는 대학 2년 선배인 광우와 나의 대화와 토론을 곁에서 묵묵히 듣고만 있었지. 그러다가 내가 고향에서 올라와 광우의 자취방에서 자고 가는 날이 빈번해지자, 지적 호기심이 컸던 자네는 사상학습을 함께하자고 졸랐지.

• 「집 나간 '시대정신' 김영환, 제 자리로 돌아오라」

(『오마이뉴스』, 2007년 2월 1일)

심진구는 고졸 학력의 노동자였다. 1984년 무렵에는 군에서 제대한 후 서울 구로공단에 일자리를 찾던 중이었다. 고교생 시절부터 철학책과 역사책을 즐겨 읽어 대학생과 능히 토론을 할 정도로 지식수준이 높았다. 하영옥이 심진구를 만난 것도 김영환을 통해서였다. 김영환과 대학 동기인 하영옥은 1991년 김영환과 함께 민혁당 건설을 주도했고, 김영환이 전향한 뒤에도 민혁당 사수파로 분류되어 오랫동안 옥살이를 했다. 하영옥은 심진구와의 만남에 대해 이렇게 말했다. "(1985년 무렵에) 영환이가 '철학과 경제학 공부를 많이 한 노동자 형이 있다. 너도 꼭 만나봐야 한다'고 해서 심진구 씨를 처음 만났다. 만나보니 나이가 우리보다 서너 살 위인데, 대학은 안 나왔지만 사색과 연구 수준이 웬만한 대학생보다 높았다. 고교 때 마르크스주의 비판서들까지 찾아서 읽었다고 했다. 나와 영환이 모두 현장 투신(노동운동을 위해 공장에 취업하는 것)을 준비하고 있었기에 심씨로부터 많은 영향을 받았다."

심진구와 김영환은 1985년 하반기에는 넉 달 동안 구로공단 부근에서 자취를 함께할 정도로 가까워졌다. 그 방에서 심진구, 김영환, 하영옥 세 사람은 노동운동에 관한 세미나를 했다. 현장 경험을 가진 심진구가 두 사람을 지도했다. 그때 하영옥은 방위 복무 중이었고, 김영환은 휴학한 뒤 공장 취업을 준비하고 있었다. 세 사람의 이런 행적이 나중에 심진구의 국가보안법 위반 사건에서 핵심 혐의가 되었다. 검찰은 1986년 심진구를 구속기소하면서 공소장에 "심씨가 김영환, 하영옥과 모의해 러시아의 페테르부르크노동자동맹을 본딴 반국가단체 '지역노동자해방동맹(지노맹)' 건설을 획책했다"고 적었다. 사실과 다른 과장된 내용이었다.

'강철서신'의 배후

안기부가 1986년 12월 심진구를 한 달 가까이 불법 구금하고 심하게 고문한 이유는 사실 다른 데 있었다. 그해 봄 대학가를 발칵 뒤집어 놓은 '강철서신'의 배후로 처음에 심진구를 지목한 것이다. 당시 안기부 수사관이었던 ㄱ씨는 이렇게 말했다. "학원가에 강철 시리즈라는 유인물이 배포되어 그

제작자를 잡으려고 안기부뿐 아니라 기무사, 경찰 등 모든 수사기관이 몇 달 동안 추적했다. 김영환이 학원가에서 뜬 인물이 아니어서 제작자가 누구인지 몰라 체포하는 데 시간이 오래 걸렸다. 안기부가 부산에서 김영환을 체포해서 서울로 왔는데, 김영환을 신문하는 과정에서 관련자로 심진구가 나왔다. 처음엔 심진구가 김영환의 상부선쯤 되는 줄 알고 집중적으로 조사했다."

안기부는 대학생인 김영환이 강철서신을 썼으리라고 믿지 않았다. 1984년 무렵부터 대학가에 『무엇을 할 것인가?』 같은 레닌의 원전이 은밀하게 나돌면서 다양한 사회주의 혁명론이 제기되었지만, 북한은 여전히 금기의 벽이었다. 북한 공작원과 연계되어 있지 않다면 주체사상을 언급하고 박헌영을 '미제의 스파이'로 모는 팸플릿을 대학생이 쓸 수는 없다고 공안당국은 생각했다. 심진구는 공작원으로 의심받기에 충분했다. 고졸 학력의 노동자가 서울대 법대생들과 토론 모임을 했다는 점도 그렇고, 강철서신의 하나인 「선진적 노동자의 임무」를 작성한 사람이 심진구라는 점도 그런 의심을 부추겼다. 어떻게 고졸 출신 노동자가 운동권의 대표적 문건을 쓸 수 있을까. 조사 과정에서 심진구가 한때 북한 방송을 청취했다는 사실이 드러났다. 학생운동권의 배후가 북한의 대남공작망과 연계되어 있다는 분명한 증거를 잡았다고 안기부는 흥분했다.

1986년 봄 학원가에 배포된 강철서신 시리즈는 모두

6편이다. 이 중 5편의 필자는 '강철'로 되어 있는데, 유독 「선진적 노동자의 임무」만 필자 이름이 '박무산'으로 기재되어 있었다. 나중에 김영환이 검거된 뒤에야 그 이유가 드러났다. 「선진적 노동자의 임무」는 심진구가 쓴 팸플릿이었다. 둘이 같이 자취를 할 때 팸플릿 내용에 매혹된 김영환이 강철서신 시리즈에 삽입해 배포했던 것이다. 뒤늦게 이 사실을 알게 된 심진구는 김영환에게 강하게 항의하며 자신의 글을 빼라고 요구했다. "1986년 7월쯤에 심진구 씨와 하영옥 씨가 강력히 항의해서 강철서신 시리즈에서 그 팸플릿을 뺐다. 내가 분명히 동의를 구했는데 심씨는 그걸 기억하지 못했다." 김영환은 이렇게 말했지만, 심진구는 김영환 때문에 자신이 검거되었다고 생각할 수 있었다.

심진구는 1986년 12월 10일 안기부에 연행된 뒤 21일간 모진 고문을 당했다. 하지만 아무리 조사해도 북한과 연계되어 있다는 증거는 나오지 않았다. 결국 그는 지역노동자해방동맹이라는 반국가단체를 만들려고 했다는 혐의에다 북한방송 녹취록과 마르크스-레닌주의 서적을 갖고 있었다는 혐의(국가보안법 위반)로 구속기소되었다. 훗날 2008년 진실화해위 조사 과정에서 심진구, 김영환, 하영옥은 모두 '혐의사실 대부분이 고문과 강압 수사에 의해 조작되거나 과장되었다'고 말했다.

그러나 한 가지 눈에 띄는 부분이 있다. 심진구가 김영

심진구는 1986년 12월 10일 안기부에 연행된 뒤 21일간 모진 고문을 당했다. 김영환의 '강철서신'에 자신의 글이 포함되었다는 이유에서였다. 후일 재심을 청구해 과거 사건에 대해 무죄 선고를 받았으나, 평생 고문 후유증에 시달렸다. 그는 "김영환을 만난 것을 후회한다"고 밝혔다. ▶사진: 심진구 유족 제공환에게 북한 주체사상을 설명했고 김영환이 북한 방송의 '김일성대학 강좌'를 접하는 동기를 제공했다는 증언이다. 심진구는 2008년 4월 진실화해위 조사에서 이렇게 말했다. "친구인 이○○과 김영환이 군 입대를 걱정하면서 내가 군대생활 한 것을 궁금해해서, 자랑하듯이 군대생활 걱정할 거 없다고 했다. 전방엔 북한에서 전단지도 많이 날아오고 내용에 '자주'니 '잘산다'는 내용도 있다고 하니, 김영환이 관심 있어 해서 대화 과정에서 주체사상 이야기도 자연스레 나왔다."

심진구는 경기도 안성에서 고등학교를 졸업한 해인 1980년 5월부터 약 1년간 라디오로 '김일성 방송대학 주체철학 강좌'를 청취했다고 생전에 여러 차례 말했다. 1980년대 서울은 우리 정부의 전파방해가 심해서 단파라디오가 아니면 북한 방송을 듣기가 쉽지 않았다. 하지만 지방에서는 일반 라디오로도 비교적 쉽게 북한의 대남방송을 접할 수 있었다. 심진구의 아내 이정미는 이렇게 말했다. "남편이 MBC FM의 〈별이 빛나는 밤에〉를 좋아했는데 그걸 들으려 라디오 채널을 돌리다 우연히 북한 방송이 잡혀서 듣게 됐다고 말했다. 김영환 씨에게도 북한 방송을 들어보라고 권유했다는 얘기를 했다." 하영옥도 비슷한 이야기를 했다. "심진구 씨는 혼히 하는 말로 공부의 내공이 깊어서 툭툭 던지는 말이 본질을 짚는 경우가 많았다. 북한에 대한 문제 제기나 인식도 그런 식으로 얘기했는데, 영환이가 거기에 충격을 받고 김일성대학 강좌 방송을 듣게 됐다."

하지만 김영환은 자신이 강철서신을 쓰고 북한 문제를 천착穿鑿하는 데 심진구에게서 별다른 영향을 받지 않았다고 밝혔다. 김영환은 언론 인터뷰와 2015년 11월 출간한 자서전 『다시 강철로 살아』에서도 심진구에 관한 언급을 하지 않았다. 김영환은 2010년 심진구 재심 청구와 관련해 진실화해위 조사관의 진술 요청을 받고 이렇게 답했다. "심진구 씨가 주체사상을 철학적으로 깊이 연구하거나 알지는 못했다. 고등학교 때 북한 방송을 몇 번 들으면서 주체사상이란 말을 들었던 정도였다.……심진구 씨에게서 주체사상에 대해 듣긴 했지만, 내가 그걸 구체적으로 접하고 도움을 받은 건 정부기관(통일부)에서 나온 자료를 통해서였다." 그러면서 심진구가 당한 어려움이 "나로부터 발단했으니 미안한 마음을 갖고 있다. 1991년 무렵에 심진구 씨를 만났을 때 그런 마음을 전했다"고 말했다. 사람의 기억이란 매우 주관적이어서 똑같은 일이라도 기억하는 방식은 서로 다르다. 심진구와 김영환의 서로에 대한 기억도 그럴 수 있다.

망가진 삶

안기부의 불법 구금과 고문 이후 심진구의 삶은 망가

졌다. 박영진 열사(1986년 노동3법 보장을 요구하며 분신자살한 신흥정밀 노동자)와 함께 '구로독산지역 선진적 노동자회'를 이끌었던 그는 1987년 집행유예로 출소한 뒤에는 노동운동에 제대로 합류하지 못했다. 고문을 못 이겨 안기부 수사에 협조했다는 꼬리표 때문이었다. 고문 후유증으로 평생 병원을 다녔고 심한 불면증과 불안증에 시달렸다. 아내 이정미의 말에 따르면 "건강 때문에 정상적인 사회생활도 쉽지 않고 본인이 뜻한 대로 살지 못하니 굉장히 괴로워했다." "불운한 사람"이었다. 심진구는 그림에 소질을 보였다. 그림을 그려서 생계를 유지한 적도 있다. 그는 2004년에 정형근(전 국회의원, 1986년 당시 안기부 대공수사단장) 등을 그림으로 그려 독직폭행瀆職暴行■ 혐의로 서울지검에 고소했지만 기각되었다. 이정미의 말로는 당시 심진구가 "정형근 씨 초상화를 그릴 때 거의 열흘 동안 방에 틀어박혀서 아무것도 안 먹고 그림만 그렸다. 기억을 떠올리는 게 너무 괴로워서 음식을 넘길 수가 없다고 했다."

심진구는 2014년 11월에 세상을 떠났다. 췌장암 말기 판정을 받은 지 약 40일 만이었다. 빈소에는 하영옥과 송경동 시인 등 그를 기억하는 소수의 사람만 찾아왔다.

■ 재판, 검찰, 경찰 기타 인신구속에 관한 직무를 행하는 자 또는 이를 보조하는 자가 그 직권을 남용하여 사람을 체포 또는 감금하거나 형사피의자 또는 기타 사람에 대하여 폭행 또는 가혹한 행위를 가하는 것을 말한다.

3

광주는 달랐다
광주와 NL

군사독재와 반미 운동

겨울바람에 진눈깨비가 흩날리던 1980년 12월 9일 밤, 광주시 동구 황금동의 미국문화원 지붕에서 불길이 치솟았다. 불은 지붕을 거의 태우고, 긴급 출동한 소방차에 진화되었다. 경찰의 공식 발표로는 '전기 누전에 의한 화재'였다. 그러나 경찰은 내부적으로 검거팀을 꾸리고 범인 색출에 나섰다. 그해 5월 광주민주화운동이 260여 명의 희생자를 내고 유혈 진압된 지 약 여섯 달 만의 일이었다.

불을 지른 사람은 광주·전남 지역 가톨릭농민회(가농) 회원들이었다. 가농 전남연합회장 김동혁(1996년 사망)과 정순철(2004년 사망), 임종수, 윤종형, 박시형 등 5명이 방화에 가담했다. 대학생으로 가농 활동을 했던 임종수(전남대 경영대 79학번)는 이렇게 기억했다. "정순철 씨와 내가 문화원 지붕에 올라가고 가농 전남연합회장인 김동혁 씨 등은 주변에서 망을 봤다. 내가 문화원과 맞붙은 여관 지붕에서 석유와 휘발유를 1대 1로 섞은 기름통을 정씨에게 건네줬다. 정씨가 기와 일부를 뜯어내고 기름을 부은 뒤 종이를 길게 말아 불을 붙였다. 불이 확 이는 걸 보고 광주공원으로 달아났다. 황금동 일대에 검은 연기가 가득했다." 이 사건은 임종수가 가농 집회와 관련해 경찰 조사를 받는 과정에서 전체 윤곽이 드러났다. 김동혁과 박시형은 체포되고 정순철과 윤종형은 도피했다. 경찰은 수사 과정을 비밀에 부쳤다. 임종수를 데리고 미국문화원에 가서 현장검증을 할 때도 문화원 직원에게 "조사할 게 있어서 나왔다"고만 말했다.

당시에는 주목받지 못했지만, 광주 미국문화원 방화사건은 1980년대 첫 '반미 운동'이었다. 그로부터 1년 3개월 뒤 일어난 부산 미국문화원 방화사건은 이 사건에서 영감을 얻었다. '미국은 우리에게 가장 고마운 우방'이란 시각이 지배적이던 시절이었다. 임종수의 말에 따르면 "광주에선 미국이 신군부의 '학살'을 방조했다는 분노와 배신감이 굉장히 컸다. 그래서 미 문화원에 불을 지르자고 의기투합했다". 그랬다. 1980년 5월 계엄군에 고립된 광주에서는 미국 항공모함이 광주 시민의 저항을 돕기 위해 부산에 입항했다는 소문이 돌았다. 시민들은 '미 항모가 부산에 왔으니 군사독재는 끝났다'고 생각했다. 5·18광주민주화운동을 다룬 홍희담의 소설 「깃발」은 그때 상황을 이렇게 묘사했다.

"언니, 저 벽보 봐."
순분이가 가리킨 곳에 큰 대자보가 붙어 있었다.

미국 항공모함 부산 앞바다에 정박중.
우리의 우방인 미국은 민주주의와 인권을 수호하는 나라입니다. 광주의 민주시민을 보호하기 위하여 지금 부산에 미국 항공모함이 정박 중에 있습니다. 더이상 광주는 피를 흘리지 않을 것입니다. 시민들은 동요하지 마시고 도청에 집결합시다.

시민들은 그 대자보를 보고 안심하는 눈치였다.
• 홍희담, 「깃발」 중

미국 항공모함 '코럴 시Coral Sea'가 필리핀 수빅 기지를 떠나 한국 근해로 출동한 것은 사실이다. 그러나 이는 북한 도발을 억제하기 위해서였지 광주 시민을 지원하기 위해서가 아니었다. 미 국방부는 5월 23일(현지 시각) '코럴 시' 출동과 함께 "일부 지상군을 연합사에서 한국군 지휘하에 들어가도록

허가했다"고 밝혔다. 한국군 요청으로 20사단 등 일부 군 병력의 작전통제권을 한국에 넘겼다는 뜻이다.

'양키 고 홈'

1980년 5월의 경험은 광주에서 반미 의식을 광범위하게 뿌리내리게 했다. 서울을 비롯한 다른 지역에서 반미 구호를 전면에 내세우는 데 주저하던 시절에, 광주에서는 '양키 고 홈yankee go home'이 터져나왔다. 전남대 민주동우회의 박세종(84학번)은 이렇게 말했다. "대학에 들어가니 반미를 자연스럽게 받아들이는 분위기가 형성되어 있었다. 서울처럼 이론적으로 반독재에서 반미로 진화한 게 아니라 광주항쟁의 경험 속에서 반미의 필요성을 깨달았다."

1985년 봄 전국 대학의 학생운동은 대체로 총학생회 산하에 '민족통일·민주쟁취·민중해방 투쟁위원회(삼민투)'를 구성해 학내외 투쟁을 이끌어가는 형태를 취했다. 전남대에서는 삼민투와 별도로 '5·18진상규명투쟁위원회(오진투위)'를 꾸렸다. 광주 유혈 진압의 진상을 규명하는 투쟁을 벌여나가기 위해서였다. 전남대 삼민투 위원장은 강기정(공대 82학번, 전 국회의원)이, 오진투위 위원장은 한경(영문과 82학번)이 맡았다.

1985년 5월 25일, 미국문화원 점거 농성을 벌이고 있는 삼민투 학생들이 창문에 '광주 학살 책임져라'라는 글을 써 붙이고 있다. 이 사건은 국내외적으로 커다란 반향을 불러일으켜 전두환 정권의 '광주 학살'과 미국의 방조 책임을 부각하는 데 성공했다.

조이권(사범대 84학번)은 1985년 4월 19일의 오진투위 발족식을 지금도 선명하게 기억하고 있다. 전남대 도서관 앞 5·18광장에 학생 2,000여 명이 모였다. 오진투위 위원장 한경이 새하얀 치마저고리를 입고 대나무 깃발을 들고 연단에 섰다. 광주 학살을 방조한 미국의 책임을 거론하며 '양키 고 홈'이란 구호를 외쳤다. 조이권은 그 광경이 "소름이 돋을 정도로 인상적이라" 잊지 못한다고 말했다. 강기정은 이를 두고 이렇게 말했다. "대학 집회에서 '양키 고 홈'이란 구호가 공개적으로 나온 건 아마 그날이 처음이었을 것이다. 서울에선 여론의 역풍을 우려해 반미 구호를 전면에 내세우려 하지 않았지만, 광주는 달랐다. 광주 학살에 미국의 책임이 있다, 이 책임을 물어야 한다는 공감대가 있었다. 나중에 구속되어 재판을 받을 때도 '양키 고 홈'의 의미가 뭐냐는 게 계속 논쟁이 됐다."

그해 서울에서 미국문화원 점거농성사건이 벌어졌다. 5월 23일 낮 12시 무렵, 서울 중구 을지로1가 미국문화원 주변에 흩어져 있던 5개 대학 73명의 학생이 한꺼번에 문화원으로 진입해 단식농성에 들어갔다. '광주 학살 지원한 미국의 사과', '전두환 독재정권 지원 즉각 중단' 등이 이들이 내건 요구였다. 학생들은 미 대사관 측과 대화를 이어가다 72시간 만에 자진해서 농성을 풀었다. 이 사건은 국내외적으로 커다란 반향을 불렀다. 전두환 정권의 '광주 학살'과 미국의 방조 책임을 부각하는 데 성공했다. 그러나 학생들은 "우리는 반미가 아니다'라고 분명하게 선을 그었다.

애초 거사일은 5월 23일이 아니라 22일이었다. 22일에 서울과 광주에서 동시에 미국문화원을 점거하자고 논의했다. 강기정은 이렇게 말했다. "광주 학살 진상규명과 미국의 책임론 부각이 목적이니까, 서울과 광주에서 동시에 미 문화원 점거투쟁을 벌이자고 얘기가 됐던 걸로 기억한다. 그래서 22일로 날짜를 잡았는데 마침 그날 서울에 경찰력이 대거 배치되어 갑자기 계획을 취소한다는 연락이 왔다.■ 그러고는 23일에 서울만 먼저 미 문화원에 진입했다."

익명을 요청한 전남대 출신 인사의 말로는, 당시 공동투쟁을 준비하면서 서울과 광주 사이에 반미 구호의 수준과 미국문화원 타격 수위를 놓고 갈등이 있었다. 광주에서는 '반미 슬로건을 분명하게 내세우고 문화원을 화염병으로 타격하자'고 주장한 반면에, 서울은 여론을 고려해 '비폭력'과 '전두환 정권 고립'에 방점을 두었다는 것이다. 이에 대해 강기정은 "점거 이후 내거는 구호와 타격 수준에서 약간의 온도 차가 있었던 것은 맞다. 그러나 그게 공동투쟁이 무산된 결정적 이유는 아니다. 22일 계획이 연기되면서 자연스럽게 서울만 먼저 들어가게 됐다"고 말했다.

■ 그날 서울 을지로1가 미국문화원 부근 롯데호텔에서 한미안보협의회가 열렸다. 경찰력 배치는 그 때문이었다.

그때 공동투쟁을 준비했던 학생들이 느낀 '미묘한 온도 차'는 광주의 NL 운동 성격을 이해하는 데 중요한 모티브를 제공한다. 김보현(전남대 사학과 84학번, 현 광주시의원)은 이렇게 말했다. "서울에서 NL이 이론으로 나타나기 이전에 광주에선 5·18의 경험을 통해 실천적으로나 정서적으로 이미 자생적인 NL적 기류가 형성되어 있었다. 그게 (1986년 봄 '강철서신' 이후) 서울에서 들어온 NL 이론과 결합하면서 더 조직적이고 대세가 됐다. 광주의 NL은 '반미'에 강조점을 두었다."

익명을 요청한 전남대 출신 인사는 이렇게 말했다. "1980년 5·18 때 고교생으로 항쟁에 참여한 사람들이 적지 않았다. 이들 중 상당수는 구속됐다 나온 뒤 동기생보다 조금 늦게 1984년 무렵 대학에 들어왔다. 이들은 매우 실천적으로 이론을 받아들이는 경향이 강했는데, NL은 반미 투쟁을 전면화했다는 점에서 이들의 성향과 딱 맞아떨어졌다. 광주에서만 볼 수 있는 이런 측면도 NL 확산의 한 계기로 작용했다."

민민투와 반미투

NL의 등장으로 심해진 정파 갈등을 광주 역시 비켜가지 못했다. 1986년 9월 8일 전남대 5·18광장에서는 비가 내리는 가운데 '반제반파쇼민족민주투쟁위원회(민민투)' 출범식이 열렸다. 나중에 PD로 진화하는 CAConstitutional Assembly (제헌의회) 계열이 주도한 투쟁조직 결성이었다. 학생 수백 명은 '제헌의회 소집'을 내걸면서도 '수입개방 강요하는 미제를 몰아내자', '제헌의회 소집투쟁으로 미제를 몰아내자'는 구호를 외쳤다. 사흘 뒤인 9월 11일에는 같은 장소에서 '반미구국투쟁위원회(반미투)'가 출범했다. 이름에서부터 NL의 향기가 물씬 났다. 민민투 때와 비슷한 수의 학생이 모여 '민족자주경제 수립', '조국 분단 영구화하는 86·88 결사반대' 등을 외쳤다. 반미투 위원이었던 박정신(전남대 철학과 84학번)은 "집회와 시위를 각기 따로 할 정도로 한동안 내부 갈등이 있었다. 두 개의 투위 출범은 학교 안팎에 충격을 주었고, 선배들로부터 통합 압력을 받았다"고 말했다.

박정신의 말대로 전남대에서 투쟁조직이 둘로 갈라졌다는 사실은 학내 구성원뿐 아니라 광주 시민사회 진영에 큰 충격이었다. 광주의 운동문화는 이론보다 실천을 중요시했다. 비록 노선 차이가 있더라도 단일한 대오로 투쟁하지 않는 것은 '적전 분열' 행위였다. 노선 차이도 서울만큼 크지 않았다. 민민투 집회에서도 광주 유혈 진압에 대한 미국 책임론을 주요 이슈로 거론했다. 그래서 학내에서는 두 그룹을 '신파(반미투)'와 '구파(민민투)'로 불렀다. 학교 안팎의 거센 압력에 신·구파 대표들은 여러 차례 만나 투쟁위원회 통합을 논의했다.

구파 대표로 통합 논의에 참여했던 최영호(전남대 무역

학과 83학번, 현 광주 남구청장)의 이야기다. "민주화를 위해선 사상은 달라도 투쟁은 같이해야 하지 않느냐고 시민사회 쪽에서 강하게 요구했다. 우선 신·구파 양쪽에서 책임자들이 분열에 대한 자기반성을 했다. 구파에선 내가 자기비판하는 글을 써서 내부 회람을 했다. 그리고 통합 투위의 명칭과 활동 방향, 내년(1987년) 학내 지도부 구성을 같이 논의했다. 통합 투위 위원장은 내가 맡기로 했다. 사투(사상투쟁)가 극심했던 1986년에 NL과 PD(이때의 CA)가 투쟁조직을 통합한 건 전국에서 전남대가 유일했을 거다. 광주니까 가능한 일이었다." 통합 투쟁위원회 이름은 '반제자주화·반파쇼민중민주화 투쟁위원회(반반투)'로 정했다. NL의 '자주'와 PD의 '민중민주'를 합친 이름이었다.

신파(반미투) 핵심 중 몇 명은 학교를 떠나 노동운동으로 활동의 중심을 옮겼다. 학생운동의 큰 흐름이었던 '현장투신'이었지만, 분열에 대한 책임을 진다는 의미도 있었다. 박정신은 "(새로 출현한) NL이 분열의 책임을 더 많이 진 측면이 있다. 그러나 통합 이후에도 학내 흐름은 NL 쪽으로 쏠렸다"고 말했다. 최영호도 "통합 당시만 해도 NL과 PD가 양립했는데, 오히려 PD가 좀 더 강한 듯했는데, 1987년과 1988년을 지나면서 전남대 학생운동은 NL이 주도하게 됐다"고 말했다. '1980년 광주'에서 발원한 반미 정서를 기반으로, NL 사조는 전국 학생운동의 주류로 부상했다.

4

구호가 엇갈렸다, 경찰도 헷갈렸다
「예속과 함성」과 단재사상연구회

옥탑방에서 탄생한 「예속과 함성」

1984년 4월 서울 동대문구 용두동, 세칭 '청량리 588' 사창가 건물 옥탑방에 학생들이 드나들기 시작했다. 연세대 졸업생인 김성만(물리학과 75학번)과 당시 국민대 대학원생 정금택, 성균관대 3학년 김창규 등이었다. 이들은 건물주에게 "자취를 하겠다"고 말하고 월세로 옥탑방을 빌렸다. 이 방에서 1980년대 NL 운동의 주요 문건 중 하나인 「예속과 함성」이 탄생했다. 굳이 사창가에 방을 얻은 것은 "보안 때문이 아니라 월세가 가장 쌌기 때문"이라고 김성만은 말했다.

「예속과 함성」 집필은 김성만, 정금택, 김창규 세 사람이 각각 3분의 1씩 나누어 맡았다. 정금택은 고교 시절 김성만에게 과외를 받은 인연이 있었고, 김창규는 정금택의 소개로 김성만을 알게 되었다. 김성만은 이렇게 말했다. "미국 유학 시절 공부한 문헌들을 복사해서 1983년 귀국할 때 갖고 들어왔다. 한·미 관계에 관한 영어와 일어 문헌들이었다. 이걸로 정금택, 김창규 두 사람과 다시 학습한 뒤 몇 개의 소제목으로 나눠 글을 썼다. 최종 정리와 수정은 내가 했다." 그 무렵의 다른 운동권 팸플릿과 달리 「예속과 함성」은 거의 책 한 권 분량(131쪽)이었다. 세 사람은 옥탑방에 타자기와 복사기를 들여놓고, 원고를 타이핑한 뒤 복사하고 직접 제본까지 했다. 이렇게 약 500부를 만들어 서울대·연세대·고려대·성균관대·이화여대·동국대 등 서울 지역 6개 대학과 부산대·전남대에 몰래 배포했다. 김성만은 "주로 서클룸과 학생식당 등에 몇 십 부씩 두고 나왔다. 이화여대는 출입이 어려워서 학교 앞 레스토랑과 술집에 몰래 놓아두었다"고 말했다.

내용은 당시로서는 매우 충격적이었다. 해방 이후 한·미 관계를 '지배-종속 관계'로 자세하게 기술했다. 맨 뒤에는 한국전쟁 당시 미군의 만행을 영문으로 사진과 함께 수록했다. 머리말은 이렇게 시작했다.

> 모든 불행과 고통의 근원은 미국에 있다. 미국으로부터 해방되지 않고서는 이 짜증스러운 가난과 정치적 억압과 저질스런 문화권에서 벗어날 수가 없다.……우리나라의 기본적

> 모순은 제국주의와 신식민지 간 모순이다. 민주주의를 진정으로 이루려면 매판세력만을 물고 늘어져서는 안 되며 제국주의 세력과 싸워야 하고 미국으로부터 해방되어야 한다.
>
> • 「예속과 함성」 머리말 중

'군부독재가 아니라 미국이 주적'이라는 주장은 새로웠지만, 파장은 매우 제한적이었다. 학생들은 「예속과 함성」을 몰래 돌려 읽었다. 하지만 이것 때문에 운동 노선을 반독재 투쟁에서 반제 투쟁으로 전환한 학생운동권 그룹은 없었다. 1985년 전남대 삼민투 위원장을 지낸 강기정의 이야기다. "1985년 봄 무렵의 어느 날 아침, 학생회관 서클룸 앞에 이 팸플릿이 놓여 있었다. 2벌식 타자기로 친 데다 복사 상태가 조잡해서 사진은 거의 알아보기 힘들 정도였다. 내용 중엔 매우 자극적인 단어들이 있어 좀 눈에 거슬렸던 기억이 난다. 아무튼 전남대에서 이 팸플릿으로 운동의 방향이 달라지진 않았다." 서울의 다른 대학도 상황은 비슷했다.

김성만도 "「예속과 함성」을 처음 배포한 뒤 약 1년간 운동권의 반응은 없었다. 반미 무풍지대인 한국에서 이 팸플릿이 즉각적 반응을 일으킬 수는 없었으리라 본다"고 말했다. 그는 1985년 6월 안기부에 붙잡혔다. 「예속과 함성」 제작은 다른 사안과 교묘하게 결부되었고, 그해 9월 '구미 유학생 간첩단 사건'으로 포장되어 공식 발표되었다. 안기부는 당시

"북괴의 지령을 받고 학원가에 침투해 반미 투쟁을 선동한 구미 유학생 간첩단 22명을 검거해 이 중 19명을 구속했다"고 발표했다. 김성만은 사형 선고를 받고 13년간 복역하다 김대중 정부 출범 이후인 1998년 8월 15일 출소했다. 그는 미국 유학 시절 북한 쪽과 접촉한 적은 있지만 「예속과 함성」 제작은 북한과 무관한 일이었다고 말했다. "미국 컬럼비아대학교 도서관에서 다른 주제와 함께 주체사상을 연구한 적이 있다. 또 재미동포 권유로 헝가리를 방문해 북한 대사관에서 며칠 묵은 적이 있다. 이건 내가 가장 뼈아프게 생각하는 부분이다. 그곳에서 북한 영화를 보고 토론도 했지만 대부분의 시간은 그들에게서 조사를 받았을 뿐이다. 북한과 「예속과 함성」은 무관했다."

도발적 팸플릿의 반향은 천천히, 학생운동 주류와는 멀리 떨어진 데서 나타났다. 「예속과 함성」의 영향을 직접 받았다고 할 수는 없지만, '지금 당장 반미 투쟁을 전면에 내걸어야 한다'는 새로운 사조가 학생운동권 내에 움트기 시작했다. 1985년 가을 서울대에서 결성된 '단재사상연구회'가 대표적 사례였다.

단재사상연구회

1985년 9월 중순, 서울 동작구 대방동의 중국집 대성각에 10여 명의 서울대생이 모였다고 검찰 수사기록은 적고 있다. 서울대 본부서클[■]인 고전연구회 소속 학생들이었다. 김영환(법대 82학번)·정대화(법대 82학번) 등 4학년생과 김지연(약대 83학번)·배○○(법대 83학번) 등 3학년생이 절반씩 섞여 있었다. 학생들은 이 자리에서 '단재사상연구회'라는 언더서클을 결성하기로 했다. 고전연구회 밑에 굳이 새로운 이름의 언더서클을 만든 것은, 학생운동의 기존 노선을 바꿀 운동을 벌여나가자는 뜻에서였다. 이 모임에 참석했던 한 인사는 이렇게 말했다. "그 무렵 학생운동은 반독재 투쟁에 머물러 있었다. 우리가 가장 먼저 반미 투쟁의 깃발을 들자는 주장은 신선했고, 옳다는 데 모두 동의했다."

'단재사상연구회'란 이름은 김영환이 제안했다고 한다. "초기엔 강력한 민족주의자였지만 나중에 아나키스트가 된 신채호 선생의 삶이 혁명가로 살다 죽기로 한 우리의 지향과 맞아서" 제안했다고 검찰 수사기록에 적혀 있다. 한국 사회의 자생적인 첫 'NL 그룹'은 이렇게 세상에 모습을 드러냈

■ 당시 학생운동을 주도했던 비합법 '언더서클'과 구별해, 학교본부에 등록된 서클을 '본부서클' 또는 '오픈서클'이라 불렀다.

다. 그때는 누구도 예상하지 못했지만, 단재사상연구회는 그 시기 학생운동의 성격을 바꾸는 데 매우 중요한 역할을 했다.

고전연구회 멤버들은 단재사상연구회를 결성하기 전부터 반미와 통일운동을 전면에 내세우는 새로운 사조, 곧 NL-PDR론(National Liberation People's Democracy Revolution, 민족해방 민중민주주의 혁명론)을 어느 정도 정립하고 있었다. 이들은 서울 관악구 신림동에 있는 배○○의 아파트에서 정기적으로 세미나를 가졌다. 배씨는 1986년 결성된 구국학생연맹(구학련) 핵심으로도 활동했지만 경찰 프락치로 지목되어 유학을 떠난 의문의 인물이다. 부산·경남 출신인 배씨는 집안이 부유해 그 당시 지방 출신 학생으로는 드물게 아파트를 전세 내어 자취하고 있었다. 자연스레 배씨의 집이 단재사상연구회와 구학련 등 NL 그룹 모임의 구심점 역할을 했다.

그 무렵 학생들 사이에 화제를 모은 「반제민중민주화운동의 횃불을 들고 민족해방의 기수로 부활하자」라는 팸플릿은 단재사상연구회 작품이었다. 김영환이 글을 쓰고 정대화가 김정환 시인의 「해방서시」를 도입부에 붙였다. '우리는 대대로/ 푸르디푸른 하늘만을 섬기며 살고 싶었습니다/ 날새면 해노래 들판에서 평야노래 호미 씻으며 호미노래/ 우리는 대대로/ 흰옷에 흙 묻히고 맨발로 사는 순박한 백의민족이고 싶었습니다.' 이 팸플릿은 한국 사회의 성격과 변혁운동 방향에 관해 학생운동권 주류가 갖고 있던 생각을 비판했다. "한

1984년 11월 20일, 구속학생 석방을 요구하며 시위를 벌이던 고려대 학생들이 경찰과 투석전을 벌이는 가운데 교문 앞 도로가 최루가스와 돌멩이로 난무하자 소방차량이 물을 뿌리고 있다.

국 사회는 미 제국주의와 그 앞잡이가 파쇼적으로 지배하는 신식민지 사회"라고 공개적으로 주장했다. 김영환은 나중에 검찰에서 "「예속과 함성」이 이 팸플릿을 쓰는 데 영향을 줬다"고 진술했다. 정대화는 "신식민지론, 곧 '식민지반봉건사회론'은 안병직 교수의 저술에서 많은 도움을 받았다. 「예속과 함성」이 이론적으로 영향을 준 건 별로 없다. 다만 정서적으로는 상당한 영향을 받았다"고 말했다.

새로운 사조의 등장은 혼란과 갈등을 동반했다. 1985년 가을 서울대 아크로폴리스 광장에서 삼민투 주도로 학생 집회가 열렸다. 삼민투는 핵심 슬로건으로 '민중 주도의 삼민헌법 쟁취'를 내걸었다. 그런데 자유토론 시간에 본부서클 소속이라고 자신을 소개한 학생이 연단에 올랐다. 정대화였다. "우리 한반도 민중의 주적은 이 땅을 식민지로 지배하고 있는 미국이다. 우리 눈앞에 확연히 드러난 저 군부독재정권도 결국은 미국의 괴뢰에 불과하다. 그런데 학생운동권이 이렇듯 현상에 불과한 군사독재정권만 공격하고 있으니 어찌된 일인가." 집회에 모인 학생들은 어리둥절한 표정을 지었다. 난데없는 주장에 집회는 그대로 끝이 나버렸다.

비슷한 상황은 다른 대학에서도 벌어졌다. 1986년 고려대에서 발생한 '5·9 각목사태'는 NL 사조를 둘러싼 학내 갈등의 대표적 사례로 꼽힌다. 5월 9일 고려대 중앙도서관 앞에서 300여 명의 학생이 '민족민주투쟁위원회 결성식'을 열었다. 식이 한창 진행되는 도중, 갑자기 한 무리의 학생들이 구호를 외치며 몰려왔다. 이들은 연단 위로 올라가 자신들에게 투쟁의 정통성이 있다고 주장했다. 한쪽은 PD 계열이고, 한쪽은 NL 계열이었다. 분위기가 점점 험악해졌다. 그 와중에 각목이 연단 위로 날아와 총학생회장을 스치듯 지나갔다. 학생들 사이에 몸싸움이 벌어졌다. 결국 두 무리의 학생들은 각기 다른 구호를 외치며 교문 앞으로 행진했다. 학생들의 엇갈린 구호와 대립하는 모습에 경찰도 혼란스러웠는지 그날은 최루탄을 쏘지 않았다고 한다.

'서클주의 청산' 논란

주도권 교체는 이념의 전파만으로 이루어지지 않는다. 새로운 사조의 확산을 담아낼 수 있는 새로운 형태의 조직을 요구했다. NL 그룹은 새로운 학생운동조직으로 'RMO(혁명적 대중조직)' 건설을 주장했다. 그리고 이를 위해서 수십 년간 학생운동의 근거지였던 서클을 모두 해체해야 한다고 요구했다. 서클주의 청산을 명분으로 학생운동권 주류의 운동방식에 도전했다. 그때까지 학생운동은 '패밀리', '집' 또는 '팀'이라 불리는 비합법 이념서클(언더서클)이 주도했다. 인간적 유대감에 바탕을 둔 소규모 언더서클은 독재의 폭압적 탄압에 대응하기 위한 학생운동권에 최적화된 조직방식이었다.

　　　　1970~1980년대 서클 문화는 독특했다. 서클은 학생운동을 앞세웠지만 이념조직이라고만 할 수는 없었다. 선후배 간의 끈끈한 유대와 공동학습문화를 중시한 일종의 공동체였다. 의리와 정에 기반하고 특유의 배타성을 띤다는 점에서, 혈연과 출신지를 바탕으로 가족 같은 결속력을 지녔던 뉴욕의 마피아 패밀리와 유사한 측면도 있었다. 그러다 보니 하나둘 문제점이 드러났다. 큰 서클의 독단적 결정에 대한 작은 서클과 오픈서클의 반발이 커졌다. 배타적 운동문화와 학번 중심의 일방적 명령 체계에 대한 비판도 나왔다. NL 그룹은 이 지점을 정확하게 파고들었다. 파벌주의 극복, 학번제 철폐, 운동에서의 반봉건적 문화 종식을 주장했다. '서클 해체'를 둘러싼 기존 학생운동권과 NL 그룹의 격돌은 이제 불가피했다.

5

"이제 집은 해체된다"
언더서클 해체

학생운동 구심점 또는 종파주의 온상

85년 말 82 송주명, 이창휘는 자신들이 지도하던 85학번 박서기, 정박문, 손병돈 등을 교내 사대 식당으로 불러냈다. 웬일인지 두 사람은 평소와는 다르게 트렌치코트에 정장 차림을 하고 있었다. 85 후배들은 속으로 '선이라도 보나', 웃음이 나오려는데, 선배들의 입에서 나온 얘기는 전혀 뜻밖의 것이었고, 웃을 수 없는 내용이었다.

"이제 집(서클)은 해체된다. 더 이상 집으로 모이는 일은 없을 거다."

박서기는 '이게 난데없이 무슨 소리인가' 했다.

"저희는 더 배워야 되는데요."

"도대체 왜 해체하는데요?"

후배들의 질문에 송주명은 해체의 배경 얘기를 길게 설명하지 않았다. 다만 "관악 집(서울대) 전체에 대한 수사가 들어와서 보안상 이유로 해체하기로 했다"고만 했을 뿐이다. 그걸로 해체 절차는 '간단히' 마무리되었다.

• 『고난의 꽃봉오리가 되다』 504~505쪽

서울대 농촌법학회(농법)는 2012년에 펴낸 『고난의 꽃봉오리가 되다: 서울대학교 농촌법학회 50년사』에서 서클 역사에 종지부를 찍던 날의 풍경을 이렇게 묘사했다. 그리고 서클 해체에 대한 선배들의 아쉬움을 적었다. 이 글의 내용 일부분은 사실과 다르다. 수십 년 동안 학생운동의 근거지 역할을 했던 서울대 이념서클들이 1985년 말에서 1986년 초에 모두 해산한 건 맞다. 그러나 선배들이 해산을 주도하고 후배들이 반발했다는 건 사실이 아니다. 앞의 글에 나온 송주명은 "그때 수배 중이라 학교에 없었다. 1986년 봄인가 학교에 가보니 이미 서클이 해체되어 있었다. 황당했다"고 말했다.

사실 거의 모든 서클에서 해체를 주도한 건 후배 그룹이었다. 선배들이 해체를 지시한 곳은 없었다. 그 흐름의 중심에는 NL 그룹이 자리 잡고 있었다. 첫 NL 그룹인 고전연구회 산하 단재사상연구회가 서울대뿐 아니라 전국 주요 대학 서클을 해체하는 신호탄을 쏘아올렸다. 전통적인 학생운동 주도세력이었던 서클의 해체를 통해서, NL이라는 새로운 사조는 운동권의 주도권을 확실하게 틀어쥐었다.

그 무렵 서울대에서는 '5대 패밀리'니 '8대 패밀리'니 하는 메이저 이념서클이 학생운동의 구심점 역할을 했다. NL 그룹이 등장하기 전, MC(Main Current의 약자, '주류'라는 뜻)와 MT(민주화투쟁위원회 약자인 '민투'에서 따온 말, 선도투쟁과 전위조직 강조)라는 두 흐름이 치열하게 이론투쟁을 벌이며 대립했다. MC 쪽의 메이저 서클로는 농법(농촌법학회), 후경(후진국경제연구회), 농경(농업경제학회), 경법(경제법학회), 국경(국제경제학회) 등이 꼽혔다. MT 쪽에서는 애플(사회과학회. 약칭이 '사과'라 애플이라 불렸다), 게이트(대학문화연구회. 약칭이 '대문'이라 게이트라 불렸다), 아카(흥사단아카데미의 언더서클) 등 3개 서클이 메이저였다. 서클 이름에 '후진국'이나 '농업' 같은 복고적 단어가 붙은 건 이들이 대개 1960년대에 결성되었기 때문이다.

이념서클은 저항성이 강한 독특한 조직이었다. 선후배 간 인간적 유대가 매우 강했다. 정기적인 세미나를 통해 토론과 사회과학이론 공부를 했다. 여름방학에는 농촌활동(농활), 겨울방학에는 학습수련회를 1~2주일 동안 함께하며 끈끈한 정을 쌓았다. 1972년 박정희 정권의 유신 선포 이후, 대부분의 학교에서 이념서클은 정부 탄압을 피해 비공식적 형태로 활동했다. 학내에서는 '언더'라고 불렸고, 공안당국은 '지하

서클'이라 명명했다. 메이저 언더서클은 구성원이 100명에 가까울 정도로 규모가 컸다. 1984년 학원자율화 이후 학생운동 중심이 서클에서 학생회로 이동했지만, 총학생회와 단과대학 지도책(포스트)은 여전히 주요 언더서클 출신들이 맡았다.

NL을 표방한 고전연구회(단재사상연구회) 그룹은 이런 서클 체제에 정면 도전했다. 서클이 학생운동 분열과 도를 넘은 사상투쟁의 근원이라고 비판했다. 서클주의를 청산하고 오직 운동의 헌신성만으로 무장한 단일 학생조직인 RMO를 건설해야 한다고 주장했다. 상황은 순식간에 바뀌었다. 1985년 말에서 1986년 초, 겨울방학을 거치면서 학내 모든 언더서클이 자진 해산했다. 그해 4학년이 되는 83학번들이 변화를 주도했다. 후진국경제연구회 회장 이병호(서울대 국문 83학번)는 이렇게 말했다. "서클이 종파주의 온상이라고 NL 쪽에선 봤다. 어떤 소그룹도 안 된다는 게 NL 입장이고 그게 옳다는 게 대세였으니까 우리도 해산을 결의했다. 누구도 반대하지 않았다. 그때 학내 분위기가 그랬다." 단재사상연구회에 속했던 김관영(서울대 신문 84학번)은 "한쪽에선 상당히 우려하는 분위기도 있었는데, 겨울방학 때 갑자기 빠른 속도로 (서클 해체가) 퍼져 나갔던 기억이 난다"고 말했다. 수십 년간 학생운동을 이끌었던 '서클 문화'가 종지부를 찍는 데는 채 몇 달이 걸리지 않았다. 운동의 주도권이 NL로 넘어가는 순간이었다.

언더서클과 오픈서클의 갈등

1985년 서울대 단과대학 지도책을 맡았던 한 인사는 이렇게 말했다. "NL의 태동과 확산엔 언더서클과 오픈서클(대학본부에 등록한 서클)의 미묘한 갈등 관계가 작용하고 있었다. 사실 그 무렵 오픈서클은 학생운동의 중심이 아니었다. 그런데 어느 날 갑자기 새로운 사조가 주변부에서 태동해서 운동의 주도세력까지 교체해 버렸다. 물론 이게 (NL 확산의) 결정적 이유는 아니겠지만, 어쨌든 이런 식의 전복은 역사적으론 종종 볼 수 있는 일 아닌가." 김영환과 함께 단재사상연구회를 이끌었던 정대화는 "그때 서클 해체를 우리가 주도한 건 맞다"고 말했다. "서클 방식으로는 절대 대중운동을 확산할 수 없다고 봤다. 이것(서클 해체) 때문에 논란도 많았고, 욕도 많이 먹었다."

비판은 주로 서클에 애정을 가진 선배들이 제기했다. 하지만 NL계 내부에서도 문제 제기가 이루어졌다. 김영환·정대화와 함께 초기 NL 운동 정립에 핵심 역할을 했던 하영옥은 그 무렵 방위 복무 중이라 단재사상연구회 활동에 직접 개입하지는 않았다. 그는 "서클 해체에 반대했다"고 말했다. "김영환 씨가 학생운동에 남긴 잘못 중 하나가 서클 해체라고 본다. 레닌이 서클주의를 비판하면서 볼셰비키당을 건설한 걸 본떠서 서클 해산을 추진한 건데, 서클이 사라짐으로써 학생운동의 재생산구조가 무너졌다. 서울대뿐 아니라 전국 모든 대학이 마찬가지였다. 이것이 1990년대 이후 학생운동 쇠퇴에 직접적인 영향을 줬다." 단재사상연구회 회원이었고 서클 해체 당시 고전연구회 회장이던 김관영은 다른 측면에서 서클 해체를 비판했다. "서클 해체 이후 NL로 (학생운동이) 너무 확 쏠려버렸다. NL의 실체와 지향점에 대해선 논의할 부분이 사실 많다. 서클이 토론과 비판의 장이었는데 서클 해체와 함께 그런 기능이 사라져버렸다. NL 등장 이후 학생운동의 토론 수준을 보면 과거보다 많이 약화됐다는 느낌을 지울 수 없다."

이진경은 서클 해체가 운동권에 끼친 영향이 훨씬 깊고 심각했다고 말한다. "서클은 대학으로 치면 교양학부와 같은 역할을 했다. 다양한 운동을 위한 기본 자질을 기르는 곳이었다. 여기서 자라난 학생들이 나중에 노동운동이나 농민운동 등 사회운동에 투신했다. 서클 해산은 전공만 남겨놓고 교양학부를 없앤 것과 마찬가지다. 결국 학생운동이 쇠퇴하면서 다른 사회운동의 풀(저수지)도 말라버렸다. 또 하나, 서클이 갖는 강점이 있다. 서클은 느슨한 조직이고, 즐기면서 운동을 하는 조직이었다. 유연하고 자유로웠다. 그런데 서클 해체 뒤 이를 대신한 NL 조직들은 너무 경직되었다. 대표적인 게 전대협(전국대학생대표자협의회)과 한총련(한국대학총학생회연합)이다. 일사불란함과 목표만 중시했고, 그걸 유지하기 위한 권위를 강조했다. 이런 조직이 오래갈 수는 없다. 신입생들은 점점 더 자유분방해지는 상황에서, 딱딱하고 목표 일변도의 조직이 외면받는 건 당연한 이치다. 1990년대 중반 이후 전체 운동의 급격한 쇠퇴엔 1986년의 서클 해체가 자리 잡고 있다."

'언더'와 '오픈'의 미묘한 갈등이 NL 확산의 배경이 된 점은 고려대도 흡사했다. 그 무렵 고려대 역시 언더서클과 오픈서클로 이원화되어 있었고, 1984년 학원자율화 이후에는 단과대학과 학과에 공식 학회가 만들어져 활성화되었다. 일부 학생은 언더서클과 학회에 중복 가입했지만, 상당수 학생은 학회에만 가입해 이곳에서 학습하며 학생운동 활동가로 성장했다. 고려대에서도 시위 조직과 유인물 배포 등 운동의 주도권은 언더서클이 쥐었다. 언더서클에서 결정된 사항이 학회나 본부서클로 전파되는 경우가 많았다. 그런데 학회 활동이 활발해지고 이곳에서 활동하는 학생이 많아지면서, 언더서클과 학회 출신들 사이에 감정의 골이 파이기 시작했다. 당시 학회 활동을 주도했던 한 인사는 이렇게 말했다. "언더서클에서 성장한 학생은 이론적 강점이 있는 반면, 오픈서클이나 학회에서 성장한 학생에 비해 대중성이 떨어졌다. 또 언더 출신들이 괜히 엘리트 의식을 갖고 있는 경우도 많았다. 학회에서 성장한 학생들은 몇몇 언더서클이 패권적 행태를 보인다며 강한 거부감을 가졌다."

1985년 말에서 1986년 초 서클 해체를 통해서 NL 사조는 학생운동의 주도권을 확실하게 틀어쥐었다. 그러나 서클을 대신한 NL 조직들은 너무 딱딱하고 목표 일변도여서 점점 자유분방해지는 신입생들에게 외면받았다. 1990년대 중반 이후 전체 운동의 급격한 쇠퇴 원인으로 많은 이가 '서클 해체'를 꼽는다.

이념서클은 사라졌지만

그런 와중에 '린치 사건'이 터졌다. 단과대학 학회에 속한 81학번 선배가 '학회에 가입해 있으면서 왜 언더서클 지시를 따르냐'며 82학번 후배를 추궁하다가 이 후배의 팔을 부러뜨린 것이다. 이 사건으로 학회 중심의 오픈서클과 언더서클 사이 갈등의 골은 더 깊어졌다. 학회에서 성장한 학생들은 1985년 단일 서클 '문정'을 만들었다. 기존 언더서클에 대항하기 위한 오픈서클의 연합체 형식이었다. 주로 문과대와 정경대 출신이 많아 이름을 '문정'이라 지었다. 고려대에서는 문정이 NL 확산의 구심점 역할을 했다. 1986년 초 서울대생 정대화와 만나 NL의 대학연합체 구성을 논의했던 조혁도 문정의 핵심 멤버였다. 조혁의 말에 따르면 "문정은 스스로 급진화해 ('반독재 투쟁'에서) '반제국주의 투쟁'으로 이미 나가고 있었다. 그러다 서울대 구학련과 연결되면서 NL 이론을 본격적으로 받아들였다."

1987년 방위 복무를 마치고 서울대에 복학한 하영옥은 자신이 몸담았던 고전연구회가 사라진 것을 보고 당혹감을 느꼈다. 고전연구회는 산하에 단재사상연구회란 언더서클을 두고 NL 확산을 주도했던 본부서클이다. 고전연구회 역시 1986년 6월께 공식 해산을 결의했다. 그때 회장을 지낸 김관영은 "학내 분위기를 다 알고 있었으니까 (해산에) 반대는 없었다"고 말했다. "나중에 복학한 하영옥 선배가 그래도 역사와 전통이 있는데 고전연구회를 재건해야 하지 않겠냐고 제안했다. 그래서 논의를 하다 1988년쯤 고전연구회를 부활했다." 2015년 5월, 고전연구회는 창립 40주년을 맞아 홈커밍데이 행사를 열었다. 졸업생과 재학생 40여 명이 참석했다. 수십 년 전통의 이념서클들이 흔적도 없이 사라졌지만, 정작 서클 해산을 주도했던 NL 그룹의 서클은 살아남아 지금까지 명맥을 이어오고 있다.

제2부
NL 전성기와 전대협

1

극우 총장이 불 지핀 주사파 논쟁
NL과 주사파 (1)

주사파 색출 광풍

김일성 북한 주석의 사망 직후인 1994년 7월 18일. 청와대서 열린 김영삼 대통령과 14개 대학 총장의 오찬에서 박홍 서강대 총장이 충격적인 발언을 했다. 김일성 주석은 역사적인 남북 정상회담을 코앞에 두고 그해 7월 8일 돌연 심장마비로 숨졌다. 남한에서는 안보 불안심리 증폭과 함께, 정부 차원에서 조문을 해야 하는지를 놓고 뜨거운 논란이 불붙었다. 청와대 오찬에서 대학 총장들은 일부 학생의 분향소 설치와 추모 대자보 게시 등을 우려하는 발언을 쏟아냈다. 박홍 총장이 마이크를 잡았다.

"주사파와 우리식 사회주의가 제한된 학생들이긴 하

지만 생각보다 깊이 침투해 있다. 북한은 학원에 테러조직 등 무서운 조직까지 만들어 놓았다. 선량한 학생들은 사상적 방황을 하다가 주사파에 말려든다. 베이징에서 김일성대학 학생회장을 만난 일이 있는데, 남한 학생들의 공산화는 시간문제라고 호언했다. 일부 학생은 남조선 해방을 위해 가을에 또 이슈를 만들어 나올 것이다. 우루과이라운드 비준 반대와 미군 기지 반납 서명운동을 벌일 것이다. 북에서 이미 지시를 했다. 내가 증거를 갖고 있다. 주사파 뒤에는 사노맹이 있고, 사노맹 뒤에는 북한 사노청, 그 뒤에는 김정일이 있다. 학생들은 팩시밀리를 통해 직접 지시를 받고 있다."

이튿날 『경향신문』과 『동아일보』 등 주요 일간지 1면을 박홍의 발언이 장식했다. 『경향신문』의 1면 톱기사 제목은 '"일부 운동권은 金正日(김정일)장악아래 있다" 北(북)서 팩스로 指示(지시)받아'였다. 김일성 주석 사망과 맞물리면서 남한 사회에는 '주사파 색출 광풍'이 몰아쳤다. 정부는 공안수사기관 인력과 조직을 대폭 확대했다. 전국 대학 총장들은 박홍 총장 지지와 학원 내 친북세력 근절을 다짐하는 담화문을 발표했다.

한바탕 소동이 일었지만 실질적인 성과물은 없었다. 애초에 박홍의 발언은 구체성이 떨어졌던 데다 사실관계도 정확하지 않았기 때문이다. 가령 주사파 배후로 지목한 사노맹, 즉 '남한사회주의노동자동맹'은 사회주의 혁명을 추구하긴

'주사파와 우리식 사회주의가 학생들 사이에 깊이 침투해 있다'는 박홍 서강대 총장의 발언으로 진보 진영 내부에서 쉬쉬하던 주사파 문제가 수면 위로 떠올랐다. 또한 일반 국민에게 'NL=주사파'라는 인식이 각인되었다. 1994년 8월 25일 오후, 63빌딩에서 열린 여의도클럽 토론회에 참석한 박홍 총장이 주사파 관련 발언에 대한 자신의 입장을 밝히고 있다.

했지만 북한식 사회주의와 주체사상에 매우 비판적 태도를 취했던 그룹이다. 운동 노선으로 보면 NL과 대립하는 PD(민중민주) 계열이었다.

하지만 여파는 컸다. 진보 진영 내부에서 쉬쉬하던 주사파 문제가 수면 위로 떠올랐다. 운동권, 특히 학생운동권 일부가 북한 주체사상을 받아들이고 있다는 사실은 누구나 알았지만 이것을 어떻게 볼지 드러내놓고 이야기하려 하지는 않았다. 역설적으로 박홍의 무모한 발언이 운동권 내부에서 '주체사상과 주사파를 어떻게 볼 것인가'라는 문제를 제기했다. 더 중요한 건, 이 파문으로 'NL=주사파'라는 인식이 일반 국민에게 각인되었다는 점이다. 그전까지 '주사파(주체사상파)'는 운동권 내부에서만 주로 언급하던 단어였다. 이제는 1986년 이후 남한 사회운동을 주도했던 NL을 특징짓는 키워드로 많은 사람들에게 인식되었다.

그러나 'NL=주사(주체사상)'는 아니다. 주체사상의 혁명이론이 'NL-PDR(민족해방 민중민주주의 혁명론)'을 표방하지만, 북한의 주체사상과 남에서 받아들인 NL 사조는 확연히 달랐다. 북한은 주체사상을 마르크스-레닌주의에 버금가거나 그것을 더욱 발전시킨 새로운 철학 체계라고 주장했다. 하지만 남한 운동권에서 힘을 발휘한 것은 '철학과 사상으로서의 주체'가 아니라 운동가의 올바른 태도를 적시한 실천적 지침이었다.

'품성론'이 바로 그랬다. 1980년대 중반 이후 NL에 빠져들었던 학생들 대부분은 "품성론이 가장 인상적"이었다고 말했다. 1986년 여름 서울에서 내려온 어느 학교 대표로부터 강철서신과 북한 방송 녹취록을 받아 처음 읽었다는 전남대 출신의 한 인사는 이렇게 말했다. "북한 방송 문건은 사실 내용 면에서 그리 큰 감흥은 없었다. 매력적이었던 건 품성론이었다. 혁명이론보다 의리와 헌신, 성실함이 더 중요하다는 품성론은 충격적이고 감동적이었다." 한홍구(성공회대 교수)의 표현에 따르면, '사투'라고 부르던 운동권의 극심한 사상투쟁(이론투쟁)이 학생들을 "고민 끝, 실천 시작"의 품성론으로 급격하게 쏠리게 하는 단초를 제공했다.

남한 독재정권에 대한 회의

「80년대의 사회 변혁 운동과 주체 사상」(1989년)이란 논문을 쓴 김재기(경성대 교수)는 '품성론'이 주체사상의 핵심이 아닌데도 너무 지나치게 강조되어 남한 운동권에서 받아들여졌다고 말했다. 그는 "NL 사조를 따랐던 사람들이 주체사상의 철학적 체계를 제대로 이해했을까 하는 점엔 회의적"이라면서 "1986년 자민투 기관지 『해방선언』을 보면, '사상이란 조국과 민중에 대한 뜨거운 사랑, 적에 대한 불타는 적개심, 운동 승리에 대한 강철 같은 신념, 그리고 백전 불굴의 투지로 표현된다'고 설명하고 있다. '사상'에 대한 이런 식의 이해는 그 뒤에도 거의 변하지 않았다"고 말했다. 그런 점에서 NL은 1930년대 혹독한 항일무장투쟁 과정에서 맹아를 틔운 주체사상의 초기 성격과 맞닿는 측면이 있었다.

일제하 독립운동을 전공한 한홍구는 이렇게 말했다. "주체사상은 1930년대 김일성의 (항일무장투쟁) 실제 경험과 고난에서 나온 건데, 1960년대 이후에 북한 정권이 너무 멋있게 포장해버렸다. 1930년대 코민테른은 '일국일당一國一黨' 원칙을 내세워 만주의 조선인 사회주의자들에게 중국 공산당에 가입할 것을 요구했다. 중국 공산당은 '중국 혁명을 하면 조선 혁명은 저절로 이루어진다'며 조선 혁명의 독자성을 부정했다. 만주에서 항일 투쟁을 이끌던 김일성은 조선 혁명의 독자성을 고민하지 않을 수 없었을 것이고 이게 '주체'를 탄생시킨 배경이라 할 수 있다. '자력갱생'이나 '사람 중심'이란 주사의 핵심 원리도 그 당시의 열악한 상황, 곧 돈도 물질도 자원도 없으니 믿을 건 사람밖에 없고 모든 걸 우리가 의지로 극복해야 한다는 상황을 반영한 것이다. 난관을 극복하는 삶의 태도로 보면 훌륭한 것인데, 이걸 사상이나 철학 체계로까지 격상시키려다 보니까 문제가 생겼다."

김일성의 항일운동 전력은 '북한'이란 금단의 문을 여는 열쇠 구실을 했다. 1980년대 들어서 마르크스와 레닌의 저작이 은밀하게 대학가에 퍼졌다고 해도, 여전히 뿌리 깊은 반북 이데올로기가 굳건하던 시절이었다. 초기에 NL을 받아들인 학생들은 공통적으로 "북한이 어떤 사회인지는 정확히 모르지만 최소한 남한 독재정권보다는 정통성이 있을 것"이라고 생각했다. 강철서신의 저자 김영환은 이렇게 말했다. "강철서신을 쓸 때까지만 해도 주체사상에 대한 확신을 가졌다고 말하긴 어렵다. 다만, 북한 정권의 정통성이 이승만・박정희・전두환으로 이어지는 남한 정권에 비해선 더 있는 게 확실하다는 생각은 했다. 그리고 북한과 손을 잡지 않고서는 사회주의 혁명을 성공할 수 없다고 생각했다."

그러나 1986년 이후 남한 학생들이 접한 것은 김정일 북한 국방위원장이 집대성한 '주체사상'이었다. 김정일의 「주체사상에 대하여」(1982년)는 주체사상을 이해하는 가장 기본적인 문건으로 널리 읽혔다. 이 문건은 역시 김정일이 썼다는 「맑스–레닌주의와 주체사상의 기치를 높이 들고 나아가자」(1983년), 「주체사상교양에서 제기되는 몇가지 문제에 대하여」(1986년)와 함께 운동권 내부에서 '주사 3대 필독서'로 꼽혔다. 물론 이 문건을 모두 김정일이 직접 썼는지는 의심스럽다. 1997년 남한으로 망명한 북한 노동당 비서 출신 황장엽은 "이들 문건은 내가 기초를 해서 노동당 선전국에 넘겼다"고 진술했다.

1930년대 항일무장투쟁 시절의 경험과 1960년대 이후 김정일에 의해 유일사상으로 격상된 주체사상이 수십 년의 시간을 뛰어넘어 1980년대 남한 사회에 유입된 건 기묘한 현상이었다. 이는 수많은 논란과 비판에도 불구하고 NL이 남한 사회운동의 주류를 점할 수 있었던 이유였고, 또한 시간이 갈수록 점점 더 대중으로부터 고립되며 교조敎條화할 수밖에 없었던 배경이기도 했다. 조국(청와대 민정수석비서관, 서울대 법학전문대학원 교수)은 이에 대해 이렇게 말했다. "주사와 비주사를 가르는 핵심 기준은 결국 남한 변혁운동의 주도권이 어디 있느냐, (남한 운동권이) 북한 조선노동당의 지도를 받아들이느냐 하는 문제였다. NL 주사파는 북한 노동당의 지도를 따라야 한다는 입장인데, '식민지반봉건사회론'에서 드러나듯 한국 사회를 보는 시각이 정확했다고 보기 어렵다. 그런 (부정확한 인식의) 절대 권위를 인정하는 방식으론 세력을 확장해 나갈 수 없었다."

김정일은 주체사상을 이렇게 규정했다.

> 위대한 수령 김일성 동지께서는 조선 혁명을 령도하시는 과정에 주체사상에 기초하여 혁명과 건설에 나서는 모든 문제에 과학적인 해답을 주시었으며 주체의 사상, 리론, 방법을 전면적으로 체계화하시었다. 위대한 수령 김일성 동지께서 밝히신 사상, 리론, 방법은 모두 주체의 원리로부터 출발하고 그것을 구현한 것이다. 이런 의미에서 우리는 김일성 동

지의 사상, 리론, 방법을 주체사상이라 말한다.

• 「맑스-레닌주의와
주체사상의 기치를 높이 들고 나아가자」

혁명을 이끄는 방법이 바로 '영도領導'의 문제였다. 주체사상이 마르크스-레닌주의와 다른 점이 혁명 과정에서 '영도'의 중요성을 체계화했다는 점이라고 북한은 설명했다. 김정일은 「주체사상에 대하여」에서 "혁명운동, 공산주의 운동에서 지도 문제는 다름 아닌 인민대중에 대한 당과 수령의 영도 문제"라고 주장했다. "당의 영도가 수령의 영도로 되는 것은 수령이 근로인민대중의 지도적, 향도적 역량인 당의 최고 영도자로서 혁명과 건설에서 최고의 지위를 차지하고 결정적 역할을 하기 때문"이라고 밝혔다. 수령과 후계자의 유일적 영도를 받아들이는 것이 주체사상의 핵심이었다.

'주사'와 '비주사'의 갈림길

여기서 남한 운동권의 반향이 뚜렷하게 갈렸다. 품성론만으로는 주체사상의 정수를 받아들인다고 할 수 없었다. 수령론을 받아들일 것인지, 북한 노동당을 남한 변혁운동의 지도부로 인정할 것인지가 NL 내부에서 '주사'와 '비주사'를 가르는 선이 되었다. 김재기는 이렇게 말했다. "NL 가운데 '주사(주사파)'를 어느 범위까지 보느냐를 놓고 논란이 많았다. 주체사상에 포함된 넓은 의미의 민족 문제에 대한 각성, 그걸 풀어가기 위한 전략전술과 통일 염원, 이런 정서와 논리까지 폭넓게 주사에 포함시킨다면, 주사파가 (NL 운동권의) 다수라고 할 수 있다. 그러나 북한 노동당과 김정일을 추종하고, 그걸 명료하게 자각하고, 의식적으로 추구한 사람으로 한정한다면, 소수였다."

소수임에도 주사파는 NL 운동권 전체에 커다란 영향력을 끼쳤다. 그 영향은 1990년대를 관통해 2000년대까지 이어졌다. 이것은 어떻게 가능했을까?

2

민족주의, 거대한 블랙홀
NL과 주사파 (2)

식민지반봉건사회론

1980년대는 군부독재의 폭압통치가 마지막 기승을 부린 시대였다. 그에 맞서 학생운동권의 이론적·실천적 대응 양식이 비약적으로 발전한 시기이기도 했다. 1984년부터 마르크스와 레닌 원전이 은밀하게 나돌기 시작했다. 『자본론』 같은 마르크스 원전은 워낙 방대해서 쉽사리 접하기 힘들었다. 하지만 『무엇을 할 것인가』를 비롯한 레닌의 저작은 팸플릿 형태로 실제 운동에 필요한 실천적 내용을 담고 있어 학생운동권에 빠르게 확산되었다. 『모순론』, 『실천론』 등 마오쩌둥毛澤東의 저작과 체 게바라나 프란츠 파농 등 제3세계 혁명가들의 활동을 담은 책도 출판물이나 복사물 형태로 돌려보고 있었다. 김학준은 『러시아 혁명사』에서 19세기를 '혁명이라는 단어가 젊은이들의 피를 끓게 하던 시절'이라고 했는데, 1980년대 한국의 대학가가 그랬다. 군부독재를 무너뜨리고 불합리하고 불평등한 사회를 완전히 뒤집어엎겠다는 다양한 혁명론이 분출했다.

혁명론의 차이는 현실 인식의 차이에서 비롯했다. 한국 사회를 어떻게 볼 것인가, 곧 한국 사회의 성격 규정을 둘러싼 논쟁이 시작되었다. 1985년 10월 『창작과 비평』에 실린 두 논문이 1차 사회구성체(사구체) 논쟁을 촉발했다. 재야경제학자 박현채의 「현대 한국사회의 성격과 발전단계에 관한 연구」와 이대근(성균관대 명예교수)의 「한국 자본주의의 성격에 관하여」였다. 박현채는 한국 사회가 국가의 적극적 경제 개입을 특징으로 하는 '국가독점자본주의' 단계에 와 있다고 주장했다. 반면에 이대근은 한국 사회가 세계자본주의 중심부에 예속된 '주변부자본주의'라서 노동자 계급의 성장이 어렵다고 주장했다. 국가독점자본주의론 대 주변부자본주의론의 대립이었다. 논쟁은 1960년대 산업화 이후 노동자 계층의 급격한 증가가 실증적으로 확인되면서 국가독점자본주의 이론의 승리로 끝난 것처럼 보였다.

그러나 이 대립은 더 큰 논란과 실천적 대립을 담은 논쟁의 서막에 불과했다. 1986년 NL(민족해방) 사조의 확산과 함께, NL의 사회구성체론인 '식민지반봉건사회론(식반론)'을 둘러싼 2차 논쟁이 불붙었다. 1차 논쟁이 학계에서 발화했다면, 2차 논쟁은 운동 현장에서 점화되어 학계로 옮겨 붙는 양상이었다. 한국 사회가 '발달한 자본주의 사회'가 아니라 기본적으로 일제시대와 다르지 않은 '식민지반봉건사회'라는 주장은 학계에 충격을 주었다.

이진경(서울과기대 교수, 『사회구성체론과 사회과학방법론』 저자)은 이렇게 말했다. "식반론은 1930년대 동아시아 공산주의자들이 자국 사회를 보는 기본 시각이었다. 북한은 남한을 미 제국주의 식민지로 봤으니 자본주의 발전을 인정하기 어려웠을 테고, 또 남한 자본주의를 제대로 분석하지도 않았으니 반세기 전 이론을 그대로 남한에 적용했던 것이다. 이론적으로 설득력이 떨어지는 식반론이 힘을 발휘한 건, 실천적으로 반미-통일의 민족주의 경향과 맥을 같이했기 때문이다. 마치 윈도에 얹힌 (인터넷 웹브라우저) 익스플로러가 넷스케이프를 압도한 것과 같다. 그러나 너무 시대에 뒤떨어져 나중엔 NL 스스로 '식민지반자본주의론'으로 이름을 바꿔야 했다."

그 무렵에는 이론의 취약함이 큰 문제가 되지 않았다. 중요한 건 한국 사회의 인식이고, 실천이었다. 식반론은 당시 운동의 방향과 과제를 명확히 설정하는 데 매우 효과적이었다. 이 이론에 따르면 한국 사회는 미국의 경제적·군사적 이익에 종속되어 자본주의적 발전이 차단되고 민주주의 실현도 막혀 버렸다. 따라서 반미 자주화 투쟁을 반독재 민주화 투쟁과 함께 전면에 내세워야 하며, 그 주체는 노동자뿐 아니라 학생과 농민, 소상공인, 소시민, 민족자본가까지 모두 포괄한다고 주장했다. 레닌 이론을 좇아 노동계급 중심의 혁명을 꿈꾸던 PD 그룹과는 완전히 다른 견해였다. 1980~1990년대의 '민주대연합론'은 여기서 발아했다.

민족주의, 대중노선, 품성론

'반미'와 '통일'은 동전의 양면처럼 NL의 성격을 드러내는 핵심 포인트가 되었다. '자주'와 '하나의 민족'은 민족주의의 또 다른 표현이었다. NL은 사람들의 민족주의적 정서를 강하게 자극했다. 1960년 4·19혁명 직후 나왔던 '가자 북으로, 오라 남으로' 같은 감성적 구호들이 수십 년 만에 부활했다. 민족주의는 NL 사조에 강한 파급력과 질긴 생명력을 불어넣은 가장 중요한 기둥이었다.

두 번째 기둥은 대중노선이었다. 투쟁 수위와 방법, 슬로건을 대중의 시선에 맞추어 내놓았다. 일반인이 이해하기 힘든 '파쇼 타도' 대신에 '독재 타도'라는 슬로건을 주창한 것도 그런 사례였다. 1986년 고려대에서 전두환 정권의 본질을 '파쇼'로 표현할지 '독재'로 표현할지를 놓고 학생 지도부가 10시간 가까운 논쟁을 벌일 정도로, 슬로건은 매우 민감한 문

1990년 8월 15일 연세대에서 범민족대회가 열렸다. 연세대 학생회관 벽에 '오라 남으로! 가자 북으로!'라는 구호가 쓰인 대형 현수막이 걸려 있다. 민족주의는 NL 사조에 강한 파급력과 질긴 생명력을 불어넣은 가장 중요한 기둥이었다.

제였다. 1987년 6월항쟁 시기에 학생운동권이 '개량주의'라는 비판에도 "군부독재 타도, 직선개헌 쟁취"라는 야당 구호를 받아들인 것도 대중노선에 힘입은 바가 컸다. 그때 PD 계열의 CA(제헌의회) 그룹은 1917년 혁명기의 러시아를 본딴 '제헌의회 소집'을 슬로건으로 내걸자고 주장했다. 반미청년회 의장을 지낸 조혁은 "NL이 분명하게 운동권 주류로 떠오른 건 1987년 6월항쟁을 거치면서부터"라고 말했다. "NL이 (운동권의) 다수였기에 1987년 시기를 주도했던 게 아니다. 정치력이 있고 유연했기에 가능했다. NL은 야당을 개량주의적이라고 몰아세우지 않았다. NL의 영향력은 대중운동 방식에 기반해 확산됐다."

NL을 떠받친 세 번째 기둥은 품성론이었다. 품성론은 NL 사조가 노동운동권에까지 급속히 퍼지는 데 중요한 기여를 했다. 강철서신 중 한 팸플릿에는 품성론에 관한 이런 설명이 있다.

> (선진 노동자) 발굴, 선정에서 1차적 기준이 되어야 하는 것은 품성이다. 솔직, 소박, 겸손, 성실, 용감한 품성을 갖고 있는가 그렇지 않은가 하는 것이다. 소박한 품성이란 사치나 허영, 공명심에 빠져 있지 않은 품성을 말한다.……겸손한 품성이란 거만하지 않은 품성을 말한다.……성실한 품성은 나태, 방탕하지 않은 품성을 말한다.……용감한 사람이란

비겁하지 않은 품성을 말한다.……품성은 사상과 밀접히 관련되어 있으며 한 사람의 사상을 형성하는 데 결정적인 역할을 한다.

• 「노동해방운동의 힘찬 전진을 위해:
지금 당장 우리는 무엇을 해야 하는가」

초등학교 도덕 교과서에나 나올 법한 이야기지만, '전위조직 중심의 노동운동'에 회의하던 수많은 현장 활동가에게 뜻밖의 울림을 주었다. NL이 학생운동권을 뛰어넘어 진보 운동권 전체에 영향력을 행사한 데에는 이론을 뛰어넘는 품성론의 역할이 컸다. PD 그룹에서는 "'품성'을 지나치게 강조해서 운동의 몰지성화를 가져왔다"고 비판했다. 이진경은 "변혁이론을 얘기하다 갑자기 품성을 강조하는 건 분명 당황스런 일인데, 이게 받아들여진 건 거기(품성론)에 실린 '권위' 때문이 아니었나 싶다. 북한 노동당이 그렇게 해서 (항일 투쟁과 북한 정권 수립에) 성공했다는 생각이 없었다면 '착한 일 하는 게 좋은 사람'이란 식의 품성론은 그렇게 힘을 발휘하기 어려웠을 것"이라고 말했다. 한홍구는 "그래도 남한에서 (1990년대 후반 이후 운동이 고립화하고 쇠퇴하는 과정에서) 일본과 같은 극단적인 적군파가 나오지 않은 건 품성론의 긍정적 영향이 작용한 게 아닌가 싶다"고 말하기도 했다.

북한의 권력 세습, NL 분화 촉발

NL을 하나의 사조로 묶은 것이 세 기둥(민족주의, 대중노선, 품성론)이라면, 마치 양파 껍질처럼 NL 내부를 복잡하고 중층적으로 만든 것은 북한과 주체사상과 수령론과 후계자론이었다. 북한과 김일성 주석, 김정일 후계자를 어떻게 볼 것인지는 단순히 NL과 PD를 가르는 기준이 아니었다. NL 내부의 다양한 인식 차이를 드러내는 리트머스 시험지이기도 했다. 익명을 요청한 진보정당 출신 인사는 이렇게 설명했다.

"계급보다 민족을 앞세우는 게 NL이라 한다면, NL 내부에선 북한 주체사상을 지도이념으로 받아들일 것인가, 수령론과 후계자론을 어떻게 볼 것이냐가 논란거리였다. 그런데 이게 단순하지 않다. 수령론과 후계자론으로 가면, 반응은 미묘하지만 다양하게 갈린다. 후계자론까지 전적으로 받아들이는 그룹이 있는가 하면, 주체사상은 인정하면서도 수령론과 후계자론엔 소극적인 그룹도 있다. 세습은 중국·쿠바와 같은 현존 사회주의 국가에서도 전례 없는 일이니까, 이걸 받아들이는 농도는 사람에 따라 또 다를 수밖에 없다. 여기에 주체사상을 인정하지 않는 '비주사 NL' 그룹도 있다. NL 사조는 밖에서 보면 하나의 흐름 같지만 내부적으론 매우 중층적인 모습을 띠었다."

북한의 권력 세습을 둘러싼 논란은 이미 1970년대 발표된 재일동포 작가 이회성의 소설 『금단의 땅』에 잘 묘사되어 있다. 이 소설에는 북한 노선을 따르는 통일혁명당(통혁당) 당원 나도경과 남한의 독자적 사회주의자 박채호가 벌이는 논쟁이 여러 차례 나온다.

박채호 "도대체 김일성은 왜 자기 아들을 후계자로 내세우려고 하는 겁니까? 혁명과 통일은 대를 이어서 수행하지 않으면 안 된다고 말하더군요.……하지만 그것과 자기 자식을 후계자로 내세우는 것이 어떤 논리적 필연성을 갖는단 말입니까?"

나도경 "중국의 예를 들어봅시다. 문화대혁명이 저렇게 수습할 수 없는 상태에 이른 것은 마오쩌둥의 후계자를 미리 결정해두지 않았기 때문입니다. 소련의 경우는 더 심각합니다. 레닌은 스탈린을 후계자로 선택했지만, 스탈린은 뚜렷한 후계자를 결정해두지 않았기 때문에 소련은 결국 수정주의쪽으로 빠져 혁명의 성과를 기대할 수 없게 되지 않았습니까?"

박채호 "레닌이 스탈린을 후계자로 선택했는지는 의문입니다. 만년의 레닌은 오히려 스탈린을 경계했을 정도니까요. 스탈린은 권력을 자신에게 집중시키려 했어요. 그 야심을 경계하여 그를 정치국에서 강등시키자고 제안한 것은 바로 레닌이었지요. 레닌의 유언을 읽어보면 그건 한눈에 알 수 있습니다."

• 이회성, 『금단의 땅』 중

　권력 세습을 둘러싼 박채호와 나도경의 논쟁은 10여 년이 흐른 뒤 남한에서 똑같은 논리로 고스란히 재현되었다. 1990년대 초반 전대협에서 활동했던 인사는 이렇게 말했다. "그때는 (김일성에서 김정일로의) 권력 세습이 현실화하기 전이었기 때문에 막연한 믿음으로 (권력 세습에 대한) 고민을 유보해놓는 분위기가 강했다. 그런 유보된 믿음이 1994년 (김일성 주석 사망으로) 세습이 현실화한 이후 점점 침식되기 시작했다. 3대 세습이 이루어진 뒤엔 더 말할 것도 없다."

　혁명 사조로서 NL은 대중적으로 세력을 확산하는 데 치명적인 약점을 안고 있었다. 식반론이 그랬고 주체사상 핵심인 수령론과 후계자론이 그랬다. 그럼에도 비교적 오랫동안 영향력을 유지할 수 있었던 이유는 1986년 처음 등장할 때 강렬한 인상을 준 세 가지 특징(민족주의, 대중노선, 품성론)이 NL 주변을 두텁게 감싸 안았기 때문이다.

3

해방전사여, 음주와 흡연을 절제하라
구학련과 프락치 (1)

구국학생연맹

봄볕이 나른한 1986년 3월 29일 오전 9시 30분, 서울대 자연대 건물 22동 404호. 학생들이 하나둘씩 들어와 빈 강의실을 채우기 시작했다. 안내를 맡은 학생은 참석자들에게 소속과 학번을 물은 뒤 앉을 자리를 지정하고 "보안 관계상 대회 시작 때까지 눈을 감으라"고 지시했다. 강의실은 금세 100명 가까운 학생으로 가득 찼다. 사회자가 강단에 올라 말했다. "조직의 생명은 보안이다. 눈을 뜨더라도 동료의 얼굴을 확인하지 말라." 이병호(서울대 국문 83학번)는 아무리 그래도 눈을 떴는데 주변을 살피지 않을 수가 없었다. 얼핏 봐도 교내의 웬만한 고학년 활동가들이 거의 망라해 있었다. 조유식(서울대 정치 83학번)은 '아차!' 싶었다고 했다. 주최 쪽이 그렇게 '보안'을 강조했는데, 참석자 중에는 운동 노선이 다른 친구들도 눈에 띄었기 때문이다.

　누군가 앞에 나와 '결성취지문'을 낭독했다. "한반도는 19세기 말부터 분단을 거쳐 지금까지 미·일 제국주의에 의해 강점 지배를 당해왔다. 이들의 억압과 독점에 항거하여 분연히 투쟁하다 산화한 선배 순국영령들의 빛나는 전통을 계승하고……열혈 애국청년학생들의 민주적 역량을 총집결하여 투쟁할 목적으로 '구학련'을 결성한다. 구학련 조직원은 첫째 한반도의 분단과 민중을 억압 착취하는 원흉으로서의 미제와 그 괴뢰정권에 대한 불타는 적개심과, 둘째 불요불굴의 투지와, 셋째 필승불패의 신념을 갖고 힘차게 전진하자!"

　첫 NL계 학생운동조직 '구국학생연맹(구학련)'은 이렇게 모습을 드러냈다. 1960년 4·19혁명기 이후 처음으로 남한에서 '반미'와 '통일'을 전면에 내건 대중적인 학생운동조직이 탄생한 것이다. 또한 반독재 투쟁에 주력했던 기존 운동과는 다른 새로운 사조가 학생운동권의 주류로 떠올랐음을 알리는 신호이기도 했다. 구학련 결성을 주도한 이들은 서울대 법대 82학번 동기인 정대화와 김영환이었다. 정대화가 총책인 중앙위원장을 맡고, 김영환이 뒤에서 돕기로 했다.

　구학련은 '혁명적 대중조직Revolutional Mass-Organization: RMO'을 표방했다. 그런데 실제로는 위상이 모호했다. 그날 강의실에 모인 학생들은 팽팽한 긴장감에 휩싸인 느낌이었다고 말했다. 우선 '구국학생연맹'이란 이름이 주는 압박이 상당했다. '민주'나 '민족'을 내건 기존 학생조직과 달리, 구국학생연맹에는 금기를 뛰어넘는 듯한 뭔가가 있었다. 그렇게 이름을 정한 이는 김영환이었다. 정대화는 "처음엔 민학련(민주학생연맹)으로 조직 이름을 하려고 했다. 그런데 김영환 씨가 '구국의 소리' 방송에서 힌트를 얻었다며 '구국학생연맹'이 어떻겠느냐고 해서, 그러자고 동의했다"고 말했다. 그때까지 남한 통혁당 출신 인사들의 망명조직이 '구국의 소리' 방송을 진행한다고 많은 학생은 생각했다. 나중에 구학련 투쟁부장을 지낸 조유식은 이렇게 말했다. "그 당시만 해도 국가보안법 위협이 대단했다. 질적으로 새로운 조직이라고 하고 북한 얘기도 하고 그러니, 구학련에 가입하면 국가보안법에 걸릴 거란 생각을 누구나 했다. 마치 예전의 지하 전위당을 한다는 느낌, 그런 긴장감이 강했다. 그러니 굉장히 조심해야겠구나 생각을 했는데, 실제로는 괴리가 컸다."

　　　　사실 그날 모인 학생들 가운데 구학련이 어떤 조직인지 모르고 참여한 이도 적지 않았다. 익명을 요청한 한 참석자는 "새로운 기구가 뜨니 참가하라고 선배가 말해서 참석했는데, 구학련이란 이름은 현장에서 처음 들었다. 물론 그때 대세인 NL에 찬성하는 입장이긴 했다. 학생회 집회에 가듯이 참석했는데 막상 가서 보니 그게 아니어서 솔직히 혼란스러웠다"

고 말했다. 이건 그나마 나은 경우였다. 참석자 중에는 NL 사조에 비판적인 학생들도 눈에 띄었다. '혁명적 대중조직'을 추구하면서 가장 기본적인 노선 통일을 이루지 못했으니 내부 결속과 보안이 약해질 수밖에 없었다.

결성대회 현장에서도 그런 부분에 대한 지적이 제기되었다. 강령과 규약을 채택한 뒤 간단한 질의응답을 했다. 조직 위상과 성격에 대한 비판적인 질문이 잇따랐다. '조직의 보위라는 측면에서 이렇게 많은 사람이 모여 대표자회의를 치르는 게 적절한가?' '구학련은 전위적인 투쟁조직인가, 아니면 대중조직인가?' 구학련의 모호한 성격이 고스란히 드러났다. 우려했던 보안 문제는 결국 구학련의 발목을 쉽게 잡아버렸다. 구학련은 1986년 8월 경찰 수사로 조직이 와해될 때까지 채 반년도 활동하지 못했다. 그 기간 동안 최고지도부인 중앙위원회는 핵심 활동가들의 잇따른 구속과 수배로 무려 일곱 차례나 개편을 거듭했다.

NL 사조 확산의 공신

그럼에도 구학련은 기존 학생조직과 지향점을 달리하며 NL 운동의 확산에 뚜렷한 영향을 끼쳤다. 그 뒤를 이어 고려대의 애국학생회, 연세대의 반미구국학생동맹, 전남대의 반

1986년 5월 검찰은 구학련 투쟁조직인 자민투(반미자주화 반파쇼민주화 투쟁위원회)의 불법 활동을 적발했다면서 증거물을 공개했다. 자민투 유인물과 불온서적, 단파라디오 등이 눈에 띈다.

미구국투쟁위원회 등 NL 노선을 따르는 학생운동조직이 잇따라 결성되었다. 구학련은 NL 사조를 전국 대학가에 퍼뜨리는 화수분이었다. 전남대의 NL 조직 결성에 관여했던 인사는 이렇게 말했다. "그해 6월쯤인가 구학련에서 연대사업을 담당하는 학생이 광주로 내려와 NL 문건을 한 보따리 전해주었다. 내가 문건을 전달받아 전남대 내부에 돌렸다. 구학련은 NL 확산에 매우 적극적이었다."

반미 운동이 대학가에서 본격화한 것도 구학련의 공이었다. 구학련은 전두환 정권 배후에 미국이 있다고 규정하고 반독재 투쟁과 함께 반미 투쟁을 운동의 전면에 내세웠다. 대학생들의 교련과 전방입소훈련■을 '양키의 용병교육'이라고 규정해 반대하는 대규모 시위를 조직했다. '반전반핵 양키고홈'이란 구호가 대중화한 게 이 무렵이었다. NL이란 단어의 기원인 '민족해방 민중민주주의 혁명NL-PDR'이란 말이 본격적으로 쓰인 것도 구학련 기관지 『해방선언』을 통해서였다.

구학련이 이른바 '주사(주체사상)'를 지도이념으로 하는 단계까지 나아간 것은 아니었다. 1986년 8월 30일 '용공 이적성이 농후한' 구학련을 적발했다고 발표한 최환 당시 서울지검 공안부장은 "조직원 모두가 이적사상에 완전히 물든

■ 대학교 2학년 남학생들이 전방 육군 부대로 5박6일간 입영하여 군사훈련을 받는 제도. 1988년을 마지막으로 없어졌다.

것은 아니었기 때문에 핵심 조직원들에 대해서만 국가보안법 위반 혐의를 적용해 구속했다"고 밝혔다. 핵심 조직원에게도 국가보안법상 반국가단체 구성 혐의가 아니라 그보다 한 단계 낮은 이적단체 구성 혐의가 적용되었다. 구학련 투쟁부장을 지낸 조유식의 말이다. "그때 구학련 내부에서 가장 치열하게 논쟁이 붙은 사안 중 하나는 '주한미군 철수'를 주 슬로건으로 내걸 것인가 하는 문제였다. 이걸 내걸어야 하나 말아야 하나, 숱한 고민과 논쟁 끝에 결국 '주한미군 철수 투쟁'은 하지 않기로 결론을 내렸다. 구학련의 성격을 보여주는 결정이었다."

NL 조직으로서 구학련의 새로운 성격은 결성대회서 채택한 강령과 규약, 생활수칙에서 고스란히 드러났다. 구학련 중앙위원장이던 정대화는 "새로운 조직이니까 구학련 가입 심사는 특별히 철저하게 하질 않고, 원하는 사람은 가능한 한 다 받아들이려고 했다. 가장 중요한 기준은 '반미'와 '품성'이었다"고 말했다. 그의 말대로, 구학련은 규약 3조에서 조직원 자격을 '반미 구국투쟁에 헌신한 자로서 조직 노선을 관철하고 조직 규율을 준수할 사람'으로 규정했다. 특히 눈에 띄는 건 활동가의 품성을 강조한 생활수칙이다. 지도부는 이 생활수칙을 모든 조직원이 준수하라고 강조했다. 구학련의 생활수칙 5개 항은 이랬다.

1. 모든 생활에서 미제에 대한 적개심을 고취하고 조국과 민

중에 대한 충성심을 고양한다.
2. 나쁜 습관과 주위의 유혹으로부터 벗어나기 위하여 명확한 책임성 하에 선도적 실천을 수행한다.
3. 비판과 상호비판으로 진정한 동지애를 구현한다.
4. 약속시간 엄수 및 규율 준수를 통해 절도 있는 생활을 체화한다.
5. 자신의 몸은 해방전사의 몸임을 자각하고 음주, 흡연을 절제하고 알맞은 운동으로 건강을 유지한다.

강령과 규약 등을 정한 조직은 많았지만, 이처럼 생활수칙을 구체적으로 명시한 학생운동조직은 아마도 구학련이 처음이 아니었을까. NL 조직의 특성을 가장 분명하게 드러내는 지점에 구학련이 서 있었다.

"세상을 약게 살아야지"

구학련이 많은 이의 기억 속에 또렷이 남은 건, 희대의 '프락치 사건'과 관련이 있기 때문이다. 경찰 수사로 와해된 구학련을 재건하자면서 학교에 남아 있던 운동권 학생들을 끌어모아 고스란히 치안본부 대공분실에 누설한 이 사건의 전모는 여전히 베일에 가려 있다. 그러나 당시 학생들의 증언에 따르면 구학련 핵심 조직원이었던 배○○의 정보 제공으로 학생운동 활동가 여럿이 경찰에 체포되었다.

운동권에서 프락치 사건이 배씨의 경우만은 아니다. 공안당국은 항상 학생운동과 노동운동권에 '망원網員'이라고 부르는 정보원을 심기 위해 애썼고, 이런 노력이 성과를 거두기도 했다. 그래서 1980~1990년대 대학가에는 '누가 프락치인 것 같다'라는 소문과 의심이 끊이지 않았다. 하지만 실제 프락치로 확인된 경우는 드물었다. 설령 경찰 또는 정보기관이 망원을 심더라도 대개는 단기간 활동에 그쳤지, 배씨처럼 지속적으로 핵심에서 활동한 사례는 거의 없었다.

배씨는 1983년 서울대 법대에 입학해 본부서클인 고전연구회에서 학생운동을 시작했다. 고전연구회는 나중에 NL 운동의 시초가 되는데, 이것이 배씨의 전향과 관련이 있을 것으로 동료들은 추측했다. 그와 함께 서클 활동을 했던 김지연(서울대 약대 83학번)은 "배씨는 온순하고 감수성이 풍부한 편이었다. 감성적인 글을 잘 써서, 학내 대자보를 그가 여러 번 썼던 기억이 난다"고 말했다.

부산·경남 출신인 배씨는 집안이 부유해 그 당시 지방 출신 학생으로는 드물게 학교 주변의 아파트를 전세 내어 자취를 했다. 서울 관악구 신림동의 미성아파트 1동 ○○○호는 자연스레 서클 세미나 등 NL 그룹 모임의 구심점 역할을 했다. '강철서신' 저자 김영환이 경찰 수배를 피해 잠시 배씨

집에 은신한 적도 있었다. 김영환은 그에 대해 이렇게 말했다. "배씨는 신념이 강했다기보다는 서클 친구들과 어울리는 게 좋아서 운동을 했던 것 같다. 1~2학년 때는 별문제가 없었지만 고학년으로 올라갈수록, 특히 고전연구회가 (반독재운동을 넘어서) 반미·통일운동을 주도하게 되니까 심적인 부담을 크게 느낀 게 아닌가 싶다."

김영환은 1986년 11월 24일 '강철서신'을 쓴 사실이 드러나 안기부에 붙잡힌 뒤 수사관으로부터 이상한 이야기를 들었다. 검거되고 1주일쯤 지났을 때였다. 조사를 받는 도중에 문득 수사관이 이렇게 물었다. "네 주위에 경찰에 협조하는 사람이 있는 걸 아느냐?" 그가 "모른다"고 하자 수사관은 "배○○이 만나자고 했을 때 왜 거절했느냐"고 되물었다. 그러면서 "배○○처럼 세상을 약게 살아야지……"라고 혼잣말처럼 말했다. 김영환은 이때 '배○○이 프락치였구나'라고 어렴풋이 짐작했다.

4

독재정권이 모두에게 남긴 상처
구학련과 프락치 (2)

핵심 인물 검거와 조직 와해

1987년 겨울은 유난히 추웠다. 1월에는 서울 최저기온이 영하 19.2도까지 내려가는 17년 만의 한파가 몰아닥쳐 한강이 꽁꽁 얼었다. 시국도 몹시 스산했다. 연초부터 야당과 대학가의 개헌 서명 운동이 곳곳에서 경찰과 충돌을 빚었다. 전두환 정권은 장기 집권을 위해 폭압적 탄압 수위를 높이기 시작했다. 학생운동권을 겨냥한 대대적인 검거 선풍이 일었다. 경찰은 수배 학생을 잡기 위해 통·반장을 통한 주민신고 체제를 만들고 특별 호구조사를 벌였다. 6월항쟁의 도화선이 된 박종철 고문치사 사건은 이런 분위기에서 발생했다.

그해 1월 14일, 서울 남영동 치안본부 대공분실에서

서울대생 박종철(언어학과 84학번)이 숨졌다. 수배중인 선배의 거처를 대라며 경찰이 고문하다 벌어진 일이었다. 그 무렵 경찰과 안기부는 물불을 가리지 않았다. 박종철처럼 아무 잘못도 없이 단지 수배 학생을 안다는 이유로 끌려가 구타와 고문을 당하는 일이 허다했다. 운동권 내부 정보를 얻기 위해 공안기관들은 경쟁적으로 학생들을 협박하고 회유했다. '프락치'를 둘러싼 의심과 불신이 가장 팽배했던 시기 또한 그때였다. 학생운동사에서 가장 유명한 프락치 사건으로 기억되는 배○○ 사건은 제5공화국 말기 그런 흉포한 분위기에서 생겨난 비극이었다. 치안본부 대공분실이 그 중심에 있었다.

박종철 고문치사 사건이 발생한 1987년 1월 무렵, 김관영(서울대 신문학과 84학번)은 서클 선배인 배○○(서울대 법대 83학번)한테서 한번 만나자는 연락을 받았다. 배씨는 그에게 'NL 학생조직을 재건하자'고 말했다. 불과 수개월 전인 1986년 여름, 남한의 첫 NL계 학생조직이던 구학련이 와해되면서 대다수 학생 활동가들은 구속되거나 수배된 상태였다. 경찰 수사 발표를 보면, 구학련과 구학련의 투쟁조직인 자민투(반미자주화 반파쇼민주화 투쟁위원회) 관련으로 서울대에서만 60여 명이 구속되었다. 김관영은 구학련에서 본부서클을 담당하는 책임자였는데 운 좋게도 검거를 면한 상태였다. 배씨는 학교에 남은 NL 계열 학생들을 모아서 새로 조직을 꾸리자고 제안했다. 김관영은 "구학련이 이미 깨진 상태였기에 '민주학생연

서울대생 박종철이 물고문으로 숨진 서울 남영동 치안본부 대공분실 내 조사실 모습. 1986년 친구들을 배신하고 프락치 활동을 했던 서울대생 배○○도 이곳에서 경찰의 협박에 굴복했다고 말했다.

맹(민학련)'이란 이름으로 재건하자고 배씨가 제안했다. 그래서 매주 한 차례씩 만나 이 문제를 논의했다"고 말했다. 장유식(서울대 산업공학과 83학번)도 이 과정에서 배씨를 만났다.

그러나 구학련 재건 작업은 제대로 이루어지지 않았다. 배씨가 프락치라는 소문이 떠돌기 시작했다. 장유식도 그런 이야기를 얼핏 들었지만 "설마" 했다고 한다. 장유식은 1987년 2월 말 건국대 앞에서 배씨를 만나기로 약속했다. '그날 이후'라는 레스토랑 이름을 지금도 기억했다. 그가 레스토랑에 들어서 배씨를 발견하고 자리에 앉자마자 형사 5~6명이 테이블 주변을 둘러쌌다. 형사들은 두 사람을 남영동 치안본부 대공분실로 연행했다. 장유식은 배○○의 밀고로 자신이 잡혔다는 사실을 짐작했다.

3월에는 김관영이 경찰에 검거되었다. 장유식과 비슷한 방식이었다. 김관영의 말이다. "배씨를 만나러 나갔는데 형사들이 현장에 나와 있었다. 배씨와 함께 남영동 대공분실로 연행됐다. 조사를 하는데 배씨와 관련한 내용은 다 알고 있다는 듯이 수사관이 묻지를 않았다. 그래서 배씨는 어떻게 됐느냐고 물으니까 수사관이 한심하다는 듯이 나를 쳐다봤다."

4월에 또 다른 NL계 학생모임이 와해되었다. NL 조직 건설을 논의하던 양기철(서울대 국제경제학과 82학번)과 김○○(고려대 83학번), 하○○(한신대 83학번) 등이 치안본부 대공분실 형사들에게 붙잡혔다. 반제청년동맹이란 이적단체를 만들려

했다는 혐의였다(제3부에 등장하는 하영옥 등이 만든 조직과 이름만 같은 다른 조직이다). 양기철은 배○○와 친한 사이였다. 그가 배씨를 녹두출판사 편집위원으로 소개해준 적도 있었다. 양기철은 배씨 때문에 자신을 비롯한 동료들이 검거되었다고 믿고 있다. 그는 "배씨가 프락치라는 건 남영동 대공분실에서 조사를 받으면서 알게 됐다"고 말했다. 불똥은 녹두출판사로도 튀었다.

녹두출판사는 그해 3월 『녹두서평』 1집을 발간했다. 이 책에는 제주 4·3사건을 다룬 이산하 시인의 「한라산」이 실려 있었는데 이게 필화사건으로 번졌다. 배○○가 그때 녹두출판사 편집위원으로 일하고 있었다. 편집장이던 신형식은 당시 상황을 이렇게 설명했다. "1987년 1월에 대학 서클 후배인 양기철에게 편집위원을 한 사람 구해달라고 부탁했더니 배○○를 소개해줬다. 그래서 3월 21일 『녹두서평』 1집이 나올 때까지 여러 번 우리 사무실을 찾아왔다. 그런데 뭔가 풍기는 분위기가 좀 이상해서, 이산하 시인의 「한라산」 얘기는 배씨에게 하질 않았다. 『녹두서평』이 나오자마자 우리(편집진)는 모두 잠적을 했다. 아마 그 무렵에 배씨가 프락치 같다는 소리를 얼핏 들은 거 같다. 그 뒤에 양기철 등 NL 조직 건설을 논의하던 학생 몇 명이 치안본부 대공분실에 연행됐다. 그 소식을 듣고 서울대 총학생회에 전화를 걸었다. '배○○가 프락치 같은데 좀 알아보라'고 제보했다." 신형식의 전화를 계기로 배씨의 활동이 비로소 학내에 알려졌다.

열렬한 운동권 학생의 배신

배○○는 1983년 서울대에 입학해 본부서클인 고전연구회에서 학생운동을 시작했다. 그는 열성적인 '운동권 학생'이었다. 시위를 하다 두 차례 연행된 적이 있고, 2학년 겨울방학 때는 보름 정도 공장에 들어가 노동자 생활을 체험하는 '공활(공장활동)'을 했다. 누구도 배씨를 의심하지 않았다. 그런데 그는 왜 갑자기 경찰의 협조자가 되어 친구들을 배신했던 걸까.

1986년 8월의 어느 날 밤, 서울 관악구 봉천동 하숙집에서 잠자던 배씨는 갑자기 들이닥친 형사들에게 영문도 모른 채 끌려갔다. 그가 연행된 곳은 남영동 치안본부 대공분실. 몇 달 뒤 박종철이 비슷하게 끌려온 바로 그곳이었다. 밀폐된 방에 고립된 배씨는 '강철서신' 저자 김영환과 구학련 핵심 멤버인 박금섭(서울대 법대 83학번) 등 선배와 친구의 행방을 밝히라는 추궁을 받았다. 처음에는 모른다고 잡아뗐지만 경찰의 구타와 협박을 견디기 어려웠다. 배씨는 당시 상황을 이렇게 말했다.

"무엇보다 심리적 압박이 너무 컸다. 그들은 나에게

김영환과 박금섭을 잡을 수 있게 협조하라고 요구했다. 협조 안 하면 구속시키겠다고 했다. 견디기 힘들었다. 모범생으로 살아왔는데 구속되면 부모님이 얼마나 실망하실까……. 또 두 사람만 잡으면, (배씨가 참여했던 노동운동 기관지 『들불』 편집부의) 다른 동료와 후배들은 건드리지 않겠다고 했다. 그래서, 협조했다. 내가 너무 유약했다. 좀 더 강인했더라면 그런 선택을 하지 않았을 텐데."

김영환이 주도했던 NL 노선에 대한 반발도 작용했다. "주체사상이나 북한 문제에 거부감이 있었다. 그래서 'NL 노선에 반대하는 거지, 운동 자체를 부정하는 건 아니다'라고 스스로를 합리화했던 것 같다. 지금 돌아보면 다 핑계일 뿐이다." 그렇게 풀려난 뒤 배씨 주변에는 항상 대공분실 형사들이 따라붙었다. 서너 명이 배씨 주변에 잠복하며 누구에게 전화가 걸려오는지, 누구를 만나는지 체크했다. 그때 자신을 담당했던 홍○○ 경감과 김○○ 경장의 이름을 배씨는 지금도 또렷이 기억한다.

전화가 왔다. 친구 박금섭이었다. 배씨는 이런저런 핑계를 대서 그냥 전화를 끊었다. 형사들은 배씨를 다시 남영동으로 데려가 '왜 협조 안 하냐'고 윽박질렀다. 이제 다른 선택은 없었다. 다시 박금섭에게서 전화가 걸려왔다. 1986년 10월 무렵이었다. 박금섭의 말이다. "한양대에서 배씨를 만나기로 했는데, 형사들이 같이 나와 있었다. 그 자리에서 붙잡혀 남영동 대공분실로 끌려갔다." 그는 구속되었다 석방된 뒤인 1988년 여름, 우연히 길에서 배씨를 마주쳤다고 한다. "배씨가 나한테 잘못했다고 하더라. 그래서 프락치 활동한 거 양심선언을 해라, 그러면 친구들도 용서할 거라고 했다. 그렇게 하겠다고 철석같이 약속을 했는데, 결국 안 했다."

경찰은 고급 망원(정보원)인 배씨를 중요하게 생각했다. '오문규'란 가명으로 치안본부 산하 내외정책연구소의 신분증을 만들어서 배씨에게 주었다. 경쟁 관계인 안기부가 배씨를 채가는 것을 막으려는 의도에서였다. 그때 경찰과 안기부는 '강철서신' 저자 김영환을 잡으려 혈안이 되어 있었다. 홍○○ 경감은 배씨에게 김영환과 연락을 해보라고 계속 다그쳤다. 김영환은 1986년 11월 24일 부산에서 안기부에 붙잡혔다. 그는 "내가 검거된 건 배씨와는 관련이 없다"고 말했다. 김영환이 붙잡힌 뒤 배씨는 더 이상 이런 활동을 않겠다고 경찰에 말했다. "김영환 씨도 잡혔으니 이제 그만하겠다고 했다. 박종철 씨가 숨지고 얼마 뒤인 1987년 2월쯤이었다. 구학련 쪽에서도 나를 눈치 챈 거 같아 더 이상 활동할 수가 없었다." 배씨가 프락치 활동을 접은 시기에 대해서는 그와 동료들의 기억이 약간 엇갈린다. 장유식이나 김관영 등의 기억을 보면, 배씨는 4월 무렵까지는 경찰에 협조했던 것으로 보인다.

"그때가 가장 행복했던 시절"

배씨는 1987년 가을 한국외국어대 대학원에 진학했다. 대학원을 졸업한 뒤에는 유럽의 대학으로 유학을 갔다. 1989년이었다. 안기부에 취직해 안기부 장학금으로 유학 갔다는 소문은 사실이 아니라고 말했다. 배씨는 항상 감시받는 느낌을 받았다. "유럽에 있을 때 한국 남자 두 사람이 시기를 달리하며 내 주변에서 공부를 했다. 유학온 학생들이라고 하기엔 좀 미심쩍은 구석이 많았다. 확인할 수는 없지만 나를 감시하려고 보낸 게 아닌가 생각했다."

배씨는 유럽에서 10년간의 유학 생활을 마치고 잠시 국내로 들어왔다가 지금은 다시 해외에서 사업을 하고 있다. "유럽 유학 시절부터 해외를 돌고 있다. 아무래도 '그 일'이 있으니까 국내에서 살기는 좀 꺼려진다. 해외에서도 가끔 나를 알아보는 사람이 있다. 나를 알아보곤 가까이 오질 않는다. 그렇게 계속 살았다."

과거는 여전히 그를 무겁게 짓누르고 있다. '친구들에게 사과하고 용서를 구할 생각이 없느냐'는 질문에 그는 이렇게 말했다. "마음속엔 항상 미안함과 죄스러움을 갖고 있다. 친구들한테 솔직하게 토로하고, 야단치면 야단맞고, 그러고 싶다. 친구들이 나를 부른다면 가겠는데, 내가 먼저 가서 미안하다고 할 자신은 없다. 서클 친구들을 만나고 싶다. 그때가 가장 행복했던 시절이었는데, 많이 기억나고 그립다. 유약하지 않았다면, 좀 더 강인했더라면 그런 선택을 하지 않았을 텐데……. 운동을 하려면 굳은 마음을 먹었어야 하는데 나는 그러질 못했다. 그때 (경찰에) 협조하지 않았다면 이런 일이 안 생겼을 텐데……. 후회를 항상 한다."

친구들은 그를 받아들일 수 있을까. 배씨로 인해 경찰에 붙잡힌 김관영은 아직 용서할 수 없다고 말했다. "그동안 반성을 하고 용서를 구할 수 있는 기회는 많았다. 하지만 그렇게 하지 않았다. 운동이란 게 인간에 대한 신뢰를 갖고 하는 건데, 더구나 NL이 가장 강조한 게 품성인데, 그런 신뢰가 깨져 버렸다. 나에게 그 상처는 쉽게 아물 수가 없다."

벌써 30년 전 일이지만, 구학련을 함께했던 동료들 사이에 넘을 수 없는 강이 흐른다. 독재정권의 비인간적인 프락치 공작은 누군가에게는 회한으로, 누군가에게는 용서할 수 없는 아픔으로 남아 있다.

# 5

구국의 강철대오

전대협 (1)

한양대에 둥지를 틀다

찬바람이 옷깃 틈새로 스며드는 1989년 3월의 어느 날 새벽, 서울 왕십리의 한양대 학생회관에 하나둘 학생들이 모여들었다. 서울뿐 아니라 광주, 부산, 대전 등 전국에서 올라온 전국대학생대표자협의회(전대협) 중앙 간부들이었다. 학생회관 4층에 전대협 사무실이 문을 연 것을 축하하는 모임이었다. 1987년 6월항쟁 직후에 단일 학생조직인 전대협을 결성했지만, 1988년 2기 때까지 자체 사무실도 없고 집행 기능도 취약했다. 1989년 3월 한양대 학생회관 한켠에 사무실을 마련한 것은 전대협 위상의 질적 도약을 예고하는 상징과 같았다. 이후 수년간 전대협은 통일운동과 반정부 투쟁을 주도하며 한국 사회에 큰 영향을 끼쳤다. 1989년 6월 분단 이후 처음으로 평양에 남한학생 대표를 파견했고, 1991년 5월 민주자유당(민자당) 창당 반대 거리시위에는 전국에서 약 10만 명의 학생을 조직적으로 동원했다. 이 시기가 한국 학생운동의 전성기였고, NL 운동의 전성기이기도 했다.

개소식 며칠 뒤 전대협 사무실 문에는 8절 종이에 '구국의 강철대오 전대협'이라고 손글씨로 쓴 명패가 붙었다. '구국의 강철대오'는 전대협을 상징하는 구호가 되었다. 이 명칭을 만든 이는 전대협 중앙정책위원장이던 정은철(연세대 85학번)이었다. 그는 『불패의 신화: 전대협이야기 6년사』라는 책에서 이렇게 밝혔다. "1988년 서총련(서울지역총학생회연합)을 발족한 뒤 '구국의 횃불'이란 구호를 만들어 썼는데 학우들의 반응이 좋았다. 89년 전대협 사무실의 문을 연 뒤 청년학생의 기백과 조직의 힘찬 발전을 상징할 수 있는 말로 뭐가 있을까 생각하다 '구국의 강철대오'를 정하게 됐다."■ 〈전대협진군가〉가 만들어진 것도 이 무렵이었다.

> 일어섰다 우리 청년학생들 민족의 해방을 위해
> 뭉치었다 우리 어깨를 걸고 전대협의 깃발 아래
> 강철같은 우리의 대오 총칼로 짓밟는 너

■ 전대협동우회, 『불패의 신화』(두리, 1994), 132~133쪽.

조금만 더 쳐다오 시퍼렇게 날이 설 때까지

아 전대협이여 우리의 자랑이여

나가자 투쟁이다 승리의 그 한길로

• 〈전대협진군가〉

    윤민석(한양대 84학번)이 작곡한 이 노래를 수만 명의 학생이 일사불란하게 부르는 모습은 가히 장관이었다. 그 무렵 전대협 집행국에서 일했던 한 인사는 이렇게 말했다. "1988년 2기 때까지만 해도 전대협 의장이 등장할 때 학생들이 '와' 하는 함성을 지르는 정도였다. 1989년부터 달라졌다. 3기 의장인 임종석이 등장하면 수천, 수만 명의 학생이 기립해서 '구국의 강철대오 전대협'을 외치며 〈전대협진군가〉를 불렀다. 전대협과 전대협 수장인 의장의 권위를 추앙하기 위한 의식과 같았다. 처음엔 어색했지만 곧 익숙해졌다. 내부적으론 의장을 중심으로 단결 의식을 고취하고 대외적으론 전대협의 조직력과 규율을 드러냈다. 권위를 중시하는 NL 그룹의 독특한 문화와도 연관이 있었다." 진보 진영 내부에서는 '어린 학생들이 너무 심하다'는 비판도 있었지만, 일반 국민에게 전대협을 각인시키는 데는 매우 효과적이었다.

서클 중심에서 학생회 중심으로 변화

전대협 사무실이 한양대에 차려진 건, 그해(1989년) 3기 전대협 의장을 임종석 한양대 총학생회장이 맡았기 때문이다. 서울대나 연·고대가 아니라 한양대가 전국 학생조직을 이끌게 된 것은 의미심장했다. 학생운동이 소수 엘리트의 서클 중심에서 벗어나 학생회라는 대중조직 중심으로 변화함을 뜻했다. 대중운동을 중시하는 NL 사조의 확산이 이런 움직임을 가속화했다. 정보 격차도 사라졌다. 1980년대 초까지만 해도 운동이론의 정립과 확산은 서울대 등 일부 메이저 대학에서 만들어 제한적으로 돌려보는 팸플릿에 많이 의존했다. 한국 변혁운동에서 북한의 중요성을 재조명한 '강철서신'이 1986년 봄에 광범위하게 유포된 뒤 상황은 달라졌다. 북한 '구국의 소리' 방송을 청취하는 팀이 전국 거의 모든 대학에 자발적으로 생겨났다. 운동이론 정립을 굳이 서울대 등에 의존할 필요성이 사라졌다.

전대협 의장을 1기(이인영 고려대 총학생회장)와 2기(오영식 고려대 총학생회장) 때와 달리 한양대가 맡은 것은 현실적 세력 관계의 변화를 반영한 측면이 컸다. 그해 연세대 총학생회장에 NL 계열이 아닌 PD(민중민주 또는 평등파) 계열 학생이 당선되었다. 고려대도 NL과 PD의 학내 영향력이 엇비슷해, 총학생회와 단과대 학생회 주도권 세력이 매년 바뀌었다. 반면에 한양대는 1987년 이후 NL 계열이 총학생회와 단과대 학생회를 확고하게 틀어쥐고 있었다. 1989년 한양대 행당캠퍼스의 50여 개 학과 가운데 사회학과 하나만 빼고 모든 학과의 과 대표를 NL 계열 학생이 차지했다. 한양대·경희대·건국대 등 특히 서총련 동부지구에서 NL은 초강세를 띠었다. 다양한 분파로 나뉜 서울대나 연·고대에 비해, 이들 대학에서 NL계의 집행력과 학생 동원력이 훨씬 강할 수밖에 없었다. 이런 현실적인 세력 관계의 변화가 학생운동 주도권의 한양대 이동에 영향을 주었다. 그리고 이듬해에는 사상 처음으로 서울에서 지방으로 주도권이 넘어갔다(4기 전대협 의장에 송갑석 전남대 총학생회장이 선출되었다). 1987년 6월항쟁과 NL 사조 확산을 계기로 학생운동은 서울 명문대 중심의 엘리트 운동에서 벗어났다. 평상시에 10만 명의 학생을 조직·동원할 수 있는 능력은 그렇게 만들어졌다.

  1989년 초 임종석을 전대협 의장으로 선출할 때 분위기를 당시 한양대 총학생회 간부는 이렇게 전했다. "임종석 씨를 전대협 의장으로 밀었지만 처음엔 될 수 있을까 반신반의했다. 전대협 내부에선 반대가 만만치 않았다. 서울대, 연·고대 이외의 학교로 전국 학생운동의 지도부가 옮아간 적이 없었기 때문이다. 마침 연세대에서 NL 계열 후보가 총학생회장 선거에서 떨어졌고 이게 결정적으로 유리하게 작용했다. 학교 쪽의 은근한 지원도 한몫했다. 한양대는 '말썽만 부리지

1989년 5월 11일, 충남대에서 열린 전대협 3기 출범식에 참가한 각 대학교 대표 4,000여 명이 정문 앞까지 나와 '광주학살 원흉처단' 등의 구호를 외치며 시위를 벌이고 있다. 그 시기 전대협의 조직력과 영향력은 최고조에 달했다.

말라'며 총학생회의 자율권을 인정하는 편이었다. 학생회관 사무실을 거의 총학생회 마음대로 운용할 수 있었다. 전대협 사무실을 한양대에 처음 설치한 것도 이런 배경에서였다. 임종석 씨가 전대협 의장이 되자 학교 쪽도 은근히 좋아했다. 학교 명성이 높아졌기 때문이다. 대학총장협의회에서 한양대 총장의 발언권이 세졌고, 대학입시의 합격선이 올라갔다는 얘기도 들었다."

한양대로 학생운동 지도부를 옮긴 것은 모험이었지만 결과적으로 대성공을 거두었다. 그해 전대협은 '한국을 움직이는 중요한 단체' 중 하나로 꼽힐 정도로 강한 인상을 남겼다. 학번 체계나 학교 서열 대신 의장과 지도부를 중심으로 모든 일을 꾸미고 실행하는 단일한 집행력, 그리고 무엇보다 일반 학생들의 헌신적인 태도가 학생운동의 전성기를 일구어냈다. 북한 수령론을 연상케 하는 '전대협 의장 옹위론'이라든가 학습보다 태도를 중시하는 '품성론'이 적어도 이때까지는 운동의 확산에 긍정적으로 작용했다.

1990년대 초반 서총련과 전대협 집행국에서 일했던 한 인사는 일반 학생들의 자발성이 어느 정도였는지를 이렇게 설명했다. "전대협 출범식이나 평양축전 출정식엔 전국에서 수만 명의 학생이 참석했지만 전대협 중앙의 재정 부담은 그리 크지 않았다. 며칠간 이어지는 행사 기간 밥값은 학생 개개인이 스스로 댔다. 일종의 자원봉사 개념이었다. 지방에서 서울까지 오는 교통편은 각 대학 총학생회에서 버스를 대절하는 식으로 책임을 졌다. PD 계열이 총학생회를 잡고 있는 학교에선 NL 계열 학생들이 돈을 갹출해서 버스를 빌렸다. 숙박은 행사 주최 학교의 학생회관과 단과대 동아리방을 활용했다. 문화공연 등을 거창하게 했지만 기획과 준비 모두 각 학교 문화패의 자원봉사로 꾸렸다. 실제 돈이 들어간 건 무대 설치와 일부 음향설비 대관 등인데, 모두 합쳐봐야 1,000만 원을 넘지 않았다."

'한국을 움직이는 단체' 3위

임종석 의장 개인의 능력도 한몫했다. 호감을 주는 외모와 성격을 지니고 수개월간 경찰 수배를 피해 종횡무진 활약한 그는 여학생들에게 대중스타 못지않은 인기를 누렸다. '임길동'이란 별명도 붙었다. 경찰 포위망이 좁혀지면 수많은 학생이 "내가 임종석"이라 외치면서 경찰 시선을 분산시켜 그의 탈출을 도왔다. 1989년 10월 31일 조선대에서 열린 '이철규씨 장례식을 위한 전대협 장례준비위 발족식'은 그 대표적인 사례로 회자되었다. 조선대생 이철규는 1989년 5월 민주화운동 관련으로 수배를 받다가 광주 제4수원지 부근에서 숨진 채 발견되었다. 조선대생들은 사인 규명을 요구하며 수개월간 투쟁하다 결국 장례식을 치르기로 하고 장례위원회를 발족했다. 장례위원장은 임종석 전대협 의장이었다. 그러나 특급 수배자인 임종석이 그 행사에 나타나리라고 누구도 예상하지 못했다. 경찰은 전경 2,000여 명을 동원해 조선대를 에워싸고 언제든지 진입할 태세를 갖추었다.

집회의 마지막 순서는 선언문 낭독이었다. 검은 상복을 입은 임종석이 연단에 나타나 선언문을 읽기 시작했다. 참석자들의 환호가 터졌다. '임종석 출현' 소식에 길 가던 학생들은 물론 도서관과 교실에 있던 학생들까지 몰려들어 금세 수천 명으로 불어났다. 곧 경찰이 진입했다. 학생전투조인 오월대(전남대)와 녹두대(조선대) 수백 명이 임종석을 에워싸고 전경들과 치열한 공방을 벌였다. 나중에 밝혀진 일이지만 그때 임종석은 길 안내를 맡은 학생 2명과 이미 조선대를 빠져나간 상태였다. 전대협 집행국에서 일했던 인사의 말이다. "임종석 씨가 어느 대학 집회에 참석하면 그 대학에서 '가짜 임종석'을 50여 명 모집해 집회가 끝난 뒤 임종석 씨의 탈출을 돕게 했다. '임길동'이란 말이 허튼 얘기가 아니었다. 전대협의 전술 운용이 경찰보다 한 수 위이던 시절이었다."

이게 가능했던 것은, 임종석의 보호를 비롯해 집회 및 홍보 등을 총괄하는 전대협 집행국의 역량이 과거에 비해 비약적으로 발전했기 때문이다. 이인영이 의장이던 1987년 1기 때만 해도 전대협 중앙에 상설 집행부서 없이 지역 간 연락을 맡는 연락사무국만 두었다. 그래서 집회나 행사를 하려면 각 학교 담당자들이 약속을 정하고 모여서 행사 준비를 논의해야 했다. 1989년 3기 때부터 일선 대학에서 뽑힌 '전업 활동가' 들이 전대협 중앙에 집행국을 구성하고 전체 계획과 일정을 조정했다. 정책국·사무국·투쟁국·홍보국·문화국 등 집행부서와 조국통일위원회를 두었는데, 각 부서마다 5~6명에서 많게는 10명 정도의 학생이 있었다. 전대협 중앙에서만 적게는 수십 명, 많게는 100명 가까운 전업 학생운동 활동가가 활약했던 셈이다. 서총련이나 남총련(광주전남지역총학생회연합), 부울총협(부산울산지역총학생회협의회) 같은 지역조직도 별도의 집행부서를 두었다.

    1990년 『시사저널』 여론조사에서 전대협은 여당과 야당에 이어 '한국을 움직이는 단체' 3위에 올랐다. 전국경제인연합회(전경련)나 대기업보다 앞선 순위였다. 수만 명의 학생이 일사불란하게 '구국의 강철대오'를 외칠 때, 전대협은 한국사회를 바꿀 수 있을 것만 같았다. 그러나 전성기는 오래가지 않았다. 1991년 분신정국과 강경대 사망사건을 정점으로 영향력이 꺾였고, 1996년 전대협 후신인 한국대학총학생회연합(한총련)의 연세대 사태를 계기로 학생운동은 급격히 퇴조했다. 불과 몇 년 사이에 무엇이 학생운동의 결정적인 후퇴를 가져왔을까? 학생운동의 조직과 영향력 확대에 기여했던 NL 사조는 어떤 질곡으로 작용한 것일까?

6

대중은 사라지고 이념만 남았다
전대협 (2)

대중조직과 활동가조직의 결합

1991년 7월 27일 안기부는 전대협에 대한 대대적인 수사 결과를 발표하면서 "전대협을 실질적으로 주도하는 핵심 세력은 골수 주사파 조직인 '정책위원회'"라고 지목했다. 전대협은 의장이 주재하는 총회 아래 전국 24개 지구대협 의장으로 구성된 중앙위원회가 있고, 중앙위원회 밑에 투쟁 노선과 정책을 세우는 정책위원회를 두었다. 형식상 중앙위원회의 하부 조직인 정책위원회가 실제로는 전대협을 배후에서 조종하는 핵심이라는 것이 안기부 주장이었다.

이 발표는 어느 정도는 맞고, 어느 정도는 틀렸다. 정책위원회가 전대협을 이끌어가는 핵심인 것은 분명했다. 전대협이 대학 총학생회라는 대중조직의 결집체라면, 정책위원회는 각 대학 핵심 학생운동 활동가들이 모인 조직이었다. 그러나 정책위원회가 모든 것을 결정할 수는 없었다. 1990년 초반 전대협 정책위원회에서 일했던 인사는 이렇게 말했다. "회사에 비유하자면 정책위원회는 비서실 같은 존재였다. 주요 사업계획을 입안하고 집행을 감독하지만 최종 결정은 이사회에서 내린다. 전대협에선 각 지역 총학생회장 모임인 중앙위원회가 바로 이사회와 같았다."

전대협과 정책위원회의 이런 관계는 한때 한국에서 영향력 있는 단체 중 하나로 꼽혔던 학생운동조직의 성쇠를 이해하는 데 중요한 모티브를 제공한다. 일반 학생들이 참여하는 학생회와 열성적인 운동권 학생들의 조직이 잘 결합할 때, 학생운동은 최고의 힘과 영향력을 발휘했다. 그러나 이념 지향성이 강한 활동가들이 학생회를 장악하려 하고 활동가 분파가 학생회 주도권을 놓고 다툴 때, 조직은 쉽사리 힘을 잃어버렸다. 전대협과 그 후신인 한총련이 그랬다. 1980년대 말부터 4~5년간 막강한 조직력을 자랑했던 학생운동이 급격한 몰락의 길을 걸은 데에는 이런 측면이 주요하게 작용했다.

1989년 3기 전대협에서 중앙정책위원으로 일했던 인사는 이렇게 말했다. "1987년 6월항쟁 이전엔 (일반 학생이 참여하는) 학생회조직과 서클 중심의 활동가(운동권)조직이 이원화되어 존재했다. 이런 식으론 전국적인 학생조직을 결성하고 이끌어갈 수 없었다. 그래서 1988년부터 학생회와 활동가 조직을 하나로 결합시켰다. 각 대학의 운동권 핵심들을 모두 전대협 정책위원회로 끌어들여, 여기서 토론하고 결정하면 따르자는 거였다. 전국 대학의 운동권 핵심들이 모여 결정한 거니까 학생회와 이견도 없고 집행력도 높을 수밖에 없었다."

1990년 전후에 전대협이 학생 10만여 명을 동원하며 탄탄한 조직력을 과시할 수 있었던 바탕에는 활동가조직과 대중조직의 유기적 결합이 깔려 있었다. 이것이 깨지는 순간, 언제든지 내부 분열과 다툼의 위험이 존재했다.

전대협에 비해 정책위원회는 이념 지향이 훨씬 강할 수밖에 없었다. 당시 학생운동권 주류인 NL계는 색깔이 조금씩 다른 여러 활동가조직으로 나뉘어 있었다. 안기부는 "조통그룹, 자민통, 반제청년동맹, 관악자주파 등 4개 주사파 조직이 전대협을 움직였다"고 발표했다. 네 그룹 중 하나인 자민통 핵심으로 일했던 인사는 "1989년엔 조통그룹이 셌지만 1991~1992년엔 자민통이 가장 세력이 컸다. 자민통에 속한 학생 활동가들이 전국적으로 200여 명에 달했다"고 말했다. 자민통은 'NL 주사파 핵심'으로 분류되었다. 그러나 이 그룹에 속했던 인사는 "학교마다 북한 방송 청취팀이 자발적으로 있던 시절이었다. 우리는 북한 방송이 도움이 안 된다는 입장이었다. 교조적으로 따르지 말라고 했다"고 주장했다.

학생운동의 분수령 '연세대 사태'

학생운동 활동가들이 대중조직인 전대협과 한총련을 주도하는 경향은 1990년대 중후반으로 갈수록 심해졌다. 1993년 2월 김영삼 정부 출범으로 일정 부분 민주개혁 조처가 취해지면서 반정부 투쟁의 명분이 약해졌다. '신세대'니 '엑스(X)세대'니 하며 대학가 분위기도 바뀌었다. 외적 환경은 급격히 변하는데 학생조직 내부에서는 이념 중심인 활동가 그룹의 입김이 더욱 세지는 모순이 심해졌다. 1997년 5기 한총련 의장 강위원(당시 전남대 총학생회장)의 말이다. "광주에선 중앙의 흐름을 잘 몰랐는데, 의장으로 선출되어 서울에 올라와선 깜짝 놀랐다. NL 내부의 분열도 심했고, 외부의 많은 선배들이 찾아와 이런저런 얘기를 했다. 심지어 80년대 학번들이 여전히 학생운동에 관여하고 있었다. 도저히 재학생 중심의 운동을 하기가 힘들었다."

이 괴리는 오래가지 못했다. '연세대 사태'는 그런 모순의 대폭발 같았다. 1996년 8월, 연세대에서 범민족대회와 통일대축전 행사를 열려던 학생들과 경찰이 9일 동안 격렬하게 충돌했다. 과학관과 종합관은 폐허로 변했고, 학생 또래인 전경 1,000여 명이 크고 작은 부상을 당했다. 진압 과정에서 전경 1명은 끝내 숨졌다. 이 사건은 학생운동의 정당성과 대중성에 결정적 타격을 입혔다.

사태의 발단과 진행은 전혀 예상치 못한 것이었다. 처음에 경찰이 범민족대회·통일대축전 행사를 불법으로 규정하고 연세대를 봉쇄하자, 한총련 지도부는 대회 장소를 다른 데로 옮길 것을 검토했다. 예전 같으면 장소를 바꾸었겠지만 이번에는 달랐다. 정부의 '개량주의 국면'을 학생운동이 뚫고 나가야 한다는 심리가 강했다. 범민족대회 개막 직전 한총련은 평양에 학생 대표 2명을 파견했다. 그중 한 사람은 연세대생이었다. 긴장감은 훨씬 높아졌다.

개막식 날인 8월 12일부터 연세대와 신촌 일대에서 학생과 경찰의 격한 충돌이 벌어졌다. 10년 뒤 『연세춘추』는 그날의 상황을 '헬리콥터가 연세대 위를 날고 길바닥에 학생들이 누워 있었다. 최루탄 냄새가 신촌 일대를 뒤덮었다'고 묘사했다. 14일과 15일에는 경찰이 교내에 진입해 행사를 무산시키려다 실패했다. 서울과 지방에서 올라온 전·의경 수천 명은 별다른 작전도 없이 교내에 들어갔다가, 쇠파이프와 화염병으로 무장한 학생 약 2만 명에 둘러싸여 곳곳에서 고립되고 얻어터지고 무장해제되었다. 경찰이 무기력하게 패퇴하는 모습은 스스로를 군사독재와 다르다고 여겼던 김영삼 정권에 충격이었다.

16일부터 독이 오를 대로 오른 경찰이 총공세를 시작했다. 179개 중대 2만 5,000여 명이 연세대를 에워쌌다. 시위 진압 경험이 풍부한 백골단■이 앞장서 교내에 진입했다. 2시

1996년 8월 20일, 연세대 한총련 시위 사태 진압을 위해 투입된 경찰헬기가 과학관 옥상을 선회하며 진압작전을 펼치고 있다.

간 동안 충돌 끝에 학생들은 과학관과 종합관으로 밀려들어갔다. 뜻하지 않은 점거농성이었다. 당시 연세대 총학생회장 박병언(92학번)의 말이다. "농성은 전혀 생각하지 않았기에 준비도 없었다. 건물 안으로 밀려들어간 뒤에 우리가 할 수 있는 건 없었다. 솔직히 해산하고 싶었지만 경찰 봉쇄로 그럴 수도 없었다." 4박5일간의 농성은 20일 새벽, 헬리콥터를 동원한 진압작전으로 끝이 났다. 건물 곳곳의 바리케이드에 불이 붙었고, 과학관과 종합관의 유리창 중 성한 것이 하나도 없었다. 진압작전에 투입된 김종희 이경(당시 20세)이 돌에 맞아 병원으로 옮겨졌지만 숨졌다. 연행자는 5,848명으로 단일 사건 최대였고, 이 중 462명이 구속되었다.

1986년 건국대 vs 1996년 연세대

연세대에서 학생들이 외친 구호는 '북·미 평화협정 체결', '주한미군 철수', '연방제 통일' 등이었다. 정부는 학생들이 북한 주장을 그대로 따랐다고 비난했다. 그러나 이들 구호는 1986년 11월 건국대에서 열린 애학투련(전국 반외세반독

■ 1980~1990년대 시위대를 진압·체포하는 역할을 맡았던 사복경찰부대. 주로 청재킷에 흰 헬멧을 쓰고 매우 저돌적이어서 '백골단'이라고 불렸다.

재 애국학생투쟁연합) 결성식에서 나온 구호들과 별반 다르지 않았다. 그때도 학생들은 경찰에 밀려 학교 건물로 들어가서 농성하다 격렬한 진압작전 끝에 1,500여 명이 연행되었다. 달라진 것은 1986년에 폭압적인 전두환 군사독재에 맞선 학생들이 1996년에는 개량적인 김영삼 정부와 맞서야 했다는 점이다. 또 하나, NL계 학생운동권은 1986년 건국대 사태 이후 뼈저린 반성을 했다. 입으로는 대중노선을 말하면서 구호와 조직은 철저히 대중과 유리되었다는 것을 깨달았다. 그 후 NL계는 투쟁구호를 '군부독재 타도, 직선개헌 쟁취'로 통일했고, 이것이 1987년 6월항쟁에서 시민들의 광범위한 지지를 이끌어내는 발판이 되었다.

1996년 연세대 사태는 달랐다. 학생운동이 괴멸적인 타격을 받았지만 운동권 내부에서는 제대로 된 평가나 반성이 나오지 않았다. 강위원은 이렇게 말했다. "20년이 지났지만 아직도 연세대 사건을 주제로 심포지엄을 하거나 토론하려 하질 않는다. 술자리에서도 말을 꺼린다. 너무 참혹한 패배라 기억하기 싫은 측면도 있지만, 바라보는 시각이 너무 다르기 때문이다."

누구는 '연세대 항쟁'이라 부르고, 누구는 '연세대 사건' 또는 '연세대 사태'라고 부른다. 박병언은 몇 년 뒤 한총련 후배들로부터 '영웅적인 항쟁'에 대해 이야기를 해달라는 부탁을 받았지만 거절했다. 그때의 경험을 저항의 역사로만 볼

게 아니라, 왜 대중으로부터 고립되었는지 돌아보는 계기로 삼아야 한다고 생각했기 때문이다. 그는 연세대 사태 20주년인 2016년 8월 20일, 고 김종희 이경의 묘소를 참배하고 돌아왔다.

'고난의 행군'과 '신념의 강자'

북한 정권은 1990년대 중반 동유럽 사회주의권 붕괴와 자연재해로 수십만에서 수백만 명이 굶어죽는 혹독한 어려움을 겪었다. 이를 극복하기 위해 '고난의 행군'이란 구호를 만들어냈다. 비슷한 시기 한총련 내부에서 유행한 구호가 '신념의 강자'였다. 온 마음과 열정을 담은 신념으로 어려운 환경을 극복해 나가자는 뜻이었다. 1990년대 후반에 연세대 단과대학 학생회장을 지낸 인사는 이렇게 말했다. "연세대 사태나 통일운동에 문제 제기를 하는 건 금기시됐다. 북한이 주장하는 범민족대회에 한총련이 너무 집착한 게 아니냐는 비판에서 자유로울 수 없기 때문이었다. (NL이 주도하는) 한총련은 외연을 확장하는 게 아니라 의문을 제기하는 학생들을 배제해서 '사상의 순결성'을 지키려 했다." 그렇게 학생운동권은 소수화하고 고립되었다. 박병언은 "1986년 이후 NL이 대중적으로 성공했던 건 주체사상이나 수령론 때문이 아니라 대중노선 때문이었다. 그런데 1990년대 중반 이후엔 거꾸로 대중은 사라지고 교조적인 이념만 남았다"고 말했다.

조국은 전대협이 최전성기였던 1990년에 운동의 진로를 심각하게 고민했어야 한다고 말했다. "(동유럽 사회주의가 무너진) 1990년 무렵에 학생운동뿐 아니라 진보 운동 전체가 '이제 혁명의 시대는 끝나고 개량의 시대가 왔다'는 걸 인정하고 진지한 모색을 했어야 했다. 그러질 못했다. NL은 아직 북한이 건재하다고 믿었지만 착각이었다. 북한은 사회주의권 붕괴를 보면서 개방이 아니라 오히려 폐쇄적·고립적인 길로 나가다 지금에 이르렀다. 남한 'NL 주사파'의 궤적도 이와 비슷했다."

모든 운동은 고립되고 소수화하면 극단으로 치닫기 쉽다. 1970년대 일본 전공투(전학공투회의)나 독일 적군파는 세력이 약해지자 납치와 살인을 감행하는 테러리스트의 길을 택했다. 한국 학생운동 역시 급격히 세를 잃었지만 일본이나 독일처럼 적군파로 나가지는 않았다. 그 이유를 역설적으로 NL 사조에서 찾기도 한다. 한홍구는 "오직 이념만 추구하면 그 이념을 달성하기 위한 극단적 방식에 끌릴 수밖에 없다. NL은 품성과 의리, 인간적 도리를 강조했는데, 그런 면이 어려운 시기에도 사람들을 극단으로 몰아붙이지 않은 측면이 있다"고 말했다.

7

평양에서 보낸 '팩시밀리 편지'

NL의 분화와 통일운동(1)

범민련과 새통체

1993년 12월 10일, 조국통일범민족연합(범민련) 북측 본부 의장 백인준이 남한의 문익환 목사에게 장문의 친필 편지를 보내왔다. 9장짜리 '팩시밀리 편지'였다. 두 사람은 문익환이 1989년 봄 역사적인 방북을 했을 때 처음 만나 금세 친해졌다. 문익환은 시를 즐겨 썼는데, 백인준 역시 시인으로 시집까지 낸 전력이 있었다. 백인준은 편지에서 문익환과의 만남을 이렇게 회상했다.

> 붓을 드니 우리가 1989년 봄 평양에서 처음 만나고 헤어지던 때의 일들이 가슴 뜨거이 되새겨집니다. 그 때로부터 어

언 5년 가까운 세월이 흘러갔군요. 그것은 저에게 있어서는 '그리움'의 연속이었고 '그리움'의 루적과정이었습니다. 제가 이렇게 말하는 것이 문 목사님께는 혹시 시인의 과장으로 느껴지실지도 모르겠으나 저에게 있어서는 그야말로 '하늘을 우러러 한점 부끄러움 없는' 진정의 고백입니다. 그것은 제가 문 목사님을 다만 조국통일의 애국일념을 안고 사선을 넘어와 경애하는 김일성 주석님과 민족의 운명을 놓고 허심탄회하게 상의하신 열렬한 애국지사, 용감한 통일투사로 존경하게 되었을 뿐 아니라 윤동주를 통하여 문 목사님을 윤동주 대신 얻은 나의 다정한 새 친우로, 시의 벗으로, 십년지기로 여기기 시작했었기 때문입니다.

문익환을 흠모하는 마음이 진하게 묻어나는 이 편지의 목적은 다른 데 있었다. 백인준은 이렇게 편지를 이어갔다.

복잡한 남녘의 현 정세 하에서 문 목사님께서 조국통일 운동에 대하여, 범민련 사업에 대하여 무엇을 생각하고 계시며 어떻게 하려고 하실까, 문 목사님의 흉금 속에 겹 쌓이는 천사만려를 제가 어찌 규자할 수 있으리까. 때로는 주위의 개별적 반향을 들으며 저 역시 일종의 위구와 불안에 사로잡히는 적도 있었지만 그러나 문 목사님에 대한 저의 믿음과 기대는 철석 같습니다.……문 목사님께서 그 믿음과 기

대에 그늘을 지우는 그 어떤 딴 길로 나가시리라고는 꿈에
도 생각지 않습니다. 물론 오늘 남녘의 통일운동 실정과 문
목사님이 처하고 계시는 복잡한 처지에 대하여 저도 모르는
바 아닙니다. 지금 내외의 온갖 반동들이 야합하여 우리의
민족통일 세력을 분렬 와해시키고 북을 고립시키며 북의 사
회주의를 말살해보려는 책동이 우심하고 이러한 데 영향받
아 일부 통일운동가 속에서 신심을 잃고 동요가 일어나고
있는 것도 사실입니다. 저는 오늘의 이런 실정을 놓고 8·
15 조국해방 전야를 회고하게 됩니다.……이 땅의 진정한
애국자들과 혁명가들은 일제의 총칼과 교수대 앞에서 목숨
을 버릴지언정 자기의 숭고한 신념과 지조는 절대 버리지
않았으며 력사는 오히려 그들에게 승리와 영광의 월계관을
씌워주지 않았습니까.

매우 공손한 어투였다. 하지만 문익환이 범민련 중심
의 통일운동을 벗어나려 하는 데 대한 강한 우려가 담겨 있었
다. 백인준 의장이 직접 편지를 보낸 이유를 짐작할 수 있었
다. 편지는 끝으로 갈수록 내용이 단호하고 분명해졌다.

범민련 운동 즉 조국통일 운동이 결코 어느 한 지역운동의
성과로서만 이루어질 수는 없는 것이며 북과 남, 해외의 혼
연일체의 련대 속에서만 이루어질 수 있다는 것은 문 목사

님께서 저보다 더 명철하게 확신하고 계시리라 생각합니다. 북에서 범민련 운동이 아무리 활발하게 전개된다 하여도 그것이 남측과 공동보조를 맞추지 못할 때 그것은 북의 지역적 운동에 그치고 말 것이며 반대로 남녘에서 통일운동이 아무리 대중화되고 활성화된다 해도 북이 공동보조를 맞추지 못할 때 그것 역시 남의 지역적 운동이나 시민운동으로밖에 되지 못할 것이 사실이 아닙니까! 우리 범민련 운동은 시작에서부터 '삼발이'의 세 다리와 같이 북과 남, 해외의 그 어느 한쪽이 없어도 정립될 수 없는 숙명적인 일심동체의 운동입니다. 이런 견지에서 저는 범민련 북측본부 의장으로서 문 목사님을 조국통일의 한길에서 말그대로 생사 운명을 같이할 필생의 전우로, 맹우로 여기고 있습니다. 만일 저승이 있어 거기에 가서 윤동주나 송몽규를 만난다면……윤동주가 끝까지 애국의 순결한 마음을 지니고 살더니 불멸의 저서에 이름이 올라 영생하는구나 하고 눈굽을 적시겠습니다.……1993년 12월10일 평양에서 백인준 삼가 드림

결론은 뚜렷했다. 현 시점에서 남한 통일운동 단체들은 북한 및 해외 범민련과 공동보조를 취하는 게 가장 중요하다, 범민련을 탈퇴하는 것은 일제 말기에 신념과 지조를 버린 행위와 비슷하다는 뜻이었다. 그 무렵 문익환과 다수의 재야인사는 이적단체로 규정된 범민련을 뛰어넘어 대중적인 '새

로운 통일운동체(새통체)' 건설을 추진하고 있었다.

　　백인준 의장의 편지는 몇 가지 점에서 의미심장했다. 우선, 북한이 남한의 통일운동에 이렇게 공개적으로 세세한 의견을 표명한 건 전례가 없는 일이었다. 북한 당국이 남한 운동을 지도하려 한다는 비판이 제기될 것이 뻔한데도 공개서신을 보낼 만큼, 문익환의 행보를 심각하게 보고 있다는 방증이었다. 실제로 이 편지는 남한 통일운동 내부의 이견을 수면 위로 드러내며 갈등을 조정하기는커녕 확대하는 결과를 낳았다. 통일운동을 핵심 노선으로 삼는 NL 세력은 범민련과 새통체 추진을 놓고 둘로 쫙 갈라졌다.

　　또 하나, 범민족대회와 범민련 결성을 북한 당국이 먼저 제안했기에 강하게 집착한다는 잘못된 인식이 남한 내에 광범위하게 퍼지게 되었다. 지금도 대다수 국민은 범민족대회를 북한이 제안했고 범민련은 북한 주도로 만든 통일운동조직이라고 알고 있다. 범민족대회를 열자고 먼저 북한에 제안한 이는 문익환이었다. 범민련 결성 역시 '연합'이냐 '협의체'냐 하는 차이는 있지만, 범민족대회를 상설화한다는 차원에서 제기한 것이었다. 그러나 남한 통일운동의 성장을 반영한 범민족대회는 어느 순간부터 독자성을 상실하고 번번이 친북 논란에 휩싸이는 상황으로 몰렸다. 이는 NL 주도의 통일운동이 대중적 기반을 점점 상실해가는 과정이기도 했다.

범민족대회 추진 중단

범민족대회 아이디어를 처음 낸 사람은 조성우 당시 평화연구소장(현 6·15공동선언실천 남측위원회 상임대표)이었다. 조성우는 제5공화국 때 전두환 정권에 쫓겨나다시피 해서 일본 유학을 하던 시절에 남·북한과 해외동포까지 함께 어울리는 '문화 중심 행사'의 영감을 얻었다. 그는 이렇게 회고했다. "1985년 겨울, 작가 황석영 씨가 (극본을) 쓴 〈청산이 소리쳐 부르거든〉이란 마당극을 민단(재일본대한민국민단)과 총련(재일본조선인총연합회) 청년들이 함께 참여해서 일본에서 순회공연을 했다. 민단, 총련 가리지 않고 수많은 재일동포들이 마당극을 보러 와선 감동해서 서로 얼싸안고 뒤풀이를 했다. 그걸 보며 해외동포들도 통일의 한 주체구나 생각했다. 또 정치적 갈등이 첨예할 때는 '문화가 답이다'라고 느꼈다. 1988년 '한반도 평화와 통일을 위한 세계대회'를 서울에서 열면서, 이걸 징검다리로 해서 문화 중심의 범민족대회를 하자고 했다. 문익환 목사님께 말씀드렸더니 '좋다'고 하셨다. 그해 8월 28일 성균관대에서 열린 '평화 대회' 폐막식에서 공동대회장인 문 목사님이 북한과 해외동포들을 향해 범민족대회를 열자고 공식 제안했다."

이 제안에 대한 북쪽의 답변은 그해 12월 9일에 나왔다. 예상보다 늦은 응답이었다. 북한은 허담 조국통일위원회

위원장 명의로 "한반도 핵문제를 포함한 남북한의 정치·군사적 문제를 해결하기 위해 남북한 사회단체와 해외교포들이 참가하는 '범민족대회'를 조속한 시일 안에 판문점이나 제3국에서 갖자"고 발표했다. 문화행사 중심의 우리 쪽 안과 달리 정치·군사 문제에 방점을 찍었지만, 분명 우리 제안에 화답하는 내용이었다. 범민족대회 준비에 깊숙이 관여했던 한 인사는 이렇게 말했다. "남한의 운동세력이 북한을 향해 구체적인 통일운동 프로그램을 먼저 제시한 건 수십년래 처음 있는 일이었다. 그러니 북한도 이걸 어떻게 받아들일까 고민이 많았던 것 같다."

　　이듬해인 1989년 1월 22일 재야운동단체들을 총망라한 전국민족민주운동연합(전민련)이 출범했다. 조국통일위원장에 임명된 이재오는 전민련 차원에서 범민족대회 행사를 추진해 나가기로 했다. 전민련은 범민족대회 예비회담 대표단을 구성하고, 우리 정부 승인을 얻어 북한과 공식 접촉에 나서겠다고 밝혔다. 그러나 예상 밖의 사건으로 대회 추진은 전면 중단되었다. 1989년 3월 25일, 문익환 목사가 평양을 방문해 김일성 북한 주석과 역사적인 회담을 가진 것이다.

문익환의 평양 방문

그때까지만 해도 우리 국민이 평양을 방문한다는 것은 상상하기 힘든 일이었다. 정부 승인을 받는 것도 불가능할 뿐 아니라, '북한 방문=간첩'이란 등식이 한국 사회를 짓누르던 시절이었다. 문익환이 평양에서 김일성을 부둥켜안는 장면은 충격이었다. 남한에서는 논쟁이 불붙었다. 문익환이 4월 3일 평양을 떠나 중국 베이징에 도착했을 때 『조선일보』 기자가 물었다. "당신의 방북이 남한 사회에 대혼란을 야기한 점을 어떻게 생각합니까?" 대답은 "혼란을 두려워하지 말자"는 것이었다. 그해 8월에는 스무 살 대학생 임수경이 전대협 대표 자격으로 평양을 방문했다. 그렇게 북한은 '금기의 땅'에서 점차 벗어났다.

북한 당국과 시민들은 문익환을 뜨겁게 환영했다. 김일성은 두 차례나 그를 만나 통일 문제를 논의했다. 극진한 환대에 가려졌지만, 통일운동에 대한 문익환과 북한 당국의 미묘한 의견 차이는 이미 모습을 드러내고 있었다. 김창수(코리아연구원 원장)는 이런 일화를 소개했다.

"문 목사님이 김일성 주석과 회담할 때였다. 나중에 범민련 북측본부 초대 의장을 맡은 윤기복 노동당 대남담당 비서가 그 자리에 배석했다. 주체사상에 관한 얘기가 나왔는데, 문 목사님이 '수령을 위한 주체사상이 아니라 인민을 위한

1989년 3월 25일 문익환 목사(왼쪽)가 평양을 방문해 김일성 북한 주석과 역사적인 회담을 가졌다. 그러나 문익환과 북한 당국 사이에는 통일운동에 대한 미묘한 의견 차이가 존재했다.

주체사상이 되어야 한다'고 말했다. 그러자 갑자기 윤기복 비서가 벌떡 일어나 '아무리 목사님이라도 그런 말씀은 용납할 수 없다'고 반박했다. 김 주석이 윤 비서에게 '가만 있으라'고 호통을 쳐서 그럭저럭 어색한 분위기를 넘길 수 있었다고 한다. 운동의 대중성과 자주성을 강조하는 문 목사님의 생각은 그때부터 확고했다고 볼 수 있다."

1989년 4월 2일 문익환 목사와 허담 조국통일위원장 명의로 발표한 9개항의 공동성명에 "(남과 북) 쌍방은 정치·군사 회담을 추진시켜 남북 사이의 정치군사적 대결 상태를 해소하는 동시에 이산가족 문제와 다방면에 걸친 교류와 접촉을 실현하도록 적극 노력한다"는 문구가 포함되었다. 정치군사 문제 해결을 우선하는 북한이 남쪽의 교류·협력 병행 방침을 일정 부분 받아들인 것으로 해석할 수 있다.

이런 차이가 처음에는 큰 문제가 되지 않는다. 그러나 유연함이 사라지고 관료적 경직성이 개입하는 순간 풀기 힘든 갈등으로 쉽게 비화한다. 남북 민간교류의 물꼬가 트이는 역사적 순간에도 갈등의 불씨는 희미하게 타오르고 있었다.

8

그날 밤 베를린의 술집에서
NL의 분화와 통일운동 (2)

범민족대회 예비회담 무산

문익환 목사 방북으로 중단된 범민족대회는 1년여가 지난 뒤 부활했다. 범민족대회에 숨을 불어넣은 건 공교롭게도 노태우 정권이었다. 과감한 북방외교를 펼쳤던 노태우 대통령은 1990년 7월 20일 '남북 간의 민족대교류를 위한 특별선언(7·20선언)'을 발표했다. 8월 15일 광복절을 전후해 5일간을 '민족대교류 기간'으로 정하고 판문점을 개방해 북한 동포들의 남한 방문을 자유롭게 허용하겠다는 내용이었다. 북한은 국가보안법 철폐 등이 선행되어야 한다며 즉각 거부했다. 당국 간 사전 조율 없는 일방적 선언이었지만, 그래도 남한 통일운동의 공간을 넓히는 효과는 뚜렷했다. 이미 8월 15일

판문점에서 범민족대회를 열자고 제안했던 전민련의 계획에 탄력이 붙었다. 온 국민의 눈길은 7월 26일 서울서 열기로 한 남·북·해외동포 3자의 범민족대회 예비회담에 쏠렸다.

정부는 7·20선언에 따라 북한 대표단의 서울 예비회담 참석을 허용하겠다고 밝혔다. 전민련을 주축으로 구성된 '범민족대회 남쪽 준비위원회(남쪽 준비위)'는 7월 26일에 서울 수유리 크리스찬아카데미하우스에서 예비회담을 열기로 했다. 급히 아카데미하우스에 연락해, 예약된 객실 10개와 세미나실을 간신히 빼냈다. 북한은 전금철 조국평화통일위원회(조평통) 부위원장 등 5명의 대표단을 보내겠다고 발표했다. 분단 이후 처음으로 남과 북이 통일 행사를 함께 논의하는 장이 열린 것처럼 보였다.

예비회담을 하루 앞둔 7월 25일 오전 10시쯤, 남쪽 준비위 사무처장인 조성우(당시 평화연구소장) 등이 통일원을 방문했다. 북한 대표단의 서울 방문 문제를 최종 협의하는 자리였다. 조성우의 기억이다. "홍성철 통일원 장관이 '뭐가 필요하냐'고 묻길래 '재정과 행정 지원이다'라고 답했다. 그랬더니 홍 장관은 '지금 예산은 편성된 게 없으니 행정 지원만 하겠다'며 차량과 경호 등을 정부가 담당하겠다고 했다. 얘기는 잘 된 것처럼 보였다. 그런데 전민련에 돌아와서 보고를 하고 오후에 집행부 회의를 여는데 갑자기 통일원에서 전화가 왔다. '크리스찬아카데미하우스는 북한산 기슭에 있어 경호를 하기가 어려우니 예비회담 장소와 숙소를 강남 인터콘티넨탈 호텔로 바꾸라'는 거였다. 아, 이거 쉽지 않겠구나 생각했다. 당연히 집행부 안에선 '행사 주체가 누군데 정부가 간섭하느냐'며 난리가 났다."

30여 명의 집행위원 가운데 정부 제안을 받아들여 회담장소를 바꾸자고 주장한 사람은 조성우가 거의 유일했다. 인터콘티넨탈 호텔에서 회의를 열면 틀림없이 안기부가 도청할 것이라 우려하는 목소리가 많았다. 당시 남쪽 준비위에서 실무를 맡았던 김창수는 이렇게 말했다. "조성우 사무처장이 정부 제안을 받아들이자며 '가랑이론'을 폈던 게 기억난다. 한나라의 명장 한신이 젊은 시절 동네 불량배들의 가랑이 밑을 기어서 통과했다는 고사를 인용하며 '지금은 우리가 정부 가랑이 밑을 기어서 가지만 우리 뒤엔 수많은 국민이 있다. 결국 정부 가랑이는 찢어지고 말 것'이란 논리였다. 그러나 당시 재야 내부에선 노태우 정부에 대한 불신이 워낙 컸다."

예비회담 당일인 7월 26일. 판문점에 전금철 조평통 부위원장을 비롯한 북한 대표단이 도착했다. 회담장소와 숙소 문제로 전민련과 우리 정부 사이에 갈등이 있다는 소식을 들은 북한 대표단은 판문점에서 대기하다 오후 늦게 평양으로 돌아가 버렸다. 남·북·해외동포 3자의 역사적인 범민족대회 예비회담은 그렇게 무산되었다. 정부 내 강경파가 대회를 막기 위해 '회담장소 변경'이란 지뢰를 설치했는데, 전민련이

1990년 7월 26일 서울 수유리 아카데미하우스에서 열기로 했던 범민족대회 2차 예비회담이 무산되어 회담장이 텅 비어 있다. 회담장소와 숙소 문제로 전민련과 우리 정부 사이에 갈등이 있다는 소식을 들은 북한 대표단은 판문점에서 평양으로 되돌아갔다.

그 지뢰를 밟아버린 셈이 되었다. 나중에 베를린에서 남쪽 인사들을 만난 전금철은 "전민련이 인터콘티넨탈 호텔을 받았으면 우리도 수용했을 것"이라며 아쉬워했다고 한다.

남·북 따로 개최한 1차 범민족대회

결국 1990년 1차 범민족대회는 남북 공동행사 없이 서울과 평양에서 따로 개최되었다. 서울서는 연세대에서 8월 13~15일에 열렸다. 그래도 성과는 적지 않았다. 정부가 한때 대회를 허용하는 듯한 태도를 취했기에 참가단체의 폭이 크게 넓어졌다. 7월 26일 자 『한겨레신문』 2면에 실린 범민족대회 참가신청 단체들의 명단은 흥미롭다.

• 범민족대회 남측 추진본부 참가단체(32개)
▲전국민족민주운동연합 ▲천주교정의구현전국사제단 ▲민주화를 위한 전국교수협의회 ▲민중당 ▲언론노동조합연맹 ▲전국대학생대표자협의회 ▲전국빈민운동연합 ▲평화연구소 ▲민족자주·통일불교운동협의회 ▲한국여성단체연합 ▲건강사회를 위한 약사회 ▲전국노동운동단체협의회 ▲민주화운동청년연합 ▲한국민족예술인총연합 ▲자주·민주·통일국민회의 ▲기독교사회운동연합 ▲천주교

사회운동협의회 ▲민족자주평화통일중앙회의 ▲전국농민회총연합 ▲평화민주통일연구회 ▲서울·부산·인천 등 12개 지역별 민족민주운동연합

● 범민족대회 참가희망 단체(58개)

▲민족통일협의회 ▲1천만이산가족재회추진위원회 ▲통일여성안보회 ▲평화문제연구소 ▲북한선교통일훈련원 ▲민족통일촉진회 ▲한국통일여성촉진회 ▲민족통일불교협의회 ▲민주통일촉진회 ▲남북통일운동국민연합 ▲통일교육전문위원협의회 ▲평화통일촉진회 ▲한민족평화통일협회 ▲민주시민운동연합 ▲태극단동지회 ▲건국청년운동협의회 ▲한국노동협회 ▲실향민애국운동협의회 ▲자유민주총연맹 ▲대한반공청년회 ▲기독교남북교류추진협의회 ▲한국교회평신도단체협의회 ▲기독교사회지도자협의회 ▲천주교하상회 ▲천주교평화일치실천회 ▲불교종단협의회 ▲천주교평신도단체협의회 ▲기독교청년지도자연합회 ▲기독교교회청년협의회 ▲불교조계종전국신도회 ▲대한호국청소년육성회 ▲이북5도민중앙연합회 ▲이북5도청년총연합회 ▲경우회 ▲상이군경회 ▲전몰군경유족회 ▲녹색회 ▲대한출판문화협회 ▲한국예술문화단체총연합회 ▲현대정치사상연구소 ▲철도노우회 ▲한국노총 ▲대한노인회 ▲대한의약협회 ▲한국청년회의소 ▲대한미용사회 ▲한라체

육회 ▲새마을운동중앙협의회 ▲대한약사회 ▲한국여성단체협의회 ▲대한주부클럽연합회 ▲한국기독성공회 ▲대한간호조무사협회 ▲재향군인회 ▲한국미망인협회 ▲한국여성동맹 ▲한국자유총연맹 ▲대한불교조계종총무원 ▲전국주부교실중앙회

재향군인회·대한노인회·자유총연맹 등 보수 또는 관변단체들의 신청이 적지 않은 데에는 범민족대회 성향을 희석시키려는 정부 의도가 깔려 있었다. 하지만 열린 공간에서 통일운동이 이념을 뛰어넘어 폭넓게 대중적으로 전개될 수 있음을 시사하는 것이기도 했다. 그러려면 정부와 타협해서 얻는 '합법성'이라는 틀이 필요했다. 이 지점이 나중에 '합법적이면서 대중적인 통일운동'이냐, '북한과 함께하는 민족해방운동 일환으로서의 통일운동'이냐 하는 논쟁을 불러일으키며 NL 진영을 둘로 가른다.

1995년부터 2002년까지 범민련 남측본부 사무처장을 지낸 민경우의 말이다. "북한은 처음부터 범민련과 범민족대회를 1949년 결성했던 조국통일민주주의전선(조국전선)과 같은 통일전선으로 인식했던 것 같다. 그러니 정치·군사 문제를 앞에 둘 수밖에 없었다. 반면에 남쪽에선 문화 교류와 협력을 통한 남북 화해의 장으로 범민족대회를 상정했다. 이런 인식의 차이가 통일운동체 갈등으로 표출됐다."

운영은 협의체, 명칭은 범민련

남북 간 인식의 차이는 곧 표면으로 떠올랐다. 범민족대회 마지막 날인 1990년 8월 15일, 갑자기 평양에서 '남, 북, 해외동포 3자 대표로 조국통일범민족연합을 결성했다'는 소식이 날아들었다. 남쪽 준비위에서는 전혀 모르는 내용이었다. 범민족대회를 계속 열려면 어떤 형식이든 기구가 필요하다는 생각을 전민련도 가졌지만 그 수준은 '연합'보다 낮은 '협의체' 또는 '회의체' 정도로 생각하고 있었다. 전민련은 긴급회의를 열고 "우리는 동의한 바 없다"고 발표했다. 남쪽 준비위에서 일했던 인사는 "'아, 북한이 이걸 주도하려고 하는구나' 하는 생각이 번쩍 들었다"고 말했다. 범민련은 이렇게 시작부터 혼선을 빚었다.

어쨌든 이견을 빨리 풀어야 했다. 그해 11월 19일 베를린에서 남과 북, 해외동포 대표단의 3자회담이 열렸다. 남한에서는 조용술 목사와 이해학 목사, 조성우 등 3명이, 북한에서는 전금철 조평통 부위원장이, 해외동포 대표로는 이행우(범민족대회 북미 추진본부 공동의장)와 평양을 방문했던 소설가 황석영(범민련 유럽본부 대변인 자격)이 참석했다. 당시에는 범민족적 통일운동체 공식 발족을 위한 회담으로만 알려졌지만 실제로는 북한에서 발표한 '범민련'을 둘러싼 이견 조정의 성격이 강했고, 그만큼 긴장감이 높았다. 한 참석자의 이야기다.

"정식 회담이 열리기 전날 밤, 베를린의 어느 허름한 술집에서 남쪽 대표단과 북한 전금철 부위원장이 코냑을 통음하며 솔직하게 대화를 나누었다. 남쪽에선 '조국통일범민족연합'을 북한이 일방적으로 발표한 데 이의를 제기했다. 이름은 좋지만 남쪽 정세로는 아직 북한과 '연합체'를 꾸릴 단계가 아니라고 했다. 전 부위원장이 금세 알아듣더라. 그다음 날 베를린시청에서 3자회담이 열렸다. 이 자리에서 전 부위원장은 '(범민련 결성 발표는) 적절치 못했다'고 인정했다. 그러면서 '기구 운영은 연합체가 아니라 (남한 주장대로) 협의체 형식으로 합시다. 다만 범민련이란 명칭은 그대로 갔으면 합니다'라고 했다. 북한이 공식석상에서 이런 태도를 보이는 건 쉽지 않은 일이었다. 합의 형식으로 기구를 운영하겠다고 북한이 양보했으니, 남쪽도 범민련이란 명칭을 받아들이기로 했다. 그렇게 '조국통일범민족연합'이 정식 발족하게 됐다."

남과 북, 해외동포가 한자리에 모여 축제를 벌이자는 '범민족대회' 구상은 분단 이후 초유의 범민족적 통일운동체 결성으로 이어졌다. 그러나 범민련은 출범부터 순탄치 않았다. 베를린 회담에 참석했던 조용술 목사 등은 귀국 즉시 구속되었다. 이듬해인 1991년 1월, 베를린 합의에 따라 범민련 남측본부 준비위원회를 발족했으나 그 즉시 이창복 집행위원장과 김희택 준비위원이 구속되었다. 국가보안법이 시퍼렇게 살아있는 상황에서 북한과의 '연합기구'를 노태우 정권이 인정할 리 없었다. 범민련 남측본부 준비위원회는 이적단체로 규정되고 합법적 활동의 공간은 사라졌다. 김창수는 "과연 그때 북한과 '범민족연합' 결성에 합의한 게 시기적으로 적절했을까, 흔쾌히 동의하기 쉽지 않은 측면이 있다"고 말했다. 남과 북이 함께하는 통일운동체 결성이란 '원칙과 명분'을 얻었지만, 남쪽에서 통일운동의 '대중적 확산'에는 걸림돌이 되었다는 뜻이다. 민경우는 이렇게 말했다. "돌이켜보면 통일운동은 '합법적 공간'이 열려야 거대한 흐름을 형성하곤 했다."

범민련 남측본부 준비위원장에 문익환 목사가 추대되었다. 그러나 문익환은 준비위원회 결성에 적극적으로 개입하지 않았다. 1992년 12월 대통령선거에서 김영삼 민자당 후보가 당선되면서 통일운동 내부의 논쟁은 심해졌다. 군사정권과 단절했다고 스스로를 규정한 '문민정부'가 출범하면서 이를 적극 활용하는 '새통체' 논의가 본격화했다. 백인준 북한 범민련 의장의 팩시밀리 편지는 이런 상황에서 문익환에게 전달되었다.

9

늦봄의 마지막 편지
NL의 분화와 통일운동 (3)

통일운동은 '과거를 묻지 않는' 운동

1993년 12월 범민련 북측본부 백인준 의장의 팩시밀리 편지를 받은 문익환 목사는 몹시 당황했다. 서울 수유리 자택으로 통일운동을 함께하는 인사 몇을 불러 모은 그는 한숨을 푹 쉬었다. 북측이 편지를 보낸 의도는 분명했다. 범민련을 해체하고 새통체를 건설하려는 문익환의 구상에 반대한다는 뜻이었다. 1989년 봄 목숨을 걸고 평양을 방문해 김일성 북한 주석과 만났던 문익환으로서는 기가 찰 노릇이었다. "이거 어떻게 해야 돼?"라고 문익환이 묻자, 한 인사가 "그냥 계십시오"라고 조언했다. "북한이 팩시밀리로 편지를 보낸 건 이 내용을 공개하겠다는 뜻 아니겠습니까? 일단 논란을 더 키우지 말고 지켜보시는 게 좋을 거 같습니다." 문익환은 품이 넓은 사람이었지만 자존심은 강했다. 곧 백인준 의장 앞으로 답신을 썼다.

> 역사의 발전과 함께 통일운동의 틀과 방식도 바뀔 수 있습니다. 남과 북, 해외는 각기 다른 처지에 맞게 독자적인 통일운동체를 되도록 크게 조직해내야 합니다.……요원의 불길처럼 번져나가는 7천만 겨레의 통일 열망을 담아내고 통일세력들을 조직하는 데 범민련이라는 틀은 뚜렷한 한계가 있습니다. 세 지역의 사정이 너무 달라 각 지역의 통일체들이 좀 느슨한 관계로 맺어져서 서로 구속을 덜 받으면서 하나로 일을 해나갈 수 있어야 합니다.

문익환의 통일운동 구상은 두 가지 점에서 범민련 고수를 주장하는 쪽과 결이 달랐다. 우선, 통일운동 대중화에 대한 믿음이었다. 김창수의 말이다. "목사님은 통일운동이 민주화운동보다 훨씬 폭넓게 많은 사람들의 참여를 이끌어내야 한다고 확신했다. 〈과거를 묻지 마세요〉라는 노래가 있는데, 통일운동이 바로 '과거를 묻지 않는' 운동이다. 정부 인사나 재벌기업도 통일운동을 함께할 수 있다고 봤다. 통일운동을 대중적으로 확산시킨 뒤에 북한 및 해외동포와 삼발이처럼 연대해야 한다고 생각했다."

두 번째로, 김영삼 정부를 바라보는 시각이었다. '대중적 통일운동'을 벌여나가려면 정부와 어느 정도 타협하고 협력하는 것이 불가피하다고 생각했다. 1993년 김영삼 정부 초기에 한완상 교수를 통일부 장관에 앉히고 비전향 장기수 이인모를 북한으로 돌려보내는 것을 보면서 이런 생각은 더욱 굳어졌다. 김창수는 "목사님은 김영삼 정권과 통일운동에서 협력할 수 있다고 생각했다. 그러나 재야 내부에선 이런 생각을 받아들이지 못하는 사람들이 적지 않았다"고 말했다. 특히 범민련 지지 인사들은 반정부 투쟁으로서 통일운동의 성격을 중시했다. '김영삼 정부와 대화하는 건 개량주의'라고 몰아붙였다.

이미 1992년 무렵부터 재야 내부에서는 새통체를 둘러싼 논쟁과 갈등이 본격화했다. 세는 범민련보다 새통체 쪽으로 쏠렸다. 문익환을 도와 새통체 결성에 참여했던 조성우는 "재야의 절대다수가 새통체를 지지했다"고 말했다. 1995~2002년 범민련 사무처장을 지낸 민경우도 이렇게 말했다. "절대다수까진 아니지만 어쨌든 다수가 새통체를 지지했던 건 맞다. 그때는 존재가 알려지지 않았던 (NL 핵심인) 민혁당도 새통체를 지지했다." 민혁당이 북한 공식 입장과 배치되는 '범민련 해체'를 주장했다는 부분은 흥미롭다. 나중에 다시 자세히 기술하겠지만 민혁당은 당시 북한이 승인한 남한의 가장 큰 지하당이었다. 북이 보낸 공작원이 아니라 남쪽의 NL

주의자들이 스스로 결성한, 아마도 해방 이후 가장 규모가 큰 자생적 전위당이었다.

범민련과 새통체, 갈등의 골 깊어져

민혁당 핵심은 1986년 '강철서신'을 쓴 김영환이었다. 김영환은 1991년 몰래 평양을 방문하고 돌아와서 민혁당 결성을 주도했다. 민혁당에서 통일운동을 담당했던 이는 전민련 조국통일위원회 간사를 지낸 홍진표였다. 그는 "민혁당 중앙위원장인 김영환 씨하고 '범민련을 해산하고 새통체를 결성하는 게 옳다'는 쪽으로 입장을 정리했다. 김영환 씨가 이런 입장을 북에 보고했다"고 말했다. 김영환은 1992년 말에서 1993년 초에 '범민련 해체 의견'을 북한 사회문화부에 보고했다고 밝혔다. 그의 이야기는 이렇다. "그때까지 통일운동에 관해 북의 공식 입장이 내려온 건 없었다. '범민련이 동력을 상실했으니 해산하고 대중적 통일운동체를 만드는 게 낫다'고 북쪽에 얘기했다. 그런데 사회문화부에서 '그것은 다른 부서(조국평화통일위원회)에서 담당하는 사업이니 우리가 이래라저래라 하기 어렵다'는 답이 내려왔다. 내가 재차 범민련 해산을 주장하자 '수령님 교시사항이라 어렵다'는 취지의 답변이 다시 왔다. 그때까지 사회문화부가 내 제안을 명백하게 거부한

적이 없어 좀 놀랐다." 이 사안은 민혁당 내부 노선투쟁을 본격화하는 계기로 작용했다. 규율이 생명인 전위당에서 상부 지시와 정반대인 정치적 태도를 취하는 건 있을 수 없는 일이었다. 민혁당 내 상당수는 김영환을 의심의 눈초리로 보기 시작했다. 이때부터 김영환과 그를 따르는 당원들은 본격적으로 전향을 모색하기 시작했다.

처음에는 어떻게 통일운동을 벌여나갈지에 대한 노선의 차이였다. 그러나 갈수록 감정의 골이 깊어졌다. 범민련 쪽과 새통체 쪽의 대립과 갈등이 극심해졌다. 민경우의 말이다. "새통체 쪽이 다수를 점하면서 패권적 모습이 나타났다. 노선으로 설득하기보다 위압적으로 참여를 종용하는 경우가 적지 않았고, 그런 게 일선 단체들의 반발을 불러왔다. 반대로 범민련 쪽에선 말로써 새통체 인사들에게 상처를 주었다." 새통체 추진 인사들을 '미 중앙정보국CIA 프락치'라거나 '안기부 첩자'라고 공공연하게 비난하는 말이 나돌았다. 문익환을 따라 새통체에 가담했던 홍진표는 "민혁당 당원인 나한테도 '안기부 프락치'라 비난하는 사람들이 있었다"고 말했다. 양쪽이 함께 모이면 욕설과 함께 재떨이가 날아가기도 했다.

이런 와중에 해외에서 한 통의 편지가 날아들었다. 베를린에 사무국을 둔 범민련 해외본부(의장 윤이상)에서 보낸 팩시밀리 편지였다. 김창수는 이 편지에 대해 이렇게 말했다. "1994년 1월 17일쯤이었다. 발신인은 범민련 해외본부였는데

수신인이 누구였는지는 정확히 기억나지 않는다. 내용은 '새통체를 추진하는 사람 중에 김영삼 정부 프락치가 있다'는 거였다. 하태경 바른정당 의원은 '문익환 목사는 안기부 프락치다'라고 편지에 쓰여 있었다고 주장했지만, 그건 사실이 아니다. 어쨌든 그 편지를 보고 우리(새통체 쪽)는 몹시 분개했다."

문익환은 1월 17일 밤 범민련 북측본부 백인준 의장과 해외본부 윤이상 의장, 남측본부 강희남 준비위원장 앞으로 편지를 썼다. 자신의 통일운동 구상이 고스란히 들어 있는 편지였다.

> 제가 범민련 남쪽본부 준비위원장직을 물러난 건 통일운동을 그만두기 위한 것이 아닙니다. 남쪽의 통일운동을 더 크게 묶어내기 위한 것이었습니다. 북쪽과 해외 통일운동세력과 손을 끊기 위한 것이 아니라, 더 원만한 관계를 이루려는 것이었습니다.……사상과 이념의 좌우를 거론하지 말아야 합니다. 좌도 우도 다 같이 한겨레가 되어 분단의 장벽에 온몸 부딪쳐 가야 합니다. 7·4(남북)공동성명을 받아들이고 남북기본합의서를 지지하는 모든 개인이나 단체는 다 하나가 되어야 합니다.

이 편지는 발송되지 못했다. 바로 다음 날인 1월 18일에 문익환은 숨을 거두었다. 함께 평양을 방문했던 재일 통일운동가 정경모는 그의 마지막 날에 대해 이렇게 썼다.

대뜸 나서서 중상공격을 시작한 것이 곽동의 범민련 해외본부 의장이었소이다. '문아무개는 김영삼 정권과 어울려서 흡수통일을 획책하고 있는 스파이다…' 밑도 끝도 없는 뜬소문이 삽시간에 서울로 평양으로 돌더니 범민련 독일지부로부터 발신된 전문이 문 목사에게까지 도달하였던 것인데, 이 한 통의 전문이 문 목사에게 죽음을 불러온 것이외다. 1월 17일 밤 문 목사는 늦게까지 책상에 앉아 평양의 백인준 의장에게 편지를 썼소이다. 다음 날 아침 여느 때처럼 집을 나온 문 목사는 늘 따라다니는 제자들과 함께 갈빗집에서 점심을 드시면서 범민련 소속인 진관 스님에게 화풀이를 좀 하신 것이 아니오이까. "내가 그래 스파이냐?" 그 말을 세 번 되풀이하는 사이에 입에 든 음식이 식도가 아니라 기관으로 넘어가는 오연誤嚥을 일으킨 것인데, 이것은 연로한 분이 감정이 격했을 때 일어날 수 있는 사고라고 어느 의사가 일러주더이다. 제자들이 구급차가 아니라 택시로 연세대 병원으로 모시고 갔으니 사람들 틈에 끼어 순번을 기다릴 수도 없고 초주검이 된 문 목사가 자택에 도착했을 때는 이미 돌이킬 수 없는 상태였던 것이지요.

• 「길을 찾아서」 뜬소문 고초겪다 눈 감은 문 목사」

(『한겨레』 2009년 12월 9일)

문익환 목사는 범민련 북측본부 백인준 의장과 해외본부 윤이상 의장, 남측본부 강희남 준비위원장 앞으로 쓴 편지에 자신의 통일운동 구상을 고스란히 담았다. 그는 이 편지를 쓴 다음 날 갑작스러운 죽음을 맞았다. 각계 인사 2,000여 명이 참석한 가운데 엄수된 문익환 목사의 장례식 모습.

국민 호응 얻은 '연희동 진격투쟁'

문익환이 구상한 '새로운 통일운동체'는 그의 사후인 1994년 7월 2일 자주평화통일민족회의(민족회의) 결성으로 가시화했다. 민주주의민족통일전국연합(약칭 '전국연합', 전민련의 후신) 가입단체 다수가 민족회의에 가담했다. 통일운동 내부의 갈등은 1995년 8월 15일 광복절 행사에서 적나라하게 표출되었다. 민족회의 주최로 보라매공원서 열린 '해방 50주년 민족공동행사' 도중에 한총련 소속 대학생들이 대거 행사장을 빠져나가 서울대에서 제6차 범민족대회를 별도로 열어버린 것이다. 조직과 행사가 완전히 둘로 갈라졌다.

20여 년이 흐른 후, 그때 민족회의와 범민련으로 나뉘어 대립했던 통일운동 핵심들은 지금 어떤 생각을 하고 있을까? 민족회의에 참여했던 김창수는 이렇게 말했다. "2000년 6·13 남북정상회담 이후 민화협(민족화해협력범국민협의회) 결성에서 보듯이 지금은 정부당국의 통일운동 참여가 당연시된다. 하지만 1990년대 중반까진 '정부가 통일운동의 한 주체'라는 인식은 획기적인 것이었다. 문 목사님이 시대를 앞서 갔다고 생각한다."

민경우의 평가는 솔직하고 명료했다. "우리(범민련)는 김영삼 정부 출범 이후에도 한국 사회가 여전히 식민지반자본주의적 성격을 지녔다고 봤고, 그러니까 민족해방운동으로서 통일운동 위상을 정립해야 한다고 생각했다. 돌아보면, 통일운동은 정부가 허용하는 합법 공간 위에서만 강력한 대중적 지지를 얻었던 것 같다. 정부 탄압에 아랑곳없이 스스로 발화하는 반독재 투쟁과는 성격이 달랐다. 합법단체가 아닌 범민련은 대중성을 강화하기 어려운 한계를 안고 있었다. 그때 민족회의를 인정하고 연대했어야 했다. 너무 경직되어 있었다. 통일운동의 분열이 결국 1996년 8월 연세대 사태를 초래했다는 반성을 한다."

사실 1960년대 이후 한국 운동사에서 광범위한 대중투쟁은 민주화운동의 그늘을 벗어난 적이 없다. 1996년 8월 연세대 범민족대회에 수만 명의 학생을 결집할 수 있었던 건, 역설적으로 민주주의 투쟁 덕분이었다. 1995년 하반기 한총련은 전두환·노태우 구속을 촉구하는 '연희동 진격투쟁'을 벌여 일반 국민과 학생들의 큰 호응을 받았다. 이것이 그해 말 치러진 총학생회 선거에서 NL 계열이 전국의 거의 모든 대학 학생회를 장악하는 기반이 되었다. 그러나 연세대에 모인 수만 명 학생의 격렬한 '통일 투쟁'은 운동의 확산이 아니라 고립으로 끝났다. 그런 점에서 '반미'와 '통일'을 전면에 내세운 NL의 퇴조는 이미 예견된 일이었는지 모른다.

10

NL 교과서
『다시 쓰는 한국현대사』

선배들이 가장 먼저 권한 책

1986년 직선제 개헌을 요구하는 신민당 개헌추진 인천·경기지부 결성대회 때 벌어진 학생·노동자들의 대규모 시위, 이른바 '5·3사태' 직후 인천 지역에는 검거 열풍이 몰아쳤다. 이 지역에서 노동운동을 하던 박세길(서울대 철학과 81학번 제적)도 경찰에 붙잡혔다. 동료가 북한 '구국의 소리' 방송 녹취록을 갖고 있다가 검거되면서 그에게까지 여파가 미친 것이다. 그때만 해도 북한 방송 청취는 큰 사건이었다. 김영환이 쓴 '강철서신'이 대학가에 NL 바람을 불러일으킨 것도 비슷한 시기였다. 박세길은 "그 무렵 반미·통일운동을 전면에 내건 NL 그룹이 곳곳에서 움트고 있었다. 김영환 씨 그룹도 그중 하나였다. 강철서신이 널리 알려지고 폭발력을 가진 건, 품성론의 신선함에 기댄 바가 컸다"고 말했다.

박세길은 국가보안법 위반 혐의로 10개월간 복역했다. 인천교도소에서 수감생활을 하면서 현대사 책과 자료를 열심히 읽었다. 읽다 보니까 뭔가 허전했다. 그는 스스로 현대사에 관한 글을 쓰기 시작했다. 교도소에서 집필이 허용되지 않던 시절이었다. 박세길은 우유팩 껍데기를 벗긴 종이에 볼펜심으로 깨알 같이 글을 적었다. 그렇게 1945년 해방부터 한국전쟁까지 50쪽 분량의 초고가 완성되었다. 박세길의 말이다. "감옥 안에서도 사투(사상투쟁)가 심했다. 뭐가 옳은가, 그런 고민에서 현대사를 한번 들여다보자고 시작한 작업이었다. 그런데 글을 쓰다 보니 내 생각이 명쾌해졌다. 이걸 대중적으로 확산시켜야겠다, 민중을 역사 주체로 놓고 우리 현대사를 자주와 통일의 관점에서 쉽고 단순명료하게 설명해야겠다고 생각했다. 처음부터 NL의 확산에 기여하겠다는 목적의식이 있었다." 막 확산을 시작한 NL 사조는 감옥 안에서도 뜨거운 관심과 논쟁의 대상이었다. 몰래 돌려본 박세길의 글은 교도소 내 양심수들 사이에서 폭발적 반응을 불러일으켰다.

1987년 3월 집행유예로 석방된 뒤 박세길은 초고를 팸플릿 형태로 만들어 운동권에 몰래 돌렸다. 역시 반응이 뜨거웠다. NL의 역사적 정당성을 이렇게 쉽고 간결하게 표현한 책은 없었다. 아예 정식으로 출판하라고 주변에서 권했다. 내

1986년 5월 3일 인천 시민회관에서 열려던 신민당 개헌추진 인천·경기지부 결성대회는 수천 명의 학생·노동자·시민과 경찰의 격렬한 충돌로 무산되었다. 시민회관에 모인 참석자들이 경찰 최루탄에 코를 막고 피하고 있다. 이른바 '5·3사태'로 불린 이 시위 직후 인천 지역에는 검거 열풍이 몰아쳤다. 『다시 쓰는 한국현대사』의 저자 박세길도 이때 경찰에 붙잡혔다.

용을 보완하고 인용 문헌의 각주를 붙여서 『다시 쓰는 한국현대사』란 이름으로 책을 펴냈다. 그 과정은 쉽지 않았다. 사회과학 출판사 여러 곳을 찾아가 출판을 타진했지만 모두 거절당했다. 책의 '수위'가 너무 높다는 이유에서였다. 해방 이후 남한의 정권들은 모두 미국의 꼭두각시고 한국전쟁이 남침인지 북침인지 불분명하다고 묘사했으니, 아무리 1987년 6월항쟁 이후의 열린 공간에서라도 합법적 출판은 쉽지 않은 일이었다. 돌베개 출판사에 매달리다시피 사정해서 가까스로 1988년 11월에 1권이 서점에 배포되었다. 한 권으로 끝내려던 책은 한국전쟁 이후 1980년대로까지 지평을 넓히면서 모두 3권으로 1992년에 완간되었다.

반향은 컸다. NL의 확산과 맞물리며 이 책은 대학 신입생이 꼭 읽어야 할 'NL 입문서'로 받아들여졌다. 1980년대 학번들이 『해방전후사의 인식』을 '의식화'의 필독서로 삼았듯이 1990년대에는 『다시 쓰는 한국현대사』가 같은 역할을 했다. 『해방전후사의 인식』을 『해전사』로 줄여 부르듯이 『다시 쓰는 한국현대사』는 『다현사』로 불렸다.

1990년대 중반 연세대 단과대학 학생회장을 지낸 인사의 말이다. "대학 들어가서 처음 읽은 책이 『다현사』였다. 특히 NL 그룹에선 선배들이 후배들에게 가장 먼저 권한 게 이 책이었다. NL 시각으로 현대사를 편향되게 기술했다고 할 수 있지만, 어쨌든 주장이 분명하고 책을 읽는 재미가 있었다.

『해전사』는 이름은 들었지만 읽은 적은 없다. 내 또래 대부분의 학생들이 그랬다." 비슷한 시기에 전북대에서 학생운동을 했던 인사도 이렇게 말했다. "『다현사』는 'NL의 교과서'였다. 학과나 동아리에서 토론을 하다가 '다현사에 따르면…'이라고 이 책을 인용하곤 했다. 그 무렵 NL 그룹에선 한국을 미국의 신식민지라고 주장했는데, 『다현사』 영향을 받은 측면이 컸다." 정확한 통계는 없지만 1990년대에만 수십만 권은 팔렸을 것으로 추정했다.

북한을 우리 현대사 범주에 포함하다

현대사에 관한 책이 흔치 않던 시절이었다. 『다현사』는 몇 가지 점에서 눈길을 끌었다. 우선, 북한을 우리 현대사의 범주에 끌어들였다. 한국전쟁 시기 북한의 내부 정세, 전쟁 이후 북한이 어떻게 사회주의 혁명과 주체사상 발전을 추구했는지를 서술했다. 북한 정권이 항일 민족해방 투쟁에 정통성의 뿌리를 두고 전후 복구사업을 성공적으로 해냈다는 평가는 대학 신입생들에게 적지 않은 충격이었다. 한국전쟁 발발에 관해 남침론과 북침론의 근거를 똑같이 기술한 점도 눈에 띄는 부분이었다.

그러나 이 책이 훨씬 중점을 둔 대상은 '미국'이었다.

저자인 박세길은 "우리 현대사를 통해서 남한이 미국 식민지와 다를 게 없다는 걸 폭로하는 데 초점을 두었다. 그 시기엔 그게 의미가 있으리라 봤다"고 말했다. 1945년 8월 15일 해방 직후 남한에 진주한 미군이 해방자가 아니라 점령군이었다는 점, 일본 경찰기구와 반봉건적 제도를 미 군정이 그대로 온존했다는 점, '제주 4·3항쟁'이나 '여수·순천 봉기' 등은 미 군정의 학정과 분단 고착화에 저항하는 민중의 항쟁이었다는 점을 통해 한국 민중의 주적이 미국임을 분명하게 드러내려 했다.

해방 직후 현대사를 새로운 시각으로 접근한 책은 『해방전후사의 인식(해전사)』이 시초였다. 『해전사』는 박정희 대통령이 숨지기 열흘 전인 1979년 10월 15일 출간되었다. 미 군정의 실상과 반민특위의 실패, 분단과 한국전쟁의 배경 등 교과서에서 듣도 보도 못한 현대사를 1980년대 대학생들은 『해전사』에서 배웠다. 그런 『해전사』를 『다현사』가 대체했다. 당대의 현대사 연구 성과를 집약한 논문집 형태의 『해전사』보다는, 뚜렷한 시각으로 쉽게 풀어쓴 이야기책 『다현사』가 1990년대 대학생들의 구미에 딱 맞았다고 할 수 있다.

한홍구는 이렇게 평했다. "『해전사』는 필자에 따라 시각이 다른 데 반해 『다현사』는 선명한 정파적 입장을 갖고 명쾌하게 기술을 하니까 훨씬 읽기 쉽다. (내용이) 거칠긴 하지만, 비전문가가 쓴 통사로서는 나름 고증에 충실하려 노력했다. 시대적 욕구를 전문 사학자들이 채워주질 못하니까 『다현사』가 나온 것이고, 이걸 능가하는 책은 그 뒤에도 찾기 힘들다." 그는 또한 『다현사』가 『해전사』를 대체한 배경에 대해서 "학생운동의 대중화라는 측면과 일맥상통한다. NL이 끼친 긍정적 영향 중 하나는, 1970~1980년대 서울 명문대 중심의 엘리트 운동이던 학생운동의 저변을 전국적·대중적으로 확장했다는 것이다. 그런 시대 흐름에 『다현사』는 꼭 들어맞았다"고 했다.

『다현사』는 1990년대의 산물이다

『다현사』를 처음 쓸 때 가졌던 시각은 여전히 유효한가? 이 질문에 박세길은 "30년은 결코 짧은 세월이 아니다. 변하지 않았다면 그게 오히려 이상한 일이다. 솔직히 나를 『다현사』 저자로 자꾸 '가두는 게' 좀 불편하기도 하다"고 대답했다. 『다현사』는 2015년 7월에 새롭게 단장한 신판을 냈다. 개정판을 내려 했지만 그러려면 아예 책을 새로 써야 할 것 같아 겉모습을 바꾸는 데 그쳤다고 했다. "『다현사』는 1990년대라는 시대의 산물이다. 지금 대학생들에겐 굳이 내 책을 읽으라고 권하지 않는다. 그래도 신판을 낸 건, 과거의 생각을 그대로 담아내는 것 역시 '역사'라는 판단에서다."

『다현사』를 새로 쓰는 대신에 박세길은 2015년 6월, 『한국 현대사 열한 가지 질문』이란 책을 펴냈다. 이 책에는 30년의 세월이 흐르는 동안 그의 생각이 어떻게 변했는지 담겨 있다. 그는 이렇게 말했다. "첫째, 『다현사』는 1945년 해방에서 한국전쟁까지의 시기에 누가 분단을 주도했느냐에 초점을 맞추었다. 그게 미국이라는 걸 제시하려 했다. 『한국 현대사 열한 가지 질문』은 그렇다면 왜 분단을 막지 못했느냐, 결국 좌익 진영의 연속적인 오류가 분단 고착화를 도운 게 아니냐는 점을 들여다보려 했다. 둘째로 『다현사』는 한국이 미국의 식민지라는 걸 폭로하려고 했다. 그게 진실이었다는 생각엔 변함이 없다. 그러나 우리 사회가 민주화하면서 국가권력이 미국의 통제에서 국민의 통제로 넘어간 게 사실이다. 여전히 (한국 정치권력이) 미국의 꼭두각시라는 주장은 그동안의 (민주주의) 성취를 부정하는 것이다. 셋째로 『다현사』에선 1980년대까지의 자료를 갖고 썼기 때문에 북한에 긍정적 묘사를 한 부분이 많다. 1990년대 중반에 들어서면 북한 자체의 모순과 주체사상의 모순으로 북한의 국가사회주의 체제가 크게 흔들린다. 수령론과 인민의 자주성은 기본적으로 양립할 수 없다. 그런 게 1990년대 중반에 폭발했고 북한 지도세력에 엄청난 충격을 주었다. 이런 변화를 『한국 현대사 열한 가지 질문』에 담으려 했다."

　　1980년대 노동운동권에 NL을 소개했던 박세길은 『다현사』가 대중적 명성을 얻은 뒤에는 재야의 대표적인 NL 이론가로 활동했다. 그는 한국 사회에서 NL 운동의 공과를 냉철하게 성찰할 때가 되었다고 말했다. NL은 분명히 오류와 한계가 있지만, 우리 사회에 기여한 순기능도 적지 않다. "가장 중요한 게 대중을 역사의 주체로 사고하고 그에 걸맞은 운동을 펼치려고 노력했다는 점이다. 연대를 통해서 (범민주 세력의) 통 큰 단결을 추구했다는 점도 평가받을 만하다. 또 NL은 정치권력 문제를 실제적, 현실적으로 접근했다. 1992년 대선에서 (독자 민중후보를 내세웠던 PD 계열과 달리) NL 계열은 범민주 단일후보로 김대중 민주당 후보를 지지했다. 이에 대해선 (진보 진영 내부의) 비판도 있지만, 권력 문제를 현실적으로 접근한 건 평가해야 한다. 그런데 오히려 활동의 중심축이 제도권 정당(진보정당)으로 이동하면서 NL의 이 세 가지 장점은 사라지고 변혁성도 거세되어 버렸다."

박세길은 요즘 '대중'이란 단어보다 '시민'이란 단어를 즐겨 쓴다고 했다. '진보'는 앞서가는 것인데 오히려 뒤쳐지고 있다는 게 그의 생각이다. 최근에 낸 책『선언: 사람 중심 사회로 가는 길』은 그런 고민의 산물이다. 2016년 11월 서울 광화문광장에 켜진 촛불을 보면서 그는 '새로운 시민혁명'을 떠올렸다. "1987년 6월항쟁만 하더라도 그걸 이끌어가는 야당이 있고, 재야의 스타급 인사들이 있었다. 지금은 어떤가. 촛불집회를 이끌어가는 건 초등학생부터 청소년, 회사원, 노인까지 일반 시민의 '집단지성'이다. 오히려 정당과 단체는 그 뒤를 따라간다. 정치지도자가 대중을 이끄는 게 아니라 대중이 정치지도자를 이끄는 시대, 곧 리더십이 쌍방향으로 흐르는 시대다. 굳이 'NL'이란 프리즘으로 보자면, NL의 대중노선이 오늘에 맞게 재구성되고 재구현된 게 창조적 다수로서의 '시민'이 아닌가 싶다."

11

운동의 성공은 진정성에 달려 있다
「바보 과대표」

학생운동가의 사랑을 받은 시인들

『다시 쓰는 한국현대사』가 1990년대 NL 학생운동권의 현대사 필독서라면, 그 무렵 NL 학생들이 가장 즐겨 읽었던 시집은 『바보 과대표』일 것이다. 1970년대 김지하 시집을 거쳐 1980년대 대학가에서는 고은, 양성우, 정희성 등 수많은 저항시인의 시를 낭송하고 연극으로 만들어 공연했다. 1990년대에는 박노해의 『노동의 새벽』과 김남주의 『조국은 하나다』 같은 시집이 운동권 학생들의 책꽂이에 한두 권씩 꽂혀 있었다. 김남주 시인은 1979년 남민전(남조선민족해방전선 준비위원회) 조직원으로 활동했고, 이 사건으로 약 10년간 복역하고 출소한 직후인 1994년 2월 췌장암으로 별세했다. 남민전은 베트남민족해방전선처럼 북한과 연계해서 반외세·반독재 무장투쟁을 벌여야 한다고 주장했던, 1980년대 NL 운동의 전신이랄 수 있는 조직이었다. 1980년대 중반 이후 자생적으로 생겨난 NL 그룹들은, 비록 직접적인 연결은 없지만 1960년대 말의 통혁당과 1970년대의 남민전을 NL-PDR론에 입각했던 '선배 조직'으로 평가했다. 박노해 시인은 1980년대 말 정통 마르크스-레닌주의를 표방했던 사노맹 중앙위원으로 활동했다. 사노맹은 남한 사회에서 금기였던 '사회주의 혁명'을 추구한다는 것을 굳이 숨기지 않았다. 또한 그 무렵 진보 운동권에서 비약적으로 세를 확산하던 NL 사조를 가장 매섭게 비판한 그룹 중 하나였다.

  이렇게 굳이 따지자면 김남주의 시는 NL 계열, 박노해의 시는 PD 계열의 정서와 좀 더 들어맞는 측면이 있긴 했다. 그러나 시인의 실천적 활동과 시의 내용이 그대로 맞닿아 있는데다 보편적 정서를 담고 있어, 두 사람의 시는 정파를 가리지 않고 많은 이의 사랑을 받았다. 가령 김남주의 「전사 1」이라는 시는 변혁운동에 헌신하는 '전사'의 모습을 담았지만, 꼭 NL 노선에 동의하지 않더라도 운동에 헌신하려는 사람이라면 누구든 삶의 나침반으로 삼을 수 있는 보편성을 띠고 있었다.

김남주와 박노해의 시는 1990년대 학생운동권에서 정파를 가리지 않고 많은 이의 사랑을 받았다. 1989년 4월 27일, '통일을 위한 민족문학의 밤' 행사에서 시를 낭송하는 김남주 시인.

전사 1

김남주

일상 생활에서 그는
조용한 사람이었다
이름 빛내지 않았고 모양 꾸며
얼굴 내밀지도 않았다

무엇보다도 그는
시간엄수가 규율엄수의 초보임을 알고
일분 일초를 어기지 않았다
그리고 동지 위하기를 제몸같이 하면서도
비판과 자기비판은 철두철미했으며
결코 비판의 무기를 동지 공격의 수단으로 삼지 않았다
조직 생활에서 그는 사생활을 희생시켰다
조직의 이익을 위해서라면 모든 일을 기꺼이 해냈다
큰일이건 작은 일이건 좋은 일이건 궂은 일이건 가리지 않았다
그리고 아무리 하찮은 일이라도
먼저 질서와 체계를 세워
침착 기민하게 처리해 나갔으며
꿈속에서도 모두의 미래를 위해
투사적 검토로 전략과 전술을 걱정했다

이윽고 공격의 때는 와

진격의 나팔 소리 드높아지고

그가 무장하고 일어서면

바위로 험한 산과 같았다

적을 향한 증오의 화살은

독수리의 발톱과 사자의 이빨을 닮았다

그리고 하나의 전투가 끝나면

또 다른 전투의 준비에 착수했으며

그때마다 그는 혁명가로서 자기 자신을 잊은 적이 없었다.

NL 학생들 필독서, 『바보 과대표』

그러나 1990년대 학생운동을 상징하는 시를 꼽으라면, 그 무렵 대학을 다녔던 많은 이가 「바보 과대표」를 꼽는다. 김남주·박노해의 시보다 이 시를 꼽는 이유는 당시 학생운동을 이끈 NL의 정서를 가장 잘 담아내기 때문이었다. 지금 읽어보면 약간 유치한 부분도 눈에 띄긴 하지만, 그 무렵에는 그것을 활동가의 올바른 품성과 대중적 작풍을 드러내는 하나의 상징으로 받아들였다. 「바보 과대표」가 NL 학생들의 열렬한 지지를 받은 반면에 PD 쪽의 외면을 받았다는 점도 1990년대 운동권 분위기를 그대로 반영했다.

시의 내용은 간단하다. 과 학우들을 위해 '바보'처럼 진정성을 갖고 일한다면 언젠가는 학우 모두가 과대표를 믿고 따를 것이란 내용이다. 운동의 성공은 이론이 아니라 사람의 마음을 사로잡는 진정성에 달려 있다는 것이 핵심이다.

『바보 과대표』는 1993년에 정식으로 출판되었다. 지은이는 홍치산. 가명이란 것을 쉽게 짐작할 수 있다. 조금만 눈치 빠른 사람이라면 '빨치산'의 첫 글자를 '붉을 홍紅'으로 바꾼 것임을 알 수 있다. 이 시집에는 「바보 과대표」 외에 NL 운동의 가치와 정서를 반영하며 어떤 면에서는 북한 문예물을 연상케 하는 다른 시들도 실려 있지만, 김영삼 문민정부 출범 이후 정치적으로 열린 공간이 시집의 출판을 가능하게 했다. 『바보 과대표』는 NL 계열 학생들에게 필독서로 불리며 수만 권 판매된 것으로 알려졌다. 선배가 후배에게 가장 많이 선물하는 책 또한 『바보 과대표』였다. 그 무렵 과 사무실이나 학회 사무실에서는 많은 학생이 일기처럼 그날의 기억나는 일을 적는 '날적이'를 가명이나 필명으로 썼는데, 가장 많이 쓰는 필명이 바로 '바보 과대표'였다고 한다.

1996년 연세대 단과대학 학생회장을 지낸 인사는 『바보 과대표』에 대한 기억을 이렇게 회상했다. "1990년대 NL 학생운동에 참여했던 사람이라면 아마 『바보 과대표』를 읽지 않은 사람은 없을 것이다. 나 역시 어느 선배에게서 이 시집을 선물로 받았고, 여러 후배에게 이 시집을 사줬다. 딱딱한 이론서와는 달리, 쉬운 문체로 NL의 품성론을 정서적으로 전달한 점이 마음에 들었다. 좀 유치하긴 해도, 그게 바로 대중운동의 기본이고 올바른 운동가의 자세라는 믿음을 주었다. 수많은 학생이 시집을 읽고 감동했고, 나 역시 밤잠을 자지 못하고 아, 이렇게 살아야겠구나 다짐했던 기억이 난다."

'홍치산'이란 가명으로 시집을 쓴 이는 당시 고려대 학생이던 이창기(산림자원학과 88학번)였다. 그는 이렇게 밝혔다. "1991년쯤인가 입대하기 전에 내가 겪은 시행착오를 후배들은 겪지 않게 하자는 생각에서 그런 내용의 시를 쓰기 시작했다. 그중 하나가 「바보 과대표」였다. 학생회 일꾼들이 학생대중과 어떻게 소통하면 좋을까, 머슴처럼 심부름꾼처럼 잘난 척하지 말고 대중 속으로 들어가야 한다는 내용으로 시로 썼다. 실제 그런 후배가 있었다. 아주 정말 바보처럼 학과 동료들을 위해 행동하는 친구였다. MT 가면 애들 웃기고, 게임하면 일부러 져서 설거지를 하고, 시험기간에 노트를 복사해서 애들한테 나눠주고……. 과대표로서 그렇게 열심히 활동하는 친구를 모델로 삼아 시를 썼다."

이창기가 모델로 삼은 이는 1991년 고려대 정치외교학과 1학년 대표이던 김○○였다. 김○○가 학교 부근에서 시위를 하다가 경찰에 잡혀갔는데, 과 동료 수십 명이 성북경찰서를 찾아가 김○○를 풀어달라고 요청한 일이 있었다. 이 이야기를 전해들은 이창기는 김○○에 대해 좀 더 취재를 한 뒤에 그 내용을 「바보 과대표」란 시에 담았다고 밝혔다.

이창기는 "1993년 군대에 있을 때 시집이 출간됐다. 여자친구가 면회 오면서 시집을 갖다 줘서 밤에 꼭 안고 잤던 기억이 난다. 휴가 나와서 보니까 후배들이 많이 읽고 있더라. NL의 대중사업 작풍을 보여주는 모범적 사례로 취급된 것 같다"고 말했다. 「바보 과대표」는 1980년대 말 이후 NL이 어떻게 PD를 누르고 학생운동권에서 오랫동안 다수파를 차지할 수 있었는지 그 비결의 핵심을 보여준다.

1996년 연세대 단과대학 학생회장을 지낸 인사의 이야기다. "NL은 사람을 끌어들이고 관리하는 것이 뛰어나다. PD는 학교에서 서클이나 정치조직 이런 걸로 운동을 하지, (대중조직인) 학생회를 중시하지 않는다. 연세대의 경우, 대체로 NL은 학생회를 잡고 PD는 서클을 잡는 식으로 운동을 했다. PD는 전통적 서클에 가까운 형태로, 어떻게든 (구성원들의 학습) 수준을 끌어올리려고 한다. 날선 비판도 서슴지 않고, 마음의 상처도 많이 준다. NL은 무리하게 저학년들에게 부담을 주지 않는다. 결의 수준이나 학습 수준이 안 올라오면, 네가 할 수 있는 만큼만 하라고 한다. PD는 현학적이고 개인주의적인 반면, NL은 집단주의적이다. (NL과 PD 친구들이 함께) 술을 마시면 PD는 말은 많지만 대개 일찍 자리를 뜬다. NL은 술자리에서 별로 말이 없지만, 끝까지 남아 있는 애들은 바로 그 친구들이다. 어떤 면에선 PD가 훨씬 대학생에 가깝다고도 할 수 있다. 자유분방하고 규율에 얽매이지 않으니까. 어쨌든 후배들은 좀 더 편하고 인간적인 NL을 많이 따르게 되니까, 학생운동권에선 NL이 늘 강세일 수밖에 없다."

이런 경향은 비단 학생운동에만 적용되는 게 아니다. 노동운동권도 비슷했고, PD가 먼저 힘을 기울여 시작했던 진보정당 활동에서 나중에 결합한 NL이 다수파로 올라설 수 있었던 배경에도 이런 활동방식의 차이는 중요하게 작용했다.

바보 과대표

홍치산

우리 학교 1학년에 바보 과대표가 한 명 있다
술만 먹으면 개가 되고
밍맹몽, 007빵 무얼 하더라도 진짠지 가짠지
야튼 맨날 걸려 얻어맞으며 헤헤 웃고
벌주 발칵발칵 마시며 배꼽 뚜딜겨
뽕짝 결판지게 뽑아대는 천하에 바보가 있다

항상 그 바보 곁에 사람들이 드글거리고
그 수첩에는 120명 동기 이름 모두 적혀 있다
누구누구와 언제 만났고
누구의 고민은 무엇이고

누구와는 아직 얘기 못해 보았느니
멋있는 싯구 하나 없지만 그런 것들이 잔뜩 쓰여 있다

수업 안 들어오는 애들 리포트 알려주고
시험 때는 쏘스(자료) 제비 벌레 물 듯 물어와 노놔주고
역사 연구반이니, 사회과학 연구반이니
소수의 의식을 위한 것보다
바둑반이니 농구반이니
그런 모임을 만들어 120명 모두를
함께하는 고민으로 자기 과 소모임에 참여시켰다.

일기장에는 자신의 참된 삶의 문제
누구보다 겸허하게 치열하게 고민하였으며
개인의 안락에는 추호의 타협이 없었으며
항상 5시간 수면을 철저히 지킬 것을 강제했고
서재에는 항일무장투쟁사가 손때 묻어 간직되어 있었다

그날
자기 과 친구들에게는 아직 이르다며 본대에 있으라하고
아스팔트 하이바에 우리 선배 전투조들 떨고 있을 때
익살스런 춤 "간다 간다 뽕간다"
신명나게 두려움 누그려 주고

전투대장의 진격의 나팔 우렁차게 울리니

그는 누구보다 최전선에서 정확하게 꽃병(화염병)을 꽂았다.

드디어 놈들이 사나운 이빨 으르렁거리며 덤벼들 때

한 친구 전사는 미끄러지고

모두 안타까이 돌아섰을 때

그 바보 전사는 바보처럼 의연히 달려 나갔다.

다음날 한겨레신문에 조그맣게 바보 이야기가 실렸다.

고대에서 2명이 화염병으로 잡혀오고 100명이나 친구들이

성북서 항의 방문을 했다고 바보를 풀어달라고 울부짖었다고

총학생회장님이 잡혀가도 그런 일이 없었는데

그리고 다음날 교문과 식당에서는

바보의 바보 같은 친구들을 누구나 만났다.

그들 손에는 당구 큐대가 아니라,

볼펜이 아니라 오락실 운전대도 아닌

규탄 성명서가 들려 있었다

그리고 며칠 지난 뒤 학생의 날 가투 전투조 사전모임에서

한 1학년 학우의 결의 발표가 나의 심장을 쳤다

"나는 바보의 다른 과 친구입니다.

투쟁하란 말은 없었지만

그 친구는 나에게 많은 것을 주었습니다.

저는 아직 짱돌 한 번 덕진 적이 없지만 바보를 잡아간 놈들 용서할 수 없습니다. 오늘 비록 제가 잡혀 간다 하여도…"

제3부
**갈등과
분열**

1

불신의 싹을 틔운 평양 방문
민혁당 (1)

반제청년동맹

어둠이 짙게 내려앉은 1991년 5월 16일 밤. 강화도 양도면 건평리 해안가 부근 숲속에서 두 젊은이가 누군가를 기다리고 있었다. 이들은 저녁 무렵에 도착해서 몇 시간째 몸을 웅크리고 있던 중이었다. 자정 무렵 잠수복을 입은 두 사람이 숲으로 다가왔다. 서로 암호를 교환한 뒤 잠수복의 연락원이 입을 열었다. "북까지 안전하게 데려다줄 테니 아무 걱정하지 마시라." 두 연락원은 젊은이들을 각기 옆구리에 끼다시피 하고는 해안으로 내달렸다. 두 젊은이는 해안가에 정박 중이던 반잠수정에 올라 비좁은 선체 안에 쭈그리고 앉았다. 반잠수정은 곧 빠른 속도로 물살을 헤치며 강화도 해안을 빠져나갔다. 바로 옆 언덕 위 군 초소에서는 초병들이 대형 서치라이트로 바다를 비추고 있었다. 두 젊은이는 긴장감에 심장이 터질 것만 같았다. "북한 호송원들은 아주 여유 있는 태도여서, '아이들이 경험이 많구나'라는 생각을 문득 했다"고 둘 중 한 사람은 나중에 회고했다. 해안이 멀어지자 연락원이 "추울 텐데 몸 좀 녹이라고 당 중앙에서 보냈다"며 작은 양주 한 병을 젊은이들에게 건넸다. 몹시 긴장했던 터라 둘은 술을 입에 대는 시늉만 했다. 반잠수정은 4시간쯤 물결을 헤치고 달려 새벽녘에 황해도 해주에 도착했다. 해안가에는 북한 사회문화부 간부 여러 명이 마중 나와 있었다.

한밤중에 몰래 반잠수정을 타고 월북한 두 젊은이는 '강철서신' 저자 김영환과 최초의 NL 학생조직인 구학련 핵심이었던 조유식(서울대 정치학과 83학번)이다. 남한 학생운동권 인사가 자발적으로 휴전선을 넘어 평양을 방문한 것은 처음 있는 일이었다. 조유식은 김영환에게서 "함께 평양을 방문하지 않겠느냐"는 제안을 받고 받아들인 과정을 이렇게 설명했다.

"1986년 봄 구학련을 결성한 뒤 선배 소개로 김영환 씨를 처음 만났다. 김씨는 자신을 '노동자'라고 소개했다. NL운동, 특히 통일운동에 관해 얘기를 나누었고 이런저런 지시도 받았다. 구학련이 깨지면서 경찰에 붙잡혔을 때 김영환 씨에 관한 내용은 불지 않았다. 그걸 보고 내가 믿을 만하다고 판단했던 거 같다. 구속됐다 나와서 노동운동권에서 일할 때 다시 연락이 왔다. '북한에 가려는데 연락책이 필요하다. 연락책으로 같이 가지 않겠느냐'는 것이었다. 고민했지만, 구학련 활동을 할 때 쌓은 신뢰가 있어 '같이 가겠다'고 했다."

김영환은 그때 이미 북한 조선노동당에 가입한 당원이었다. 또한 남한의 자생적 NL 조직인 반제청년동맹(반청) 중앙위원을 맡고 있었다. 반청은 김영환이 1992년 결성하는 '민혁당'의 모태가 된 전위조직이었다. 김영환이 강철서신 사건으로 구속되어 있을 때 그의 대학 동기이자 서클 친구인 하영옥이 주도해서 만들었다. 김영환의 이야기다. "(강철서신 사건으로 구속되었다 출소해서 한두 달쯤 지난) 1988년 말에 하영옥이 나를 찾아왔다. 내가 감옥에 있는 동안 새로운 조직을 준비하고 있었으니 가입하라는 것이었다. 그때 반제청년동맹은 '준비위' 단계였다. 준비위원은 5명이었다. 하영옥과 나중에 통합진보당 사건 주역이 되는 이석기 씨(한국외국어대 중국어과 82학번), 그리고 나와 하영옥이 모두 잘 아는 서울대 후배 3명이었다. (1989년 3월) 반제청년동맹이 정식 출범할 때 5명의 준비위원이 중앙위원이 됐다. 그런데 이석기 씨는 '중앙위원이 되지 않겠다'며 스스로 중앙위원직을 나한테 양보했다. 내가 NL 이론을 정립하고 전파하는 데 핵심적인 역할을 했다는 걸 고려한 것 같았다. 중앙위원이 뭐 대단한 감투는 아니지만, 운동을 하는 활동가들에겐 아주 명예로운 자리임엔 분명했다.

그걸 보면서 그때는 '이석기 씨가 꽤 순수한 사람이구나' 하는 생각을 했다."

하영옥의 이야기는 비슷하면서 좀 다르다. 김영환을 반청에 가입시킬지를 놓고 고민을 많이 했지만 "운동의 분열을 막기 위해서" 불러들이고 중앙위원직까지 내주었다고 말했다. "김영환이 주도해 만든 구학련은 당시 상황이나 수준에 걸맞지 않는 조직이었다. 그래서 불과 몇 개월 만에 와해된 것이다. 김영환은 내용보다 형식을 중요시했기에 (전위조직엔 생명과 같은) '보안'에 취약하다고 생각했다. 그렇지만 그를 제외하면 더 큰 문제가 생긴다고 판단했다. 어쨌든 김영환은 강철서신으로 (운동권에) 광범위한 영향력을 갖고 있었다. 자칫 잘못하면 (NL 전위조직이) 두 개로 쪼개질지 모른다고 봤다. 그래서 김영환에게 가입을 제안했던 것인데, (나중에 민혁당 해산과 김영환의 전향까지 본다면) 결국 내 판단이 잘못됐던 셈이다."

조선노동당 입당

반청은 1989년 4월 15일, 김일성 북한 주석의 생일을 축하하는 유인물을 대학가에 배포하면서 그 존재를 세상에 알렸다. 북한도 남한 언론에 보도된 반청의 활동을 알고 있었다. 북한은 강철서신이 처음 나온 1986년 무렵부터 남한 운동권의 움직임을 주의 깊게 지켜보고 있었다. 1989년 7월에 북한 사회문화부 소속 공작원 윤택림(가명)이 김영환에게 접촉해왔다. 윤택림은 그 무렵 북한에서 '전설적인 공작원'으로 통했다고 한다. 1995년 충남 부여에서 군경과 총격전을 벌이다 체포된 뒤 전향한 북한 공작원 김동식의 이야기다. "윤택림은 한때 남한에 5개의 망을 한꺼번에 운영했다고 자랑했다. 서울대 고영복 교수 사건과 서울지하철공사 심○○ 씨 사건은 과거의 선을 복원하는 과정에서 터진 것이고, 3개는 새로 만들었다고 했다. 그중 하나가 김영환 씨였다. 윤택림이 북한에 돌아온 뒤 그의 활동 성과를 자료로 만들어 모든 공작원이 돌려봤다."

윤택림과의 만남을 김영환은 이렇게 기억했다. "그해 7월쯤 집에 있는데, 전화가 왔다. 무슨 연구소 연구원이라 소개하면서 '지금 집 앞인데 잠깐 만날 수 있겠느냐'는 것이었다. 당시 운동권 사람들은 대개 가명이나 위장된 직함을 사용했기에 큰 의심 없이 나갔다. 풍채 좋은 40대 중반 남성이었다. 잠시 같이 걷자고 하더니 느닷없이 '북에서 온 연락대표입니다'라고 자신을 소개했다. 나는 안기부의 역공작일 수 있겠다 의심했다. 그러자 윤택림은 '며칠 후 밤 12시에 내가 말하는 내용이 라디오의 평양방송에 나올 것이니 들어보라'고 말했다. 어릴 적 텔레비전 간첩수사 드라마에서 많이 봤던 것처럼 '평양의 ○○○ 씨가 서울의 ○○○ 씨에게 보내기로 한 편지는 오늘 읽어드리지 않겠습니다'라는 내용이었다. 며칠 뒤 평양방송에서 그 내용이 정말로 나오는 것을 확인했다. 다음 날 윤택림을 다시 만났다. 혼자서 주체사상을 공부하고 NL 이론을 정립하면서 언젠가는 북한 공작원과 만나리라는 예상은 하고 있었다. 그래서 좀 어리둥절했지만 예상보다 시기가 빨리 왔을 뿐이라고 생각했다."

윤택림과 몇 번 만난 뒤 김영환은 관악산에 올라가 조선노동당 입당식을 가졌다. '관악산 1호'라는 대호代號를 받았다. 김영환의 조선노동당 입당은 반청과 그 후신인 민혁당의 진로에 적지 않은 영향을 끼치게 된다. 반청은 하영옥이 주도하여 만든 조직이었다. 의리 있고 정이 많은 하영옥에 대한 조직원들의 신뢰는 두터웠다. 김영환은 나중에야 반청에 합류했기에 조직 내부에서 영향력이 그리 크지 않았다. 대신 그에게는 '북한 조선노동당원'이란 절대 권위가 있었다. 권위와 실제 세력분포의 괴리가 민혁당을 내부에서 흔드는 요인이 되었다.

윤택림은 김영환에게 "언제 북한을 방문해 직접 눈으로 한번 확인해보라"고 제안했다. 북한 내부사정이 궁금했던 김영환도 "그러자"고 했다. 이 약속은 2년 뒤인 1991년 5월, 김영환과 조유식이 강화도에서 반잠수정에 탑승함으로써 현실화했다.

김영환과 조유식은 북한에 17일간 머물렀다. 북한 당

국은 두 사람이 원하는 것을 거의 다 들어주었다. 누구를 만나고 싶다고 하면 만남을 주선하고, 어디 가고 싶다고 하면 그곳에 데려갔다. 김정일이 보냈다는 산삼도 먹었다. 심지어 "이왕 온 김에 백두산과 금강산도 보고 가시라"고 권했지만 두 사람이 "놀러온 게 아니다"며 거절했다. 특별 대우였다. 그러나 17일간의 평양 방문은 오히려 북한에 대한 불신의 싹을 틔웠다고 두 사람은 말했다. 6년 뒤 공식 전향을 하게 되는 씨앗이 바로 평양 방문이었다는 뜻이다.

조유식은 20년이 지난 지금까지도 또렷이 기억나는 인상적인 장면 둘을 말했다. "먼동이 틀 무렵 황해도 해주 해안가에 내려서 승용차로 시내로 들어가는데 유리창이 깨지고 버려진 것 같은 건물들이 차창 밖으로 보였다. 내가 '폐공장인가 봐요'라고 말했더니 동승한 연락원이 '아닙니다, 아파트입니다'라고 대답했다. 깜짝 놀랐다. 남한보다 못살 거라는 건 익히 짐작했지만, 마치 영화에 나오는 폐허의 도시를 보는 듯한 그로테스크한 풍경이었다. 충격이었다. 또 한번은 주체사상탑을 갔는데, 탑으로 올라가는 계단 통로에 붉은 카펫이 깔려 있었다. 나는 아무 생각 없이 카펫 바깥으로 걸어 올라갔는데, 그걸 본 관리인이 제 길로 안 갔다고 화를 내며 나에게 욕을 했다. 물론 내가 남쪽에서 온 '손님'이란 건 모르고 한 행동이었다. 하지만 그게 더 문제 아닌가. 굉장히 관료적이라는 느낌을 강하게 받았다."

1992년에 찍은 평양 대동강변의 주체사상탑 전경. 1991년 김영환과 함께 방북한 조유식은 주체사상탑으로 올라갈 때 붉은 카펫 바깥으로 걸어갔다가 관리인에게 심한 욕을 들었다. 그때 북한 사회가 매우 관료적이라는 점에 실망했다.

김영환 역시 실망스러웠다고 말했다. "1989년 소련과 동유럽 사회주의권이 붕괴하는 걸 보고 큰 충격을 받았다. 그때 이미 (내 이념을) 재검토해야 한다는 생각을 했다. 새로운 패러다임이 필요하다고 생각했고, 그게 주체사상일 수 있다고 판단했다. 사실 1991년 북한에 갈 때 뭔가 큰 기대를 한 건 아니었다. 북한 사회, 북한 체제에 대한 회의는 그 이전부터 했다. 그래도 김일성 주석은 뭔가 새로운 구상을 갖고 있을 거란 기대를 했는데……, 그게 깨졌다."

집단 전향의 계기

김영환은 묘향산 별장에서 김일성 주석을 두 차례 면담했다. 이는 북한이 김영환에게 얼마나 큰 기대를 가졌는지를 상징적으로 보여준다. 1999년 국정원의 민혁당 수사 때 김영환이 진술한 내용을 보면, 그와 김일성 주석의 면담은 대체로 이랬다.

방북 8~9일째인 1991년 5월 24~25일 아침에 대남공작기구인 사회문화부 부장(이창선)과 함께 승용차를 타고 가서 묘향산 별장에서 김일성을 만났다. 첫날은 별 이야기 없이 인사만 했고, 다음 날에도 똑같은 방식으로 만났다. 오찬 자리에는 사회문화부 부장과 과장이 배석했다. 조유식은 그 자리에 부르지 않았다. 김영환의 '연락책' 조유식은 그때 모란봉초대소에서 윤택림의 지도 아래 통신교육을 받고 있었다. 김일성은 "묘향산 별장에서 쉬는 중이지만 남조선에서 주체사상을 전파하는 김 선생이 와서 특별히 만나준 것"이라고 했다. 김일성은 남한 혁명과 주체사상의 중요성을 강조했다. 또 "'강철 시리즈'라는 김 선생이 쓴 글을 봤다. 내가 눈이 나빠 글자를 확대해 봤는데 참 훌륭한 글이었다. 특히 반미 투쟁과 관련한 글을 관심 있게 읽었다"고 치하했다. 김영환은 주로 훈시를 듣는 입장이었고 마지막에 "수령님의 뜻을 받들어 남한에서 조직 활동을 열심히 하겠다"고 말했다.

김영환은 주체사상연구소 학자들과 두 차례 주체사상에 관해 토론을 벌였지만 만족스럽지 못했다. "김일성 주석은 주체사상을 잘 모르는 거 같았고, 학자들은 수령의 무오류성 등에 관한 질문에는 아예 입을 닫아 버렸다. 주체사상에 기대를 걸었던 나는 아주 실망했다." 그는 북한에 갔다 온 직후 반청 지도부 몇몇에게 방북 사실을 알리면서 이런 심경을 토로했다.

몇 년 뒤 김영환을 비롯한 일단의 'NL 주사파 집단 전향'에 김영환 방북이 중요한 계기가 되었다는 점은 아이러니컬하고 쉽게 이해되지 않는다. 그때만 하더라도 북한을 방문하는 것은 목숨을 거는 일이었다. 남북을 몰래 왕래하는 반잠수정이나 공작선이 군·경의 감시망에 걸려 격침된 사례가 적지 않았다. 설령 무사히 돌아오더라도 방북 사실이 드러나면 '간첩'으로 낙인찍혀 사형 또는 무기징역형을 받던 시절이었다. 그런 위험을 무릅쓰고 '남한 혁명'을 위해 북한에 간 젊은 이가 불과 며칠간의 경험으로 생각을 바꿀 수 있었을까?

평양을 방문한 뒤 북한에 실망한 사람은 김영환이나 조유식만이 아니다. 경제적으로 낙후한 것은 문제가 아니었다. 남에서 간 많은 이는 오히려 북한 체제의 경직성과 관료주의, 냉철하지 못한 현실 인식에 놀랐다고 말했다. 중부지역당 총책인 황인오가 그랬고, 전대협과 한총련 대표로 방북했던 학생 가운데 여럿이 그런 이야기를 했다. 하지만, 남한 학생운동권에 주체사상을 처음 퍼뜨렸고 '의리'와 '품성'을 강조해 운동권 흐름을 바꾼 사람이 그렇게 쉽게 신념이 흔들렸다고 말하는 건 또 다른 문제다.

대학 시절부터 김영환을 잘 아는 인사는 이런 일화를 소개했다. "대학 2학년인가 3학년 때(1983년 또는 1984년)의 일이다. 법대 신입생 환영회였는데, 영환이가 북한 노래를 불렀다. 신입생들 있는 자리에서 그런 노래를 부르니 다들 좀 황당해했다. 자기중심적이고 사람들과 교감 능력이 부족하다는 느낌을 받았다. 방북도 그런 사례가 아닐까 싶다. 영환이 성격으론 북한 관리들을 만나서 직설적으로 질문하고 비판도 했을 것이다. 영환이는 북한에 실망했다지만, 북한 관리들도 그런 영환이를 보고 당황했을 것이다. 그러나 김일성 주석을 만난 사람이니 북한 관리들이 김영환의 권위를 부정할 수는 없었을 테고……. 이런 미묘한 불신과 갈등이 민혁당 활동에서 켜켜이 쌓여간 게 아닐까 싶다."

　　　　김영환은 남한 학생운동권 출신으로는 처음 월북해 북한과 함께하는 혁명을 꿈꾸다, 지금은 북한 정권 타도를 위한 민간운동의 최전선에서 일하고 있다. 급변하는 시대의 흐름 속에서 무엇이 이념과 신념을 정반대의 방향으로 바꾸어버렸는지 그는 기억하고 있을까? 어쩌면 그 자신도 잊어버렸을지 모른다.

2

시대착오적인 전위조직
민혁당 (2)

'사람 중심' 민혁당 강령

김영환이 북한을 방문하고 돌아온 이듬해인 1992년 3월 16일. 서울대 구내에서 민족민주혁명당(민혁당)이 정식 발족했다. 김영환, 하영옥, 두 사람의 서울대 법대 후배인 박○○ 등 3명으로 지도부인 중앙위원회를 꾸렸다. 중앙위원장은 김영환이 맡았다. 평양에서 김일성 주석을 면담하고 현지 입당식까지 했으니, 북한 노동당 지도를 받는 민혁당의 총책이 되는 건 당연했다(김영환은 1989년 7월 남파 공작원 윤택림을 만나 관악산에서 노동당 입당을 했지만 1991년 5월 평양에서 다시 한 번 성대한 입당식을 치렀다). 민혁당은 반청이란 기존 조직을 당黨 형태로 전환한 것이었다. 반청을 해소하고 민혁당을 창당한 이유를 김영환은 이렇게 설명했다.

"반제청년동맹을 만들 때만 해도 남한의 전위당은 한국민족민주전선(한민전)■이라는 인식이 일반적이었다. (통혁당 후신인) 한민전이 실제로 존재한다고 생각했고, 그런 상황에서 당 이름을 쓴다는 건 주제넘은 일이라고 봤다. 윤택림과 만나고 나서 한민전이 실체가 없고 북한에서 임의로 만든 조직이란 사실을 알게 됐다. 한민전이 실재하지 않는 이상 남한에 전위당을 하나 만들어야겠다고 생각했다. 윤택림도 이런 주장에 반대하지 않았다."

민혁당은 '민족해방 민중민주주의 혁명론NL-PDR'에 입각한 첫 전위당이었다. '노동자·농민·인텔리·학생·도시소시민·소자본가들을 동력으로 하여 반미 자주화와 반파쇼 민주화를 투쟁 노선으로 한다'고 명시했다. 당 강령에서는 주체사상을 지도이념으로 한다는 점을 분명히 했다. 민혁당 강령은 이랬다.

- 한국 민중의 권익을 옹호하고 대변하는 민족민주혁명당은 인간 중심의 주체사상을 지도사상으로 한다.

■ 1968년 통일혁명당(통혁당)이 와해된 뒤 남한에서 만들어졌다고 북한이 주장한 지하 전위조직. 1985년부터 '한국민족민주전선(한민전)'이라는 이름을 썼다. 북한에서 송출했던 '구국의 소리' 방송은 한민전의 선전방송이다. 1980~1990년대 남한 운동권에서는 한민전의 존재 여부를 놓고 논란이 분분했다.

- 우리는 당면해서 민족자주권을 쟁취하고, 민주주의를 실현하며, 조국을 평화적으로 통일한다.
- 우리는 궁극적으로 사람들 사이에 사랑이 넘쳐나는 완전히 자주화된 사회를 건설한다.

지도이념과 최종 목표를 강령에 담은 건데 '사랑'이나 '사람'을 강조한 게 특이했다. 북한 주체사상이 마르크스-레닌주의와 다른 게 '사람 중심'이라는, 당시 NL 진영에 넓게 퍼진 주체사상 인식과 관련이 있었다. 또한 김영환 개인의 주체사상 이해와도 깊은 연관이 있었다. 그 무렵 NL 계열 노동운동을 했던 어느 인사의 이야기는 그런 점에서 의미심장하다. "1991년인가 1992년쯤이었다. 대학 후배가 '강철서신 저자인 김영환 씨와 한번 모임을 갖자'는 연락을 해왔다. 모임에 나가 보니 반미청년회 회장을 지낸 조혁 씨도 와 있고, 수도권의 NL계 노동운동 활동가 몇 명도 와 있었다. 그땐 민혁당이 존재하는지조차 모를 때였다. 김영환 씨가 주체사상을 얘기하는데 자꾸 '인본주의'를 강조하더라. 인본주의가 좋은 말이긴 하지만 지금 당장 변혁운동을 하는데 그걸 너무 강조하는 게 좀 이상했다. 그 뒤로는 김영환 씨를 만난 적이 없다. 나중에 생각해보니, 김영환 씨는 이미 그때부터 전향 준비를 했던 게 아닌가 싶다. '주체사상 근본은 인본주의인데 북한의 주체사상은 거기서 벗어나고 있다'는 걸 강조하고 싶었던 것 같다."

민혁당 정식 당원은 100명 정도였다. 준당원에 해당하는 17개의 RO Revolutionary Organization(혁명 소조) 조직원까지 포함하면 전체 규모가 400명에 달했다. RO에서 2년 이상 활동 경험이 있는 사람만 정식 민혁당원이 될 수 있었다. 유일한 예외는 반청으로, 반청에서 1년 이상 활동했던 사람에게는 곧바로 당원 가입자격을 주었다. 구학련 같은 초기 NL 조직과 비교하면 훨씬 체계화하고 엄격한 당원 선발규정을 둔 셈이었다. 민혁당은 해방 이후 남한에서 결성된, 북한과 연결된 가장 큰 규모의 자생적 지하당이었다. 그 이전에도 통혁당(통일혁명당)이나 남민전(남조선민족해방전선 준비위원회) 같은 전위조직이 있었지만 규모와 활동 범위가 민혁당에 비하면 매우 제한적이었다.

민혁당은 중앙위원회 산하에 3개 지역위원회를 두었다. 경기남부위원회와 영남위원회, 전북위원회였다. 경기남부위원회는 초기에는 성남에 국한했으나 점차 용인, 광주, 수원, 안양으로 활동 반경을 넓혔다. 경기남부위원회 책임자는 2012년 통진당 부정경선 파동의 핵심으로 떠오른 이석기였다. 영남위원회는 울산과 부산과 마산창원 지역을, 전북위원회는 전북을 중심으로 호남 전체를 포괄했다. 호남의 중심은 광주인데 굳이 전북위원회를 둔 까닭은 광주에서는 민혁당 세가 약했기 때문이다. 3개 지역위원회 중 경기남부위원회와 영남위원회는 하영옥 중앙위원의 지도 아래 있었다. 총책인 김영환이 직접 관할한 건 규모가 가장 작은 전북위원회뿐이었다. 이는 민혁당의 공식 위계질서와 내부 역학관계의 괴리를 상징적으로 드러냈다. 중앙위원장은 김영환이었지만 조직 내부에서 가장 광범위한 지지와 영향력을 지닌 사람은 하영옥이었다.

전위당 노선의 성과와 한계

민혁당이 창당한 1992년은 전대협을 중심으로 학생운동 영향력이 최고조에 달했던 시기다. 그러나 NL 노선에 입각한 남한 최대 전위조직이라는 민혁당의 학생운동 영향력은 그리 크지 못했다. 경기동·남부 지역의 몇몇 대학과 전북 학생운동권만 민혁당 영향력 아래 있었다. 두 지역 모두 전대협의 핵심 기반은 아니었다. 전대협 주축은 누가 뭐래도 서울과 광주전남 지역이었다.

민혁당이 전대협 핵심에 접근하지 못한 데에는 크게 두 가지 이유가 있었다. 하나는 민혁당 스스로 학생운동권과 깊은 연계를 맺는 것을 꺼렸다는 점이다. 학생운동은 한국 사회운동의 주축이고 정치·사회적 영향력이 매우 컸기에, 공안 당국의 집중 감시 대상이었다. 안기부와 검찰, 경찰은 학생운동권 정보를 수집하고 총학생회 간부들을 검거하는 데 총력을 기울였다. 민혁당은 학생운동에 깊숙이 개입하면 조직 보안에 치명적일 수 있다고 우려했다. 김영환은 "학생들은 4학년을 마치면 졸업을 하니까 매년 학생운동 주도세력이 바뀐다. 안정적으로 조직을 이어가기가 힘들다고 봤다"고 말했다.

더 큰 이유는 서울과 광주전남 학생운동을 지도할 정도의 조직적 역량을 민혁당이 갖추지 못했다는 데 있었다. 학생운동의 특징 중 하나가 선후배 간 인적 연결에 의해서 리더십과 전통을 계승한다는 점이다. 민혁당은 서울대 운동권 출신이 주축이 되어 만든 조직이었다. 그러나 1990년대 초반에 학생운동 주도권은 이미 서울대나 연·고대를 벗어나 한양대, 경희대, 한국외국어대, 전남대, 부산대 등 전국의 국립·사립 대학들로 넘어가 있었다. 자연히 민혁당이 전대협 핵심부에 다가서는 것은 쉽지 않았다. 그나마 경기동·남부 지역과 전북 지역 학생운동권에 영향력을 가질 수 있던 건 한국외국어대 출신인 이석기와, 민혁당원으로 전북에 영향력이 있던 한○○(전북 출신 서울대 83학번)·김○○(전북대)·유○○(전북대)의 공이 컸다. 1994년 전북대 총학생회장을 지낸 허현준(박근혜 정부 청와대 선임행정관)도 정식 당원은 아니었지만 민혁당 외곽의 학생조직에서 일했다.

민혁당은 학생운동권 밖의 재야운동단체에서 훨씬 큰 영향력을 발휘했다. 전민련 통일위원회에서 홍진표가 활동했고, 청년운동 쪽에서도 김○○, 박○○ 등 민혁당원 또는 준당원 다수가 활동했다. 민혁당 실체는 드러나지 않았지만 "어떤 NL 그룹이 상당히 조직적이고 광범위하게 활동하고 있다"는 것을 재야단체의 많은 이가 느낄 수 있었다.

민혁당은 북한이 인정한 남한의 가장 큰 전위조직이었지만, 1960년대 통혁당 같은 지위와 권위를 인정받지는 못했다. 북한은 1990년대에 민혁당 외에도 여러 개의 지하당을 남한에 건설하려 애를 썼다. 이런 지하당을 중심으로 '남한 혁명'을 이끌어낼 수 있다고 보았다. 그러나 1990년대 한국은 이미 전위조직(지하당)을 주축으로 한 비합법 혁명운동이 불가능한 사회였다. 볼셰비키 혁명의 결과물인 소비에트연방(소련)이 무너진 마당에 1900년대 초반 러시아나 1920~1930년대 중국에서와 같은 지하당 방식의 운동이 통할 수는 없었다. 그런 점에서 민혁당은 지하당 노선의 최대 성과이자 분명한 한계였다. 조국(서울대 법학전문대학원 교수)의 말이다. "1990년대에 이미 '혁명의 시대'가 지나고 '개량의 시대'에 들어섰음을 진보 진영이 냉철하게 인식해야 했다. 더구나 (봉건적 성격의) 북한 정권을 추종하는 전위조직은 훨씬 시대착오적인 것이었다."

하지만 남한에 자생적인 'NL 주사파'가 존재한다는 사실은 북한의 각 부서가 경쟁적으로 지하당 사업에 몰두하게 했다. 때로는 북한과 선이 닿은 남한의 서로 다른 NL 조직이 세력 확장을 위해 상대방 조직원을 포섭하려다 문제가 발생하기도 했다.

　　　　민혁당이 정식 발족을 모색할 무렵이었다. "다른 지하조직에서 우리 조직원을 포섭하려 시도하고 있다"는 보고가 중앙위원회로 올라왔다. 김영환이 북한에 전문을 보내 "어떻게 된 일이냐"고 물었더니, "조직 간에 혼선이 있었다"는 답변이 내려왔다. 그제야 남한에 민혁당 말고도 지하당이 존재한다는 것을 알게 된 그는 활동 범위를 정리해 달라고 요청했다. 결국 민혁당이 서울·경기와 영남과 전북 지역을 관할하고, 또 다른 조직은 충청과 강원 지역을 맡기로 했다. 김영환은 "1992년 10월 중부지역당 사건이 터진 뒤에야 우리 쪽에 접근했던 조직이 중부지역당임을 알았다"고 말했다.

　　　　이런 혼선은 내부 조정을 통해 해결되었지만, 민혁당 운명에 훨씬 심각한 영향을 끼친 사건도 있었다. 1992년 무렵 민혁당 영남위원회 산하 울산위원회에서 활동하던 조직원 김경환(당시 『말』 기자, 한국외국어대 영어학과 83학번)으로부터 보고가 올라왔다. 누군가 자신을 포섭하려 한다는 것이었다. 내용은 이랬다.

　　　　김경환의 학교 후배인 ㄱ씨가 강남의 말레이시아 식당 '샤데리아'에서 아르바이트를 하는데, 식당 주인이 학생운동에 관심이 많다면서 "김경환 씨를 한번 만나고 싶다"는 뜻을 전해왔다. 식당 주인은 말레이시아 출신 진운방(가명) 부부였다. 그렇게 만난 김경환과 진운방은 금세 친해졌다. 진운방은

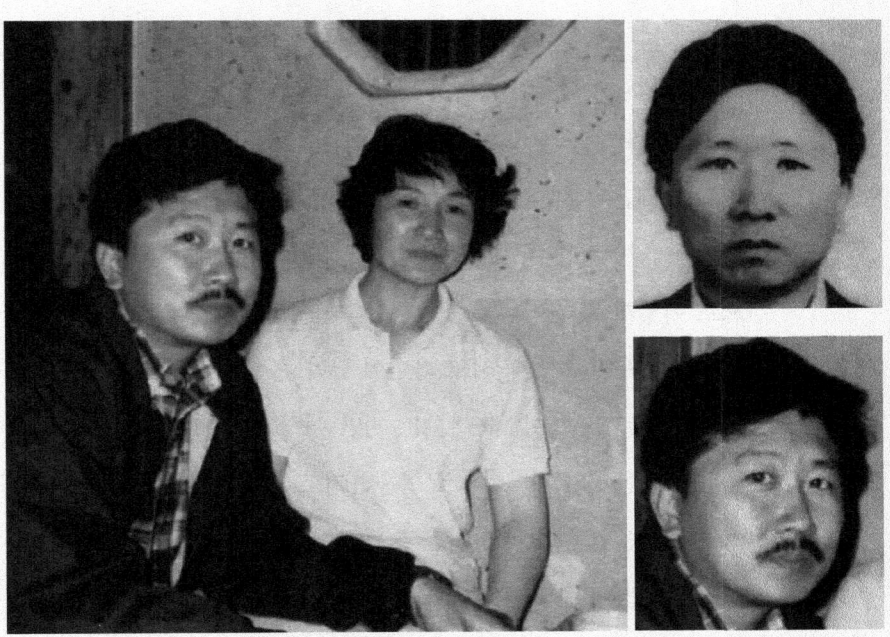
말레이시아인으로 위장하여 남한에서 활동하던 간첩 진운방(가명) 부부의 모습. 북한 공작원 진운방이 뜻하지 않게 민혁당원 김경환과 연결된 건, 나중에 민혁당이 와해되는 과정에서 매우 중요한 모티브를 제공한다.

5개 국어에 능숙하고 박학다식한 인텔리였다. 자신보다 나이 어린 김경환에게 단 한 번도 하대를 한 적이 없을 정도로 성품이 좋았다. 김경환은 진운방의 아내와 어린 딸 경주와도 친하게 지냈다. 사이가 가까워지자 진운방은 김경환을 포섭하려고 시도했다. 김경환은 즉각 이 사실을 민혁당 상부에 보고했다. '어떤 말레이시아인이 자꾸 나한테 접근하는데, 아무래도 북한 쪽 사람인 것 같다.' 북한 공작원으로 추정되는 사람이 조직원에 접근해온 것은 처음 있는 일이라 민혁당 지도부는 당황했다. 김영환은 당시 상황을 이렇게 말했다. "북한에 무전으로 어떻게 된 일이냐고 물었더니, '진운방은 윤택림과 같은 사회문화부 소속인데 서로 라인이 달라 혼선이 빚어졌다'는 답변이 왔다." 어이없는 일이었지만 이왕 이렇게 된 이상 진운방을 북한과의 연락선으로 활용하기로 교통정리를 했다. 김영환과 진운방 사이의 연락은 김경환이 맡기로 했다. 북한 공작원 진운방이 뜻하지 않게 민혁당원 김경환과 연결된 건, 나중에 민혁당이 와해되는 과정에서 매우 중요한 모티브를 제공한다.

간첩 진운방의 최후

진운방은 말레이시아인으로 위장해 강남에서 식당을

성공적으로 운영했다. 그러다 1992년 10월 중부지역당 사건이 터지자 신분 노출을 우려해 아내와 딸을 데리고 황급히 평양으로 돌아갔다. 그런 진운방이 1998년 10월에 다시 서울에 나타났다. 김영환의 전향으로 민혁당이 사실상 와해 상태에 이르자 이를 점검하고 연락선을 복원하기 위해서였다.

진운방은 가장 먼저 김경환을 찾아갔다. 김영환을 따라 전향을 결심하고 조직에서 손을 뗀 상태였던 김경환은 깜짝 놀랐지만 진운방을 신고하지는 않았다. "인간적으로 가까운 사이였고, 그의 아내와 딸이 북한에 있는데 차마 신고할 수 없었다." 풍채 좋던 모습은 어디 가고 진운방의 얼굴은 깡말라 있었다. 위암 말기라고 했다. 진운방은 "상황을 정확히 알고 선을 복원해야 하니 김영환 씨를 연결시켜 달라"고 요청했다. 김경환은 "민혁당은 이미 해산한 게 맞으니 그냥 돌아가라. 그리고 이젠 지하당 사업을 중단하고 남북 간 합법적 교류를 하는 게 낫겠다"는 취지로 이야기했다. 당시 김영환은 중국에 체류 중이었다. 거듭된 진운방의 요청에 김경환은 김영환 대신 하영옥을 연결시켜주었다. 그렇게 하영옥을 만나고 진운방이 북한으로 돌아가겠다고 하자, 김경환은 백화점에서 어린이시계·털장갑·귀마개를 사서 "경주에게 갖다 주라"며 진운방에게 선물했다. 진운방은 1998년 12월 18일 밤 여수 바닷가에서 반잠수정에 몸을 실었다. 그를 태운 반잠수정은 해안을 빠져나가다 우리 군의 경계망에 걸렸고, 밤새 추격

전 끝에 거제도 부근에서 격침되었다.

이듬해인 1999년 봄에 반잠수정이 인양되었다. 그 안에서 진운방의 시신과 함께 김경환이 선물한 털장갑과 귀마개가 발견되었다. 그뿐이 아니었다. 진운방이 접촉하거나 접촉하려 했던 12명의 이름과 전화번호가 적힌 수첩이 비닐에 싸인 채 노출되었다. 이 수첩은 민혁당 조직을 고스란히 국정원 손에 넘겨준 꼴이 되었다. 김영환이 북한과 연결되어 있다는 건 국정원도 파악하고 있었다. 하지만 김영환이 방북해서 김일성 주석을 만난 사실이나 민혁당이 얼마나 방대한 조직인지는 미처 알지 못했다.

국정원은 본격적인 수사에 들어가 그해 9월 '민족민주혁명당 사건' 수사 결과를 공식 발표했다. 총책 김영환은 국정원 수사에 적극 협조하고 전향서를 썼기에, 몰래 방북해서 김일성 주석을 만났음에도 공소 보류로 풀려났다. 중앙위원 박○○ 역시 전향서를 제출하고 풀려나 지금은 변호사로 활동하고 있다. 반면에 하영옥은 전향서 제출을 거부하고 끝까지 신념을 고수하다 징역 8년형을 선고받았다. 그는 2003년 4월 특별사면으로 석방되었다. 김경환은 남파 공작원 진운방을 신고하지 않았다는 이유로 징역 4년 6개월을 선고받고 복역하다 역시 2003년 4월에 석방되었다. 경기남부위원장 이석기는 3년 가까이 도피생활을 하다가 2002년 5월 체포되어 2심에서 징역 2년 6개월을 선고받았다.

3

변절과 모색 사이
민혁당 (3)

「세상이 바뀌면 시대정신도 바뀌어야 한다」

1996년 봄, 청년운동 단체 '민주화운동청년연합(민청련)' 기관지인 『자주의 길』 2호(1996년 3월)에 김영환의 기고가 실렸다. 「세상이 바뀌면 시대정신도 바뀌어야 한다」는 글이었다. 그때 김영환은 남한 운동권에 NL 사조를 퍼뜨린 사람으로 주목을 받고 있었다. 시대가 변했고 사람들의 요구수준이 변했으니, 사회운동이나 정치운동도 더 이상 과거의 전선을 고집해서는 안 된다는 내용이었다. 1993년 김영삼 정부 출범 이후 어느 정도 민주화가 이루어지고 경제적으로는 개혁·개방이 진전되는 시절이었다. 학생운동을 주축으로 한 한국 사회운동은 1991년 강경대 사망사건을 정점으로 퇴조의 길을 걸었다. 시대상황이 변한 만큼 운동도 바뀌어야 한다는 것은 어쩌면 당연한 말이었다. 그런데 주장하는 내용이 좀 묘했다.

우선, 진보 진영이 '한국 사회 변혁운동의 주적'으로 상정했던 박정희 전 대통령과 국가보안법에 대해 미묘하지만 중요한 인식의 변화를 드러냈다. "마르크스와 박정희 사이에 매우 중요한 유사점이 한 가지 있다는 것을 느꼈는데, 그것은 생산력의 발전을 사회발전의 가장 중요한 변수로 보았던 점이다." 두 사람 모두 절대빈곤의 극복을 추구했다는 점에서 비슷하다는 뜻이었다. '박정희식 근대화'에 대한 평가는 여전히 엇갈린다. 그런데 1990년대 중반에 운동권 내부에서 긍정적 평가를 내렸다는 것은 매우 논쟁적인 일이었다. 또 하나 눈에 띄는 것은 국가보안법에 대한 인식이었다. 김영환은 "정치적 권리의 제약이 대중에게 절실한 문제로 다가오던 시절이 완전히 지난 것은 아니지만 이제는 그것만이 대중의 중요한 요구가 아니다"라고 주장했다. 그러면서 '일반 시민들은 이제 국가보안법을 피부로 못 느끼고 살지 않은가'라고 반문했다. 사상의 자유를 부정하는 국가보안법을 옹호하는 것은 진보 진영에서 있을 수 없는 일이었다.

이것만 보면 김영환의 생각이 달라졌다고 의심할 수 있다. 그런데 김영환은 주체사상의 핵심인 '사람'의 중요성 역시 강조했다. "인류의 본질적인 요구, 본질적인 과제는 사람이 혹은 대중이 진정한 주인이 되는 것이다.……시대가 변했고 사람들의 요구수준도 과거와는 비할 수 없이 높아졌으며……이에 따라 우리는 새로운 진용을 짜야 하며 새로운 깃발을 내걸고 사람들을 모아야 한다." 정말 묘했다. 운동 대열에서 이탈한 건지 아니면 새로운 운동을 주창하는 건지 아리송했다. '강철서신'의 후광이 여전히 김영환의 명성을 보증하던 때였다.

이 모호함을 깬 것은 김영환과 함께 민혁당에서 활동하던 정대연(당시 민주주의민족통일울산연합 집행위원장)의 공개반박이었다. 울산에서 노동운동을 하던 정대연은 『자주의 길』다음 호에 「세상은 바뀌어도 원칙은 바뀌지 않는다」라는 반박문을 실었다. 이를 계기로 김영환의 주장이 단순한 운동방식의 변화가 아닌, 'NL 노선과의 결별'이라는 사실이 비로소 대중에게 알려졌다. 정대연은 정치적 권리의 제약이 대중의 중요한 요구가 아니라는 김영환의 주장을 반박했다. 그는 "김영환 씨 글은 시대적 과제가 계급투쟁 또는 사회변혁운동의 성격을 가지고 있는 것을 간과하고 모든 문제를 '사람의 발전'으로 환원함으로써 변혁운동 진영에 여러 가지 혼란을 불러일으킨다. 과거의 깃발을 내리고 새로운 깃발을 들고 나가야 한다고 주장하며 그간 변혁운동을 이끌어온 세력을 부정하고 있다"고 비판했다.

겉으로 보기에는 '시대 변화에 따른 운동방식의 변화'를 화두로 아카데믹한 논쟁을 벌이는 것 같았다. 김영환과 정대연 두 사람의 글에 주체사상이니 혁명이니 민족해방투쟁이니 전위당이니 하는 표현은 전혀 없었다. 그러나 사실은 이 논쟁이 NL 전위당을 표방하는 민혁당의 내부 갈등과 분열, 전향을 외부로 드러낸 상징적 사건이었다. 2000년대 들어서 우리 사회에 숱한 논란을 불러온 북한민주화운동이나 뉴라이트 그룹의 태동을 이 논쟁이 반영하고 있었다. 하지만 그 당시에 이것을 알아차린 사람은 거의 없었다. 공안당국 역시 마찬가지였다.

수면 위로 드러난 갈등

김영환은 당시 민혁당을 이끄는 총책(중앙위원장)이었다. 최고지도부의 글을 지역조직의 활동가가 공개 비판하는 것은 규율을 생명으로 하는 전위당에서 있을 수 없는 일이었다. 정대연은 이렇게 말했다. "공개 논쟁을 시작한 직접적인 계기는, 김영환 씨가 NL 활동가들을 대상으로 전향 교육을 하고 다닌다는 사실을 파악한 것이었다. 김영환 씨는 '이제 자주·민주·통일 등 사회 개조를 목적으로 한 가치가 아니라, 사람의 개조 발전이 더 중요한 시대가 됐다'는 주장을 폈다. 계급적·민족적 모순이 여전한 상황에서 더이상 사회 개조 투쟁이 중요하지 않다, 사람의 개조가 중요하다는 주장은 사실상 사회변혁운동을 포기하라는 말과 다름없었다. 김영환 씨가 교묘하고 세련된 논리를 펴는데도 NL 진영 내부에선 '설마' 하며 믿지를 않았다. 그래서 김씨가 『자주의 길』에 「세상이 바뀌면 시대정신도 바뀌어야 한다」는 글을 실은 걸 계기로 공개적으로 반박해야겠다고 마음먹었다. 논쟁은 두 차례로 끝났지만, NL 진영 내부에서 (김영환 씨를 둘러싼) 전면적 사상투쟁이 벌어지는 계기가 됐다."

　　이 논쟁은 민혁당 내부 갈등을 폭발시키는 계기로 작용했다. 김영환은 일개 조직원이 총책인 자신을 공개적으로 반박한 점에 격분했다. 그 배후에 영남 지역을 관할하는 중앙위원 하영옥이 있다고 생각했고, 이를 심각한 해당害黨 행위라고 보았다. 그는 훗날 자서전 『다시 강철로 살아』에서 "엄청난 규율을 요구하고 때로는 목숨까지 걸어야 하는 지하당 분위기와 자유로운 논쟁은 잘 어울리는 조합이 아니다"라고 썼다. 김영환은 하영옥의 제명을 추진했다. '조직을 분열시키고 당 중앙을 모욕하는 심각한 규율 위반을 저질렀다'는 것이 이유였다. 그는 민혁당 중앙위원 3명(김영환, 하영옥, 박○○) 중 나머지 한 사람인 박○○에게 '하영옥을 제명하자'고 요구했다. 박씨는 서울대 법대 83학번으로 김영환, 하영옥 두 사람과 대학 시절부터 잘 알던 사이였다. 박씨는 주저했다. 대학 선배 두 사람이 서로 당을 배신했다면서 싸우는데, 어느 쪽 편을 들기가 어려웠다. 결국 하영옥의 제명은 없던 일이 되었다.

이 사건으로 양쪽은 돌아올 수 없는 다리를 건넜다. '김영환의 변절'을 확신한 하영옥 그룹(다수파)은 별도로 조직을 관리하기 시작했다. 김영환과 그를 따르던 이들(소수파)은 본격적으로 전향을 준비했다. 규율이 생명인 전위당은 내부에서 두 쪽으로 갈라지며 사실상 활동 정지 상태로 치달았다. 다수파에 속했던 한 인사는 김영환을 바라보는 내부 인식을 이렇게 표현했다. "시대정신 논쟁이 있기 전만 해도 김영환 씨가 변혁운동을 완전히 부정하는 입장은 아니었다. 합법 정당을 건설해야 한다거나 범민련을 해소하고 새로운 통일운동체를 건설해야 한다는 식의 합법주의 또는 북한 추종노선 폐기 정도에 머물렀다. 그러나 논쟁을 전후해서 (전향) 움직임이 노골화하는데, 이 무렵 안기부에 포섭됐을 것이라고 본다. 민혁당원들을 감옥에 보내는 대신에 집단 전향시켜 반북 운동의 전위대로 탈바꿈한다는 데 안기부와 김영환 씨 의도가 맞아떨어졌을 것이다. 김씨는 배신자가 아니라 새로운 노선의 주창자로 변신할 수 있고, 안기부는 세련된 반북 전위대를 형성할 수 있으니 윈-윈인 셈이다. 이것이 한국 사회 뉴라이트의 출발점이다."

김영환은 강철서신을 통해 남한 운동권에 NL 사조를 퍼뜨리고 민혁당 건설을 주도했던 사람이다. 그런 그가 이제는 180도 태도를 바꾸어 북한민주화운동에 매진하고 있다. 김영환이 '안기부 프락치'라는 운동권 내부의 의심은 이런 배경에서 비롯했다.

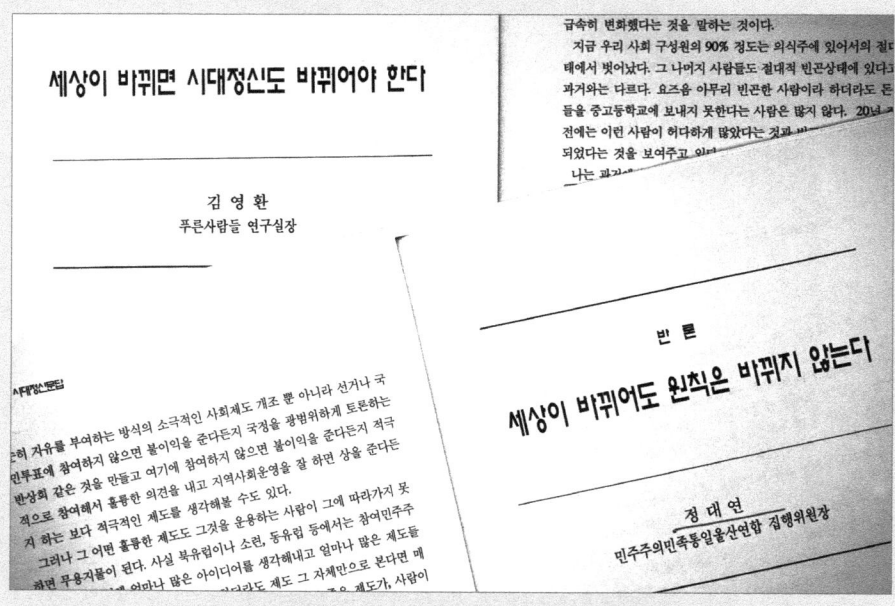

김영환과 정대연의 논쟁은 민혁당 내부 갈등을 폭발시키는 계기로 작용했다. 이를 통해 김영환의 주장이 단순한 운동방식의 변화가 아닌 'NL 노선과의 결별'이라는 사실이 대중에게 알려졌다. ▶사진: 저자 제공

김영환은 안기부 프락치인가?

김영환이 '안기부 프락치'라는 운동권 내부의 의심은 이런 배경에서 비롯했다. 월북해서 김일성 주석을 만났고 전위당인 민혁당 건설을 주도한 사람이 불과 몇 년 만에 180도 태도를 바꾸어 북한 정권 타도 운동에 나섰는데, 그 배경을 이해하기가 쉽지 않은 탓이다. 이 가설은 진보 운동권에서 상당히 그럴 듯하게 받아들여졌고, 여전히 위력을 발휘하고 있다. 김영환의 설명에 따르면 그는 최소한 1995년 이전에 북한 정권 반대 입장을 정립했음에도 계속 민혁당을 유지하면서 북한과 관계를 맺었다. 이 점을 납득하기가 쉽지 않다. 2014년 10월 헌법재판소의 통합진보당 해산 심리 재판에 김영환은 정부 쪽 증인으로 출석했다. 통합진보당 쪽 변호인은 물론이고 헌법재판관도 그 점을 추궁했다.

통합진보당 변호인 증인은 1999년 10월 4일 국정원에서 '1991년 5월 북한을 방북하여 북이 인민의 자주성이 억압되는 사회이고, 김일성 주석은 주체사상을 잘 모르며, 북한이 관료주의가 심각하다는 것을 깨달았기 때문에 생각을 바꾸었다'는 취지로 반성문을 작성한 사실이 있나?

김영환 있다.

변호인 증인은 그러한 사실을 1991년에 깨달았음에도 불구하고, 1992년 3월 16일 민혁당을 창당하고, 북한 체제를 찬양하는 등의 글을 14회 게재하고, 북한 지령을 받아 활동하였다는 것인데, 그 이유가 무엇인가?

김영환 1989년 동구권 멸망 때부터 기존 노선에 회의를 가졌고, 1991년 북한 방문 후 기존 노선을 근본적으로 바꿔야 하겠다고 확신을 했는데, 혼자 빠져나오는 것보다 함께 변화를 도모하고자 하여 계속 활동하였다.

변호인 생각이 바뀌었음에도 민혁당을 창당하고 북한을 찬양하는 글을 계속 쓰고 활동한 것은 국정원과 연계하여 민혁당으로 위장 활동하려 한 것 아닌가?

김영환 아니다. 상상할 수 없는 얘기다. 그럴 동기와 이유도 없다. 내가 쓴 글을 보면, 미세하게 변화된 모습을 볼 수 있다. 행간을 통해 변화된 사상을 얘기하려고 했다.

김이수 재판관 전향을 결심한 시기는?

김영환 최종적으로 북한 정권 타도와 북한 민주화를 결심한 것은 1995년이었다.

김이수 재판관 (1995년에) 전향을 결심하였음에도 민혁당을 1997년에 해체하고, 그 후에도 왜 북한지령에 따른 활동을 했나?

김영환 연계를 끊게 되면 북한이 다른 민혁당 간부들과 접촉해서 다른 연결선을 갖게 되고, 민혁당원들의 사상 전환에 장애물이 될 것이라고 생각했다. 새로운 공작을 막기 위해 해체하지 않고, 북한에도 해체 사실을 보고하지 않았다.

김영환은 '프락치 설'을 강하게 부인했다. 여러 정황을 살펴보면, 김영환이 1999년 국정원의 민혁당 수사에 협조한 것은 맞지만 그 이전부터 장기간에 걸쳐 치밀하게 정보기관 프락치로 활동했다고 보기는 힘들다. 1999년 10월 국정원의 민혁당 수사 발표 직후 이 사건을 심층 취재했던 김당(현 『오마이뉴스』 기자)의 기사를 보면, 안기부는 1997년 10월 울산 최정남 부부간첩단 사건 이후에야 민혁당 존재를 파악하기 시작했다(1999년 1월 안기부는 국정원으로 이름을 바꾸었다). 당시 민혁당 수사 책임자였던 국정원 대공수사단 김○○ 단장은 김당과의 인터뷰에서 '민혁당 사건의 최초 단서는 1997년 울산에서 체포된 최정남 부부간첩 사건으로 알려져 있는데 사실인가?'라는 질문에 이렇게 대답했다.

"최정남 사건을 최초 단서라고 할 수는 없다. 김영환은 그 이전 반제청년동맹(1989년 3월 결성) 때부터 북한과의 연계 가능성을 주시해 왔다. 반제청년동맹이 펴낸 〈주체 기치〉 같은 유인물 분석을 통한 내사 결과를 축적해 핵심 인물을 김영환으로 압축하는 과정에서 최정남 사건이 터진 것이다. 그때 당연히 우리로서는 최정남이 왜 하필 김영환의 이름을 댔는지 추적하지 않을 수 없었다(최정남은 울산 운동권 인사에게 접

축을 시도하면서 김영환의 이름을 댔다). 물론 그때까진 민혁당의 존재는 몰랐다." ■

　국정원은 '강철서신' 저자인 김영환을 예의 주시해 왔지만 1997년 10월까지는 그와 북한의 연계 사실을 파악하지 못했던 것이다. 김영환이 하영옥의 반대에도 민혁당 해산을 밀어붙인 때가 1997년 7월이니, 안기부는 민혁당이 자진 해산할 때까지 그 존재를 알지 못했다는 이야기다. 그런데도 프락치 설이 여전하다. 김영환이 강철서신에서 그토록 강조했던 '신념과 의리'를 저버렸기 때문일 것이다. 그는 두 번째 강철서신 「우리는 간첩 박헌영으로부터 무엇을 배울 것인가」에서 이렇게 주장했다. '조선공산당 지도자 박헌영이 1920년대부터 이미 미국에 포섭되어 미제의 스파이 노릇을 했다. 그래서 한국전쟁 중에 김일성 정권을 전복하려는 쿠데타 시도를 했던 것이다.' 그런 음모론이 나중에 김영환 자신의 발목을 잡는 올가미가 되어버린 게 아닐까.

■ 김당, 「[심층추적] 민혁당 사건의 진상」, 「신동아」 1999년 10월호.

4

드라마와 현실은 다르다
중부지역당 (1)

할머니 간첩 이선실

1990년 7월의 어느 날, 삼척탄좌와 동원탄좌 파업을 배후조종한 혐의로 구속되었다 풀려난 황인오(당시 34세)의 집에 한 70대 할머니가 찾아왔다. 할머니는 자신을 '이선실'이라고 밝혔다. 제주 태생으로 일찍이 일본에 건너가 돈을 벌어 다시 고국에 돌아와 민주화운동 단체도 돕고, 이런저런 봉사활동을 하고 있다고 소개했다. 이선실은 황인오 삼형제의 민주화운동 경력을 누구보다 잘 알고 있다고 했다.

이선실이 말했듯이 황인오와 형제들은 1980년대 민주화운동의 선봉에 섰던 이들이었다. 특히 황인오는 1980년 저 유명한 '사북사태'에 참여했던 탄광노동자 출신 현장 활동가였다. 사북사태란 1980년 4월 21일 동원탄좌 사북광업소에서 탄광노동자와 가족 5,000여 명이 열악한 작업환경과 어용노조 횡포에 항의해 탄광 일대를 점거하고 나흘 동안 경찰과 대치했던, 당시로서는 매우 드문 '폭동(경찰 발표)' 수준의 노동쟁의였다.

1979년 한 해 동안 전국에서 221명의 탄부가 숨질 정도로 그 무렵 탄광의 작업조건은 매우 열악했다. 오죽하면 '막장'이라고 불렀을까. 국내 최대 민영탄좌인 사북탄광에서 광부들의 불만이 폭발했다. 임금 인상과 어용노조 해산을 요구하는 탄광노동자들의 시위는 회사 편만 드는 경찰의 개입에 순식간에 달아올랐다. 광부 수천 명이 사북 일대를 장악했다. 불과 며칠 동안이었지만 정부 표현을 빌리면 사북은 '폭도들에 의한 무정부 상태'에 빠져들었다. 노동자들의 표적이 된 노조 간부의 부인이 사람들에게 끌려나와 사적 린치를 당하는 사진이 신문·방송의 헤드라인을 장식했다. 탄광에는 작업 특성상 다량의 다이너마이트가 보관되어 있었다. 또 예비군 무기고에 소총 등 무기도 있었다. 전두환의 신군부는 사북 주변에 공수부대를 배치해놓고 유혈 진압까지 검토했다. 결국 시위 노동자와 경찰의 협상으로 나흘간의 점거농성은 풀렸지만, 우리 사회에 던진 충격파는 컸다.

가난 때문에 열일곱 어린 나이에 탄광에 취직했던 황인오에게 사북사태는 인생의 전환점이었다. 중학교 중퇴 학력이었지만 똑똑하고 심지가 굳었던 황인오는 이를 계기로 노동운동에 뛰어들었다. 제5공화국 치하에서 〈사북사태 진상보고서〉를 만들어 사북사태가 폭동이 아니라 극한에 몰린 '생존권 투쟁'이란 점을 전국에 알렸다. 그 이후 전국 탄광에서 파업만 일어나면 그가 배후로 몰렸다.

　　　황인오의 두 동생은 학생운동권의 핵심이었다. 셋째 동생 황인혁은 1985년 성균관대 총학생회 기획부장으로 일하다 구속되었고, 막내 동생 황인욱(서울대 사학과 84학번)은 학생운동권 최초의 NL 조직인 구학련 핵심으로 활동했다. 삼형제가 민주화운동 과정에서 수배·투옥되다 보니 어머니 역시 민주화실천가족운동협의회(민가협)에서 매우 열성적으로 일했다. 이선실이 황인오를 찾아온 것은 이런 배경을 잘 알고 있었기 때문일 터였다.

'사회주의 혁명가'가 된 노동운동가

　　　이선실은 황인오에게 "잠깐 밖에 나가 얘기 좀 하자"고 말했다. 황인오는 아무런 의심도 없이 슬리퍼에 운동복 바지 차림으로 순순히 따라나섰다. 그러나 집에서 400미터가량 떨어진 신대방 전철역 쪽으로 걸어가면서 불현듯 석연치 않다는 느낌이 들었다. 오랜 운동권 생활에서 나온 본능적 후각 때

1983년 강원도 정선군 사북면의 삼척탄좌 갱도에서 광부들이 채탄작업을 하고 있다. 당시 탄광은 '막장'이라 불릴 정도로 노동환경이 매우 열악했다. 이에 항의해서 일어난 1980년 '사북사태' 참여를 계기로, 탄광노동자 황인오는 사회변혁 운동에 눈을 떴다.

문이었다. 황인오는 이선실에게 잠깐 기다리라고 하고 구멍가게에 들어가 연필깎이용 칼 한 개와 사이다 두 병을 샀다. 만약의 사태에 칼이나 병을 호신용으로 쓸 요량이었다. 축방을 따라 걷다가 이선실이 벤치에 앉은 50대 사나이에게 황인오를 소개했다. 키는 그리 크지 않았지만 다부진 체격이었다. 황인오는 긴장했다. 안기부나 경찰의 수사관일까. 황인오는 그 사나이에게 '용건이 뭔데 나를 만나려 하느냐'고 퉁명스럽게 말했다. 사나이의 입에서 전혀 뜻밖의 이야기가 흘러나왔다. 황인오는 그때의 대화를 이렇게 기억했다.

"나, 북에서 왔습니다."
"북이라니, 평양 말이오?"
"수령님의 지령을 받고 만나러 왔습니다."
"난 주사파도 아닌데 김 주석이 나 같은 사람을 어떻게 알고 왜 만나자는 거요?"
"황 선생이 노동자를 위해 얼마나 헌신적으로 투쟁해왔는지 다 알고 있습니다."
"다 그만두고 당신이 북에서 왔다는 걸 증명할 방법이 있소?"
"열흘 뒤 밤 12시 정각에 평양방송을 들어보시오. 그날 '평양에 사는 이철봉이가 서울의 박춘호에게 보내는 편지는 사정에 의해 다음 번에 보내 드립니다'라는 아나운서 얘기가 나올 겁니다. 그렇게 내 신분이 확인되면 다음 날 같은 시간에 여기서 다시 만납시다."

이 사나이와 헤어져 다시 축방을 따라 집으로 오는데, 벤치에 앉은 한 젊은이가 눈에 들어왔다. 고개를 숙이고 스포츠신문을 읽고 있는데 뭔가 느낌이 이상했다. 나중에 안 사실이지만 작고 다부진 체격의 이 젊은이는 50대 사나이와 이선실을 보호하는 공작원이었다. 이름은 김동식(가명, 1962년생). 황인오가 월북할 때 그를 데리고 간 이도 김동식이다. 김동식은 "그날 황인오 씨가 축방에서 나를 알아챘다면 눈썰미가 대단한 거다. 나는 혹시라도 누가 만남을 방해할까봐 눈에 띄지 않고 조용히 주변을 감시하고 있었던 건데, 그걸 이상하게 여겼다니 (황인오의 촉각이) 놀랍다"고 말했다.

몇 년이 흐른 뒤인 1995년, 김동식은 황인오 건과는 무관하게 다시 남파되어 부여 정각사에서 고정간첩과 접선하려다 미리 매복 중이던 우리 군경과 총격전을 벌이게 된다. 이 총격전에서 남파 공작원 1명이 숨지고, 공작조장인 김동식은 총탄을 맞고 군경에 생포되었다. 김동식은 그 뒤 전향했는데, 황인오와의 인연이 결과적으로 전향에도 영향을 끼쳤다고 말했다.

열흘 뒤 자정, 난생 처음 북한 방송을 듣는 황인오의 라디오에서 "평양에 사는 이철봉이가 서울의 박춘호에게…"라는 여성 아나운서 멘트가 흘러나왔다. 다음 날 낮에 사나이가 다시 찾아왔다. 라디오방송을 들었다는 것을 확인한 그는 자신을 '권중현'이라고 소개했다. 그해 5월에 제주도를 거쳐 남한에 들어와, 황인오를 만나러 사북까지 찾아갔지만 허탕을 치고, 서울로 와서 수소문 끝에 이렇게 만나게 되었다고 설명했다. 그러면서 "조선노동당 강원도당을 조직해달라"고 요청했다. 황인오가 강원도 탄광지대에서 명망이 높고 조직력이 있다는 것을 익히 알고 하는 말이었다.

지하당을 조직하라는 말에 황인오는 흠칫 놀랐다. 민주화의 물결 속에 하루가 다르게 열린사회로 가는 남한에서 1960~1970년대식 지하당을 만들라니, 이게 말이 되나. 그러나 황인오는 고민 끝에 결국 권중현의 제안을 받아들였다. 어릴 적 텔레비전에서 봤던 〈113 수사본부〉 같은 드라마에 나오는 '사회주의 혁명가'가 되기로 결심한 것이다. 황인오는 그런 결정의 배경을 이렇게 설명했다.

"내가 그 제안을 받아들인 데엔, 김일성의 만주 무장투쟁이 항일운동의 정통성을 갖고 있다고 생각했던 탓이 컸다. 그 무렵 운동권에선 남한 군사독재정권(전두환·노태우 정권)보다 북한 정권이 정통성이 있다고 봤다. 또 대중의 삶이 풍족하진 않더라도 사회주의적 기풍이 살아 있을 거라는 기대를 가졌다. 그때 나는 분명하게 사회주의를 지향하고 있었기에, 그렇다면 북한과 손을 잡는 게 무슨 문제가 되겠는가 라고 생각했다. 오히려 북한 정권이 남한의 사회주의 혁명에 도움을 줄 수 있다고 생각했다. 하지만 운동권 일부의 주사파처럼 수령론까지 받아들인 건 아니었다. 맹목적인 숭배나 권위에의 복종은 기질적으로 나한테 맞질 않았다. 그래도 그게 (북한 지시를 받아) 활동하는 데 크게 문제가 되진 않으리라고 봤다. 저쪽이 수령에게 충성서약을 요구하면 하면 되는 거고……. 나는 탄광에서 노동운동할 때 천주교회에 다녔다. 종교적 믿음뿐 아니라 신변 보호를 위한 동기도 있었다. 충성서약 하라면 성당 미사에 참여하듯이 서약하면 되지, 그게 뭐 어렵겠나 하는 생각을 했다."

황당한 '특별지령'

두 달 뒤 황인오는 평양을 방문했다. 권중현과 김동식의 귀환 시기에 황인오도 함께 월북시키라는 북한 당국의 지시가 내려온 것이다. 휴전선을 넘어 밀입북하는 건 남한에서 북한 공작원을 만나는 것과 또 다른 문제였다. 목숨을 걸어야 하는 위험한 일이었다. 공작원 김동식은 그때의 심경을 이렇게 밝혔다. "그쪽(북한의 대남사업 부서) 사람들은 성과를 과시하기 위해 어떻게든 남쪽 인사를 데리고 (평양에) 들어오라고 요구한다. 우리(공작원)는 탐탁지가 않다. 전혀 훈련받지 않은 남쪽 사람을 데리고 월북하려면 몹시 힘들고 위험하기 때문이다. 그래서 황인오 씨에게도 그냥 지나가는 말로 '평양 한번 가보지 않겠느냐'고 말했는데, 황씨가 덜컥 '가겠다'고 하더라. 거절하면 거절했다고 보고하고 우리만 돌아가려 했는데, 꼼짝없이 같이 가게 됐다. 공작원들은 자신이 침투한 루트로 다시 귀환하는 게 원칙이다. 나는 제주 영해를 통해 왔기에 그리로 돌아가야 하는데, 그러면 공해를 빙 돌아서 가야 하기 때문에 시간이 오래 걸린다. 그런데 황인오 씨는 서울을 1주일 이상 비울 수 없다고 하더라. 어쩔 수 없이 위험하긴 하지만 강화도에서 직접 해주로 가는 루트를 탈 수밖에 없었다."

강화도 해안에서 반잠수정을 타고 밀입북한 경험은, 막장이라 불리는 탄광에서 노동운동을 하며 산전수전 다 겪은 황인오에게도 가장 겁나던 순간이었다. 특수요원인 안내원들이 강화도 해안가 접선장소에 나타난 순간, 황인오는 아래윗니가 마주쳐 달달달 소리를 냈고 식은땀을 주룩주룩 흘렸다. 온몸이 떨리는 걸 숨기려고 이를 꽉 깨물었지만 소용이 없었다. 해안에 채 닫기도 전에 다리가 풀려, 북한 안내원이 그를 들쳐 메고 갯벌을 지나 반잠수정에 올랐다고 한다. 그렇게 권중현, 김동식, 이선실, 황인오 등 네 사람은 황해도 해주를 거쳐 평양에 도착했다.

북한을 처음 본 황인오의 감정은 약간의 실망감이었다. 1년 뒤 평양을 방문하는 김영환, 조유식의 생각과 크게 다르지 않았다. "북한이 못살 거라는 건 예상했다. 하지만 못살

아도 뭔가 있어야 하는데, 그게 없었다. 사회주의 건전성이나 열기 같은 게 잘 보이질 않았다. 예상한 것보다 더 낙후했고, 경직되어 있었다. 다만 아이들은 아이들답게 건강하고 순박하고 적당히 명랑해서 다른 모든 걸 상쇄할 수 있었다."

황인오에게 가장 또렷한 기억으로 남아있는 것은, 서울로 돌아오기 전날 이창선 노동당 사회문화부장(부장은 남한의 장관급)이 내린 예상 밖의 '특별지령'이었다. 서울 귀환을 위해 헬리콥터로 해주까지 가려고 순안비행장 귀빈실에 들어섰을 때였다. 갑자기 이창선이 다른 간부들을 다 물리치더니 황인오에게 속삭이듯 지시를 내렸다. "황 선생, 서울에 내려가면 남한 사회에 한 가지 소문을 퍼뜨려 보시오. 친애하는 지도자 김정일 동지께서 몰래 남조선을 다녀오셨다고 말이오. 이건 지시나 명령은 아니니 꼭 하지 않아도 좋소. 그러나 가능하면 김정일 동지께서 남조선 인민들을 위로하시는 등 신출귀몰하여 남조선 인민들이 김정일 동지를 열렬히 흠모하고 있다는 내용의 소문을 퍼뜨리시오."

대체로 이런 내용의 지시였다고 한다. 황인오는 황당했지만 그 자리에서 거절할 수 없어 "알겠습니다. 접수하겠습니다"라고 대답하고 헬리콥터에 올랐다. 서울에 돌아와서도 이 지령은 내내 그를 괴롭혔다. 1930년대 만주에서 항일무장투쟁을 했던 김일성 주석은 '축지법을 쓴다'고 만주 조선인들 사이에 소문이 돌았다. 김일성 부대는 이동을 할 때 일본이 건설한 신작로를 이용하곤 했다. 게릴라부대인 만큼 산악으로 이동할 거라 생각하고 신작로 주변에는 병력을 배치하지 않은 일본군의 허를 찌른 것이다. 신작로를 통해서 예상보다 빨리 이동을 하니 '축지법을 쓴다'는 소문까지 났던 것이다. 그래도 그건 일제시대 이야기다. 1990년대에 북한 지도자가 남한 사회를 몰래 돌아보고 남한 민중의 환영까지 받으면서 돌아갔다는 말을 믿을 사람이 어디 있을까. 누가 봐도 믿기 힘든 이야기를 퍼뜨리라고 사회문화부장이 직접 지시한 이유가 과연 무엇일까. 황인오는 고민에 빠졌다.

5

"나는 프락치가 아니다"
중부지역당 (2)

조선노동당 중부지역당 결성

1991년 7월 황인오는 최○○ 등 3명과 함께 강원도 삼척 호산해수욕장 부근 여관에서 2박3일간 합숙하며 '조선노동당 중부지역당'을 결성했다. 평양을 방문하고 돌아온 지 9개월 만에 첫 조직적 성과를 올린 셈이었다. 중부지역당은 통혁당 후신인 한민전 강령을 그대로 당 강령으로 채택하고, 당헌·당규도 한민전의 그것을 거의 그대로 가져왔다. 대외적인 명칭도 '조선노동당 중부지역당' 대신에 '민족해방애국전선'을 쓰기로 했다. 베트남, 모로코 등 민족해방투쟁을 하는 식민지 국가에서 결성되는 민족해방전선National Liberation Front, NLF을 본뜬 것이었다. 여기에는 대외적인 조직 보호라는 측면뿐 아니라 통일전선체에 대한 존경심이 담겨 있었다. 그 무렵 NL을 비롯한 운동권 다수가 베트남전쟁에서 친미 응오딘지엠Ngo Dinh Diem, 吳廷琰 정권에 맞서 모든 민족세력을 망라해 싸운 '남베트남 민족해방전선'을 남한 변혁운동의 모델로 삼고 있었다. 또 통혁당에 기원을 둔 한민전이 남한에 실재하는 통일전선체라고 생각하는 사람도 많았다.

중부지역당은 산하에 강원도당, 충북·충남도당과 애국동맹 등을 두었는데, 이들 조직은 실상 최○○가 1990년 무렵에 만든 '95년 위원회'란 NL 조직을 기반으로 한 것이었다. 황인오는 "최씨가 일군 조직에 내가 올라탄 것으로, 나로선 호박이 넝쿨째 굴러들어온 셈이었다"고 솔직하게 말했다. 황인오와 최씨가 함께하게 된 과정은 당시 NL 내부의 핵심 주사파가 한민전을 어떻게 생각하고 있었는지를 잘 보여준다는 점에서 흥미롭다. 노무현 정부 때인 2004년 발족한 '국가정보원 과거사건 진실규명을 통한 발전위원회(국정원 과거사 진실규명위)' 보고서는 두 사람이 만난 경위를 이렇게 기술하고 있다.

> 황인오는 북한을 방문하고 돌아와 1991년 5월 예전부터 알고 있던 최○○에게 함께 활동할 것을 제의했다. 최○○는 1990년 12월 '95년 위원회'라는 조직을 결성하고 한민전의 직접 지도를 받기 위해 변○○을 월북시킨 바 있다. 황인오의 제의를 받은 최○○은 황인오가 변○○의 입북활동 결과

북으로부터 파견된 사람으로 알고 이제 '95년 위원회'가 한민전의 지도를 받게 되는 것으로 오인했다. 그는 황인오를 책임자로 하는 중부지역당 결성 준비에 착수했다.

황인오도 "북에 파견한 조직원이 귀환한 뒤 보름 만에 내가 나타나서 조선노동당원임을 밝히자, 북에서 '기다리라'고 한 사람이 나인 줄 최씨가 오해했다"고 말했다. 비밀 지하당의 결성이 이런 식의 오해를 통해 이루어진 것은 보안 측면에서 보면 아찔한 일이다. 합법적 정치공간이 열린 1990년대의 상황과 지하당 사업이 잘 조응하지 못했다는 점을 상징적으로 보여주는 대목이다. 어쨌든 두 사람은 의기투합해서 형식적으로 3개 도당을 거느린 중부지역당을 결성하고 북에 이 사실을 보고했다.

조직사업의 성과에도 불구하고, 이창선(북한 노동당 사회문화부장)의 특별지시는 황인오의 머리를 계속 무겁게 짓눌렀다. 그는 최○○와 상의했다. '김정일이 축지법을 써서 남한 전역을 돌며 남한 민중을 위로·격려했고 이에 남한 민중은 경탄과 감사를 올렸다'는 소문을 퍼뜨리라는 지시를 내린 북한의 정확한 의도가 뭔지 도무지 알 수가 없었기 때문이다. 최씨는 "지하당 총책인 황인오 씨의 능력과 충성심을 검증하고 남한 수사기관을 교란하려는 목적이 아니겠느냐"는 해석을 내놓았다. 충성심 시험이란 데에는 황인오도 생각이 일치했다. 황당하지만 이행하지 않을 도리가 없었다. 다만 스토리를 좀 더 현실감 있게 바꾸기로 했다. '1991년 11월 초 서울서 열린 아시아태평양경제협력체APEC 각료회의 참석차 방한한 리란칭李嵐清(이람청) 중국 대외경제무역부장의 수행원을 가장해 김정일 동지가 서울에 들어왔고, 남쪽 기관원의 감시를 따돌리고 렌트카를 빌려 2박3일간 전국을 돌며 민중들의 고단한 삶을 어루만지고 희망을 주고 갔다.' 이 정도 내용으로 각색을 하면 좀 그럴 듯할 것 같았다. 황인오 등은 이런 내용의 유인물을 만들어 지방 소도시의 우체국을 통해 전국 수백 곳의 집과 사무실에 무작위로 편지를 보냈다. 1991년 12월의 일이었다. 연말이라 그런 건지 내용이 너무 황당해서인지, '김정일 찬양 우편물 사건'은 신문·방송에 단 한 건도 언급되지 않고 아무런 반향 없이 지나갔다. 어차피 평양에 보고하기 위한 의무방어전 같은 행동이었다. 명색이 지하당이 벌인 사업치고는 민망하기 짝이 없었다.

  황인오는 이 특별지령을 이창선이 자신에게만 은밀하게 전했다고 기억하고 있다. 하지만 그를 월북시킨 공작원 김동식도 이 사건의 전말을 알고 있다. 김동식은 이렇게 말했다. "그 지시는 황씨에게만 비밀스럽게 내린 게 아니다. 몇 명이 함께 식사하는 자리에서 이창선 부장이 옆자리의 황씨에게 말한 것이다. 그 자리에 있던 나도 '황 선생, 남조선에 가면 김정일 장군님이 다녀가셨다는 걸 한번 소문내보라'는 이창선의 지시를 똑똑히 들었다. 그걸 듣고 속으로 이게 무슨 말도 안 되는 소리인가, 속된 말로 부장이 또라이 아닌가라고 생각했다. 그건 황인오 씨의 충성심 시험이라기보다 이창선 부장이 대남사업에 전혀 경험이 없고 허영심 많은 인물이었기 때문에 내린 것이다. 이창선은 내각 문화예술부장을 하다 김정일의 신임을 받아 당 사회문화부장으로 승진한 사람이다. 대남공작을 하는 사회문화부를 정말 '문화부'로 만들어버렸다. 공작원들에게 시를 쓰라는 지시를 내리기도 했다. 김정일에게 잘 보이려고, 김일성의 '솔방울 전설'처럼 전설을 하나 만들려고 한 거다. 1990년대에 그런 발상을 하니 대남사업이 망가지지 않을 수가 없었다."

나라기획 사건

지하당 형태의 조직은 오래가지 못할 것이라고 황인오는 생각했다. 1990년대 남한 사회 분위기는 이런 형태로 조직원과 사업방식을 지속해 나가는 데 어울리지 않았다. 1992년 5월에 터진 이른바 '나라기획 사건'은 그의 위기감을 가중시켰다. 그해 3월의 14대 총선 이후 운동권에 배포할 목적으로 「총선 백서」를 만들었는데, 이 백서에 중부지역당 내부 기관지 『백두산』이 끼어들어가 함께 배포된 사건이었다. 『백두산』

은 한민전의 '구국의 소리' 방송을 주제별로 재정리한 비밀문건이었다. 「총선 백서」 제작을 맡긴 기획사 이름이 나라기획이었는데, 나라기획 대표가 문건을 갖고 있다 불심검문에 걸려 『백두산』의 존재가 공안기관에 포착되었다. 조직은 발칵 뒤집혔다. 이 무렵 총책 황인오의 지도력에 의문을 품고 있던 최○○는 비상중앙위를 소집해 황인오를 총책에서 해임하고 중부지역당 중앙위원회를 해산해버렸다. 만일의 사태에 대비한 조처였다. 향후 활동은 북한의 추가 지시를 기다릴 생각이었다.

다행히 경찰 수사는 중부지역당까지 미치지 않았지만, 이 사건으로 황인오는 조직과 거리를 두게 된다. 그는 이렇게 말했다. "나라기획 사건 뒤에 나는 빠져야겠다고 결심했다. 보안 문제가 컸고, 지하당이란 방식이 그 당시 정세에 너무 맞지 않았다. 내가 지하당 결성 요청을 받아들인 건, 북한이 가진 지정학적 특성 탓에 동유럽처럼 그렇게 쉽게 무너지진 않을 거라고 봤기 때문이다. 남북 교류를 하고 그렇게 통일이 되면 그때 남쪽에서도 남베트남 민족해방전선 같은 기구나 단체가 있어야 할 텐데, 우리가 그런 역할을 할 수 있을 거라 생각했다. 그런데 이런 생각이 다 허물어져 버렸다. 통일 때까지 우리 조직이 지속할 가능성은 거의 없었고, 또 북한도 과연 얼마나 갈지 알 수 없었다."

불길한 생각은 오래지 않아 현실이 되었다. 파국은 전

혀 예상치 못한 데서 다가왔다. 북한 공작원이 당시 민중당 공동대표 김낙중에게 접근해 공작금 210만 달러를 전달한 일이 있었다. 김낙중 대표는 이 중 100만 달러를 집 뒤뜰 장독대 아래에 숨겨두고 나머지는 환전해서 정치자금 등으로 썼다. 일부는 1992년 3월 총선 때 민중당 후보로 출마한 18명에게 선거자금으로 나누어주었다. 그게 사달이 났다. 민중당 정선지구당 위원장 정○○도 김낙중 대표에게서 그 돈을 받아서 썼다. 정씨는 사북·정선에서 노동운동을 했던 황인오와 친분이 두터운 사이였다. 정씨가 총선에 출마한다고 하자, 황인오도 찾아가서 선거에 쓰라고 약간의 돈을 주었다. 나중에 안기부가 김낙중 사건을 조사하는 과정에서 정○○가 불려 들어갔다. 진보정당 대표가 북한 공작금을 받아 선거자금으로 썼다는 '큰 건'을 잡은 안기부는 정○○를 혹독하게 조사했다. 정씨는 "황인오 씨한테서도 돈을 받았다"고 털어놓았다.

  돈의 성격은 잘 모르겠지만, 재야운동권 거물인 황인오를 엮기 위해 안기부는 추적을 시작했다. 황인오를 미행하고, 황씨 부부가 외출한 사이 집에 들어가 그의 수첩을 몰래 들고 나왔다. 또 황인오의 집에 북한 원전과 버트런드 러셀의 『행복의 정복』이란 책이 있다는 사실을 확인했다. 당시는 NL계 재야활동가의 상당수가 북한 원전을 읽던 시절이었다. 러셀의 『행복의 정복』은 북한과 교신하는 난수책자였는데, 그때까지 안기부는 그 사실을 알지 못했다. 황인오도 감시를 눈치

채고 집을 나와 주변 정리에 들어갔다. 1992년 9월의 어느 날, 부인을 만나러 서울 도봉구의 한 식당에 갔던 황인오는 잠복 중이던 안기부 요원들에게 붙잡혔다. 처음에 안기부 요원들은 김낙중과의 관계만 계속 캐물었다. 어떻게든 황인오를 김낙중 사건과 엮으려 했다. 그런데 그의 입에서 뜻밖의 이야기가 흘러나왔다. "나는 그쪽과 관련 없소. 나는 조선노동당 중부지역당 총책이오."

황인오는 스스로 중부지역당 총책임을 털어놓았다. 이로 인해 그는 오랫동안 운동권에서 '안기부 프락치'라는 의심을 받았다. 1980년 사북사태의 주역이던 전설적인 현장 활동가가 나락으로 떨어지는 순간이었다. 열일곱 살 때부터 탄광서 일하면서 온갖 고초를 다 겪은 황인오는 왜 그렇게 쉽게 모든 걸 불어버렸을까. "버틸 재간이 없었다. 살다 보면, 일이란 게 참 말도 안 되는 방향으로 전개되는 경우가 있다. 내가 이선실을 만나고, 평양에 갔다 오고, 중부지역당을 만든 게 그런 것이 아닌가 싶다.……한번은 정형근(당시 안기부 1차장)이 내 앞에서 이렇게 말하더라. '얘는 80년부터 고문을 수없이 당했으니 고문해봐야 소용없다. 살살 해라.' 그래서 나는 잠을 안 재운 거 말고는 거의 고문당한 게 없다. 그런데 (안기부가) 내 어머니와 아내를 국가보안법상 불고지죄不告知罪로 잡아넣겠다고 하는데, 그렇게 되면 집안이 풍비박산날 거 같았다. 역대 간첩사건들을 보면 안기부가 '간첩 가족'을 다 잡아서 못쓰

게 만드는 건 일도 아니었다. 그때까지 어머니와 아내는 내가 평양에 갔다 온 것도, 북한과 관련이 있는 것도 전혀 알지 못했다.……(평양을 갔다 온 뒤부터) 줄곧 외줄 위의 바퀴에 올라탄 느낌이었다. 1990년대에 이런 식의 조직이 오래갈 수는 없었다. 곧 무너질 텐데, 하는 생각을 늘 안고 살았다."

운동권에도 학벌 논란

14대 대통령선거를 두 달 앞둔 1992년 10월 6일. 안기부는 '남로당 이후 최대 규모의 간첩조직'이라며 조선노동당 중부지역당 사건 수사 결과를 발표했다. 조선노동당 정치국 후보위원 이선실이 10여 년간 서울에 잠복하면서 황인오, 김낙중, 손병선 등을 포섭해서 조직원 400여 명 규모의 지하당을 건설했다는 것이다. 대선을 코앞에 둔 시점에 대규모 간첩단 사건을 발표했기에 조작 논란이 일었다. 사건의 핵심 인물은 북한 권력서열 22위라는 70대 할머니 간첩 이선실이었다. 이선실이 10여 명의 북한 직파간첩을 운용하며 남한에 방대

■ 반국가활동을 한 사람을 알고 있으면서도 수사기관이나 정보기관에 신고하지 않는 경우에 성립하는 죄. 이 죄를 범한 자는 5년 이하의 징역 또는 200만 원 이하의 벌금에 처하며, 다만 반국가활동을 한 이와 친족관계가 있는 때에는 그 형을 경감하거나 면제한다(국가보안법 제10조).

조선노동당 중부지역당 사건(남한조선노동당 사건)은 대한항공 858기 폭파사건 등과 함께 '국가정보기관이 관여한 7대 의혹사건'으로 규정되었다. 노무현 정부 시절 이 사건을 재조사한 '국정원 과거사 진실규명위'가 2006년 8월 1일 "중부지역당 사건은 실체는 있지만 너무 부풀려졌다"고 발표하고 있다.

한 지하당을 구축했다는 것이다. 그런데 이선실은 1991년 황인오가 평양을 방문할 때 함께 월북한 뒤 남으로 돌아오지 않았다. 이선실이 남한에서 이선화·신순녀·이화선 등의 가명을 썼다는 안기부 발표에 대해 "모두 서로 다른 인물이거나 실재하지 않는 가공의 인물이다"라는 주장까지 나왔다.

대선을 앞두고 워낙 정치적 논란이 컸던 사건이기에, 노무현 정부 시절 구성된 국정원 과거사 진실규명위가 이 사건을 재조사했다. ▲1962년 부일장학회 강제헌납 사건(정수장학회 사건) ▲1967년 동백림 사건 ▲1973년 김대중 도쿄 납치 사건 ▲1974년 인혁당 재건위 사건 ▲1979년 김형욱 중앙정보부장 실종사건 ▲1987년 대한항공 858기 폭파사건 등과 함께, 조선노동당 중부지역당 사건은 '국가정보기관이 관여한 7대 의혹사건'으로 규정되었다. 나중에 국정원 과거사 진실규명위는 이 사건이 실체는 있지만 너무 부풀려졌다고 발표했다. 위원회의 조사 결과는 이랬다. "김낙중, 손병선, 황인오 각각의 사건은 나름의 실체가 있지만 '이선실'의 지휘 아래 하나로 연결된 방대한 조직은 아니다. 또 조직원 400여 명의 대다수는 중부지역당 산하 '95년 위원회'나 '민족해방애국전선' 외곽기구에 가입해 활동하던 사람들로, 지휘부가 북과 연계되어 있다는 걸 알지 못했다." 사건의 규모를 부풀렸고, 각각의 사건을 무리하게 하나로 엮으려 했다는 것이다.

안기부는 '남로당 이후 가장 큰 간첩조직'이란 그림을

그리기 위해, 이미 북으로 넘어간 이선실을 '배후 총책'으로 하는 시나리오를 짰다. 당시 안기부 발표를 보면, 이선실은 해방 직후 남로당의 박헌영이나 이주하와 같은 급으로 묘사되어 있다. 그러나 황인오와 김동식의 말에 따르면, 이선실은 북한 공작원 권중현과 김동식이 황인오를 만나는 데 다리 역할을 했을 뿐 중부지역당 건설에는 관여하지 않았다. 북에서 내려온 권중현·김동식이 강원도 사북까지 황인오를 찾아갔다가 만나지 못하자, 서울서 암약하던 고정간첩 이선실에게 그를 찾아달라고 부탁했던 것이다. 전향한 남파 공작원 김동식은 "1991년 5월 황인오 씨와 함께 이선실도 평양으로 귀환하라는 지시가 내려오자, 이선실은 '아직 성과가 별로 없는데 조금만 더 있다가 돌아가면 안 되겠느냐'고 (우리에게) 통사정을 했다. 남한에서 이선실의 행적이 너무 부풀려져 있다"고 말했다.

안기부 수사관들에게 붙잡힌 뒤, 황인오는 이선실과 처음 만난 경위와 평양 방문, 중부지역당 건설 등을 사실대로 털어놓았다. 다만 몇 사람이라도 피신할 시간을 주기 위해 조직원에 대한 진술은 거부했다. 수사관들 손에 넘어간 메모지 등에는 핵심 조직원 주소와 연락처가 적혀 있었다. 하지만 대부분 변경된 것들이라 추적하는 데 다소 시간이 걸렸다. 어쨌든 황인오가 '조선노동당 중부지역당 총책'임을 털어놓은 순간, 이선실을 정점으로 하는 대규모 간첩단 그림을 그리던 안기부의 촉수 앞에서 중부지역당 조직의 와해는 시간문제였다.

이 사건으로 황인오의 명성에는 금이 갔다. 아들 삼형제는 반독재 투쟁의 전면에 섰고 어머니는 민가협 활동을 하며 1980년대 대표적인 '민주화운동 집안'으로 존경받던 황씨 가족은 심적으로 큰 고통을 겪었다. 프락치였던 황인오가 먼저 조직을 만들어 고스란히 안기부에 갖다 바쳤다느니, 그가 안기부에 밀고를 했다느니 하는 근거 없는 소문이 나돌았다. 황인오는 "나는 프락치 짓을 한 적이 없다"고 말했다. "자백을 했다는 걸로 비난한다면 그건 감수하겠다. 하지만 안기부에 들어가 자백하는 사람이 어디 한둘인가. 오히려 안 하는 사람을 찾기 힘들다. 그런데도 유독 나한테 '프락치' 비난이 끊이지 않았던 건, 내가 '학출(대학 출신)'이 아니었기 때문이라는 생각을 지울 수 없었다. 운동권에도 연줄이 있다. 내가 대학을 나왔다면 동기도 있고 선후배도 있으니 그들이 나를 변호해줬을 텐데, 그렇지 않았기에 누구도 나를 변호하지 않는다고 생각했다."

그는 2001년 마흔다섯 나이에 대학 공부를 시작했다. 회한도 있고, 생계를 꾸리기 위한 목적도 있었다. 가톨릭대에 들어갔다 연세대로 편입해서 대학을 마쳤다. 한국 사회에서 학벌의 무서움은 노동자, 농민 등 기층민중 중심이라는 변혁운동 지하조직 활동에까지 이런 식으로 영향을 끼쳤고, 한 사람의 삶을 바꾸어 놓았다.

6

'열사의 시대'는 갔다
'열사'의 탄생과 소멸, 사회적 함의

광주 열사 4인

2017년 5월 18일. 문재인 대통령의 제37주년 5·18민주화운동 기념사는 많은 이의 가슴을 울렸다. 광주의 아픔을 끌어안는 내용도 그랬지만 연설 도중 '광주 열사' 4명의 이름을 부른 게 마음을 흔들었다.

"……저는 오늘, 5월의 죽음과 광주의 아픔을 자신의 것으로 삼으며 세상에 알리려 했던 많은 이들의 희생과 헌신도 함께 기리고 싶습니다. 1982년 광주교도소에서 광주 진상규명을 위해 40일간의 단식으로 옥사한 스물아홉 살, 전남대생 박관현. 1987년 '광주사태 책임자 처벌'을 외치며 분신 사망한 스물다섯 살, 노동자 표정두. 1988년 '광주 학살 진상규

2017년 5월 18일 오전, 광주 북구 운정동 국립 5·18민주묘지에서 열린 제37주년 5·18광주민주화운동 기념식에서 문재인 대통령이 기념사를 하고 있다. 문 대통령은 연설 도중 '광주 열사' 4명의 이름을 불러 사람들의 마음을 흔들었다.

명'을 외치며 명동성당 교육관 4층에서 투신 사망한 스물네 살, 서울대생 조성만. 1988년 '광주는 살아있다'고 외치며 숭실대 학생회관 옥상에서 분신 사망한 스물다섯 살, 숭실대생 박래전. 수많은 젊음들이 5월 영령의 넋을 위로하며 자신을 던졌습니다."

문재인 대통령의 '광주 열사' 호명은 1987년 6월항쟁 직후 열린 이한열의 장례식에서 문익환 목사가 열사들의 이름을 목 놓아 외친 것을 오마주Hommage한 것이다. 문재인 대통령 말처럼, 수많은 젊음이 '광주 학살 진상규명'을 요구하며 몸을 던지던 시절이 있었다. '열사'라는 호칭이 집회와 시위 현장에서 사람들의 가슴을 뜨겁게 달구던 시절이었다.

'열사의 시대'는 갔다. '열사'라는 단어조차 낯설게 느끼는 시대다. '열사'는 어떤 상황에서 탄생해서 사회적 함의를 획득했고, 어떻게 소멸해간 것일까. 임미리가 쓴 책 『열사, 분노와 슬픔의 정치학』에 따르면, 한국 사회에서 '열사'는 1980년 전두환 신군부의 집권과 5·18민주화운동을 거치면서 중요한 정치·사회적 현상으로 등장했다. 문재인 대통령의 기념사처럼 '열사'와 '광주'는 떼려야 뗄 수가 없다.

한국 사회에서 '열사'는 폭압적인 정권 또는 체제에 맞선 저항의 상징이자 추모의 대상을 뜻한다. 열사의 등장은 1980년부터 2000년대 초반까지 특정 시점에 일어난 사회적 현상이라 할 수 있다. 1980년 이전의 열사는 두 사람뿐이다.

열사의 시초는 1970년 서울 청계천 평화시장에서 분신한 전태일이다. 1970년 11월 13일 평화시장 재단사였던 전태일은 노동조건 개선을 요구하는 시위를 벌이려다 경찰에 막히자 휘발유로 몸을 적시고 라이터 불을 당겼다. '근로기준법을 준수하라', '우리는 기계가 아니다', '일요일은 쉬게 하라'가 그가 외친 구호였다. 전태일 분신사건은 1970년대 노동운동사에 한 획을 그었을 뿐 아니라 학생운동과 민주화운동 전반에 큰 영향을 끼쳤다. 그러나 전태일을 열사로 부르기 시작한 건 한참 뒤의 일이다. 그의 사망 직후 열린 추도식에서는 '전태일 씨'라고 불렀다. 또 "전우의 시체를 넘고 넘어 앞으로 앞으로"라는 가사의 〈전우야 잘자라〉를 개사한 전태일 추모가에서도 처음에는 '선생' 또는 '동지'라는 호칭을 썼다. '열사'라는 호칭을 처음 사용한 건 1976년 청계피복노조의 야학 교사들이었다. 1975년 박정희 유신체제를 비판하며 할복자살한 서울대생 김상진의 영향을 받은 것으로 추정된다.

김상진은 1975년 4월 11일, 대학 동료 2명의 구속을 규탄하는 집회에서 양심선언문을 낭독하고 할복했다. 8일 뒤인 4월 19일 열린 4·19 기념행사에서 신민당 김영삼 총재는 자유민주주의 토착화를 역설하며 "김상진 열사의 죽음을 헛되이 하지 말라"고 말했다. 민주화운동 과정에서 '저항적 자살'에 열사라는 호칭이 등장한 첫 사례로 보인다. 김상진이 초기부터 '열사'라 불린 데 반해 전태일은 수년이 흐른 뒤 '열사'라는 호칭을 얻었다. 그 이유를 임미리는 저항적 자살의 성격 차이로 분석했다. 김상진의 저항은 도덕률에 따라 마땅히 실천하는 '당위적 자살'이다. 역사적으로 유관순·이준처럼 이런 유형의 저항에는 쉽게 열사의 표현을 썼다. 반면 구체적인 충돌 상황에서 강하게 분노를 표출하는 전태일과 같은 '실존적 자살'에 열사란 호칭을 붙이기 시작한 건 그리 오래되지 않은 일이라 한다.

열사, 독재에 저항하고 희생하다

독재정권에 맞서 스스로를 던진 이들에 '열사'란 호칭을 본격 사용한 건 1980년 전두환 정권 때부터다. 1970년대에는 전태일과 김상진, 단둘이던 열사의 수가 크게 늘었고, '열사'란 호칭이 사회적 의미로 사람들 마음속에 자리 잡았다. 임미리는 "전태일의 분신이 세상의 죄를 대신 짊어지고 가는 예수의 대속代贖으로 해석됐다면, 1980년대의 죽음은 독재정권에 대한 '저항'과 '희생'의 의미를 띠게 됐다"고 말했다. 수백 명의 시민이 숨진 5·18민주화운동이 그 기폭제가 되었다.

1980년 5·18민주화운동이 유혈 진압된 직후인 5월 30일, 서강대 학생 김의기가 서울 종로5가 기독교회관 6층에서 '동포에게 드리는 글'을 뿌린 뒤 투신 사망했다. 김의기는 5월 19일 광주 북동성당 행사 참석을 위해 광주에 갔다가 계엄군의 만행을 목격하고 서울로 돌아와 "광주의 진상을 알려야겠다"고 주변에 말했다. 그는 유인물에서 "무참한 살육으로 수많은 선량한 민주시민들의 뜨거운 피를 뜨거운 오월의 하늘 아래 뿌리게 한 남도의 봉기가 유신잔당들의 악랄한 언론탄압으로 왜곡과 거짓과 악의에 찬 허위 선전으로 분칠해지고 있는 것을 보는 동포여, 우리는 지금 무엇을 하고 있는가"라고 외쳤다. 거리의 계엄군들이 곧바로 달려왔지만 유인물을 수거하느라, 땅에 떨어진 김의기는 20여 분간 그대로 방치되었다고 한다.

김의기 투신 열흘 뒤인 6월 9일, 성남의 노동자 김종태가 서울 신촌사거리에서 분신 사망했다. 김종태는 성남에서 이해학 목사가 세운 주민교회를 다녔는데, 소책자 형태로 돌아다니던 『전태일 평전』의 영향을 많이 받았다고 한다. 그는 분신하기 전 이해학 목사에게 "내 작은 몸뚱아리를 불사질러서 광주 시민 학생들의 의로운 넋을 위로해 드리고 싶습니다"라는 내용의 편지를 남겼다.

김종태의 분신 1년 뒤인 1981년에는 서울대생 김태훈이 교내 도서관 6층에서 "전두환 물러가라"를 세 번 외치고 투신했다. 도서관 앞 광장에서 광주 학살을 규탄하는 교내 시위가 벌어지던 중이었다. 김태훈은 광주일고 출신이었다. 경제학과 4학년으로 졸업을 앞두고 있던 김태훈은 도서관에서 원서를 번역하다 창문 아래로 학생들이 사복경찰에 구타당하며 끌려가는 것을 보고는 몸을 던졌다. 세 사람의 죽음은 '저항적 자살'이 분명하게 '독재정권 타도'를 지향하고 있음을 보여주었다. '열사'를 한국 민주주의운동사에서 중요한 지점에 자리매김해야 하는 이유다.

  1982년 10월 12일, 5·18민주화운동 때 전남대 총학생회장이던 박관현이 '광주 진상규명'을 요구하며 40일간 단식투쟁을 하다 교도소에서 사망했다. 언론 통제에 막혀 비보도 또는 단신 처리되었던 김의기·김종태·김태훈의 죽음과 달리, 박관현의 죽음은 큰 파장을 몰고 왔다. 전국 교도소에서 박관현 열사를 추모하는 동조 단식이 일어났고, 광주에서는 거리시위가 벌어졌다.

  1985년 8월 15일에는 광주 전남도청 앞에서 건설노동자 홍기일이 분신했다. 홍기일은 5·18민주화운동에 참여했다가 총상을 입은 시민군 출신으로, 숨지기 전 전남대병원에서 "5·18에 살아남았다는 게 부끄럽고 제국주의 침략에 항의하고자 8월 15일을 (분신 거사일로) 선택했다"고 말했다. 홍기일의 죽음은 재야세력이 처음으로 '저항적 자살'에 공동 대응하고 나선 사건이었다. 경찰은 홍기일이 낮에 숨지면 시신을 빼돌리기 어려울 거라 생각했다. 그래서 강제로 산소호흡을 시키다 새벽에 호흡기를 제거하고, 부친을 동행시켜 홍기일의 시신을 야산에 몰래 매장해버렸다.

그로부터 한 달 뒤인 9월 17일에 성남 경원대 학생 송광영이 교내 집회 중 온몸에 휘발유를 뿌리고 '광주 학살 책임지고 전두환은 물러가라', '학원안정법 반대'를 외치며 분신했다. 대학생으로는 첫 번째 분신자살이었다.

1986년부터 저항적 자살의 형태는 달라진다. 그 이전엔 개별적·분산적이었다면, 1986년부터는 집단적이고 연쇄적인 저항적 자살이 잇따랐다. 1986년 4월부터 6월 사이에 6명, 1987년 2월에서 5월 사이에 4명의 열사가 출현했다. 임미리의 말에 따르면 "그 시기에 많이 불린 노래 가사처럼, 산 자가 죽은 자를 따르는 것으로 죽은 자의 투쟁을 계승했다."

시작은 1986년 4월 28일 서울대생 김세진과 이재호의 분신이었다. 오전 9시 30분 서울 관악구 신림사거리 가야쇼핑센터 맞은편 3층 건물 옥상에서 두 개의 불길이 솟아올랐다. 현장에 있었던 장유식 변호사는 이렇게 기억했다. "가야쇼핑센터 앞에 모인 전방교육 입소대상 85학번 400여 명은 도로에 연좌했다. 건물 옥상에서 이재호·김세진 두 열사가 핸드마이크를 손에 쥐고 '양키의 용병교육 전방입소 결사반대'를 선창하면 도로의 학생들이 따라 외쳤다. 경찰이 학생들을 무차별 구타하며 연행하기 시작했다. 일부 경찰은 3층 건물 옥상으로 뛰어올라갔다. 두 열사는 시너를 온몸에 끼얹고 외쳤다. '시위대에 덤벼들지 말라. 우리에게 가까이 오지 말라. 가

1986년 4월 28일 서울대생 김세진과 이재호의 분신을 시작으로 집단적이고 연쇄적인 '저항적 자살'이 잇따랐다. "산 자가 죽은 자를 따르는 것으로 죽은 자의 투쟁을 계승"한 것이다. 사진은 대학생 1,500여 명이 서울대 도서관 앞에서 김세진·이재호 열사 2주기(1988년 4월 28일) 추모식 및 추모사업회 발족식을 갖고 행진을 하는 모습.

까이 오면 분신할 것이다.' 그러나 경찰은 망설임 없이 옥상으로 진입했고, 두 열사는 라이터로 불을 당겼다. 김세진·이재호는 스스로 목숨을 끊은 게 아니다. 명백한 타살이라고 본다." 분신 직후 한강성심병원으로 옮겨진 김세진은 5월 3일 숨졌고, 이재호는 한 달가량 고통을 겪다 5월 26일 이 땅을 떠났다. 김세진·이재호의 분신은 한국전쟁 이후 첫 대중적인 반미 투쟁의 서막이었다.

두 사람의 죽음은 전두환 독재정권의 폭압통치가 최고조에 달했던 시기에 출현했다. 그랬기에 인화력 강한 도화선과 같았다. 그로부터 한 달도 채 못 된 5월 20일, 서울대 학생회관 옥상에서 이동수가 몸에 불을 붙이고 뛰어내렸다. 건너편 광장에서 문익환 목사가 연설하던 중이었다. 다음 날인 5월 21일에는 이동수의 분신 현장을 목격하고 괴로워하던 서울대생 4학년 박혜정이 한강에 투신해 숨졌다. 6월 5일에는 고교생 이경환이 서울 청량리 맘모스호텔 옥상에서 투신했다. 신문에서는 이경환의 죽음을 '성적 비관' 탓으로 돌렸지만, 투신 당시 옥상에 놓아둔 가방 안에서 정권을 비판하는 글과 복사물이 발견되었다. 6월 26일에는 목포의 사회운동가 강상철이 분신했다. 그는 사망 직전 비교적 또렷한 목소리로 "독재가 어떤 것인가를 온 국민에게 알리고 더 멀리 국제적으로 알려서 우리의 뜻인 민주화, 우리의 꿈인 민족의 통일을 이룩하고자 죽음을 선택할 수밖에 없었다"고 말했다. 어둠이 가장 짙었던 시기에 6명이 스스로를 민주주의 불꽃으로 산화시켰다.

분신 정국

저항적 자살이 잇따른 또 다른 시기는 1991년이었다. 그해에 모두 11명이 분신했고, 그중 9명은 흔히 '분신정국'이라 불린 5월투쟁 기간에 몸을 살랐다. 4월 26일 명지대생 강경대가 교내시위 도중 경찰 폭행으로 숨졌다. 강경대의 죽음은 5월 내내 1987년 6월항쟁 이후 최대 규모의 거리시위를 불러왔다. 또 이 기간에 박승희, 김영균, 천세용, 김기설, 윤용하, 이정순, 차태권, 김철수, 정상순이 분신했다. 그중 대학생은 박승희, 김용균, 천세용 셋뿐이었다.

임미리는 "1991년은 열사 의례가 집단화된 때였다. 1990년 처음으로 열사 합동추모제가 열려, 이전까지 개별적으로 치러지던 추모행사가 집단화·조직화했다. 1987년과 달리 1991년엔 타살이 자살을 불러왔고, 대학생의 죽음이 노동자와 시민의 죽음으로 이어졌다. 연이은 9명의 분신은 대학생뿐 아니라 노동자와 시민도 죽음을 하나의 실천으로 인식했다는 걸 의미했다"고 말했다. 하지만 5월투쟁과 잇따른 분신은 오히려 학생운동을 비롯한 전체 저항운동의 약화와 고립을 가져왔다. 공안세력은 '김기설 유서대필 사건'을 조작해냈고,

"분신의 조직적 배후가 있다"는 프레임으로 대중과 운동권을 분리했다. 폭압적 독재정권 아래서 운동을 확산하는 역할을 했던 저항적 자살은 그 의미를 다해가고 있었다.

임미리는 이렇게 밝혔다. "김대중 정권 이후 1998~2012년의 시기는 '열사의 해체기'에 해당한다. 열사의 숫자는 눈에 띄게 줄었다. 열사로 호명됐더라도 예전의 의미를 획득하진 못했다. 죽음의 양상은 점차 고립되어갔고 추모집단도 해체됐다. 1998년 이후 '정권 타도' 구호는 사라졌다. '열사 호명'의 해체는 기본적으로 민주 대 반민주 전선의 붕괴와 깊은 관련이 있다."

열사의 확산과 해체는 NL 사조의 부침과도 관련이 있다. 1980~1997년에 출현한 '대학생 열사' 32명 중 1980~1985년 시기의 열사는 4명이다. 1986년부터 1997년까지 28명의 열사가 집중적으로 출현했다. 1998년 이후 대학생 열사는 나타나지 않았다. 1986년은 강철서신을 시작으로 NL 사조가 대중화하기 시작한 해다. 임미리는 "1986~1997년은 학생운동이 이념적으로 분화하고 이것이 다시 NL계를 중심으로 강화됐다가 침체에 이르는 과정에 해당한다"고 말했다.

이 시기의 대학생 열사 28명 중 유서 등에서 학생운동 정파를 추정할 수 없는 5명을 제외하고 나머지 23명을 분류하면, 그중 19명이 NL계에 속했다. 문재인 대통령이 5·18민주화운동 기념사에서 언급한 조성만 열사의 경우, 1988년 5월

15일 서울 명동성당 옥상에서 유서 10여 매를 뿌리고 "광주학살 진상규명", "분단을 고착시키는 미제를 몰아내자" 등의 구호를 외치며 투신자살했다. 임미리는 "조성만의 죽음은 미국을 주적으로 설정한 NL 이론이 전체 저항운동 진영에 수용됐다는 것을 확인시킨 계기였다"고 말했다. 또한 NL계에서 열사들이 많이 나온 이유를 "NL이 PD에 비해 상대적으로 감정에 호소하는 이론이라는 점에서 찾을 수 있다"고 말했다.

　　　키워드는 '민족'이다. "당위형 자살은 슬픔에 대한 깊은 공감에서 나온다. 타자의 슬픔에 공감함으로써 직접 겪지 않은 폭력을 자신에게 다가올 폭력으로 예감하고 이에 저항하는 죽음이 '당위형 자살'이다. NL계에서 강조하는 '민족'은 바로 이런 슬픔의 원천이다. NL계 학생운동은 민족의 고통과 저항의 집단적 기억을 통해 집합적 정체성을 강화한다. 민족의 슬픔에 자신을 대입함으로써 폭력에 저항하고, 결국 민족의 대의를 위해 개인의 희생을 선택할 수 있게 하는 것이다."

7

패권주의와 피해의식
NL과 PD의 조직문화 (1)

논리보다 연배를 앞세운 NL

17대 대통령선거 열기가 뜨겁던 2007년 11월 말이었다. 아침 일찍 『한겨레』 편집국에 권영길 민주노동당(민노당) 후보의 선거대책위 간부 10여 명이 들이닥쳤다. 『한겨레』 보도가 권영길 후보에게 편파적이라는 항의를 하기 위해서였다. 『한겨레』가 보도 내용 때문에 청와대나 보수정당에게서 항의를 받고 고소를 당한 적은 여러 번 있었다. 하지만 야당 그것도 진보정당의 대규모 항의방문단을 맞은 건 처음이었다. 사실, 얼마 전 민노당 대선후보 경선을 할 때부터 권영길 후보를 지지하는 NL 쪽 인사들이 여러 차례 정치부로 항의전화를 걸어왔다. 당내 세勢 분포를 보면 권영길 후보가 압도적으로 우세한데, 『한겨레』는 PD 계열의 심상정 후보를 너무 부각해서 보도한다는 불만이었다. 그때만 하더라도 심상정 후보는 일반 국민에 거의 알려지지 않은, 새롭게 떠오르는 여성 정치인이었다. 이런 신선함이 뉴스가치를 더해주었을 뿐, NL이니 PD니 하는 구분은 신문 제작에 별 영향이 없었다. 정치부장이던 나는 물론이고 백기철·김의겸 차장 역시 1986년 6월항쟁 세대로, 굳이 따지자면 NL에 좀 더 우호적이었다.

그렇게 조금씩 쌓여가던 NL 쪽 불만이 11월 20일 『한겨레』 정치기사를 계기로 폭발했다. 조혜정 기자가 쓴 「민노당, 노선투쟁 다시 불붙어」란 기사였다. 대선 본선에 힘을 집중해야 할 시기에, 권영길 후보 캠프가 국가비전으로 제시한 '코리아연방공화국'을 놓고 당내 갈등이 표출되고 있다는 내용이었다. '코리아연방공화국'은 누가 봐도 NL 쪽 구호였다. PD 쪽에서는 "비정규직 문제 등 민중의 삶과 직접 관련된 사안에서 비전을 제시할 생각은 않고 그런 추상적인 북한 관련 슬로건에 힘을 쏟느냐"고 비판했다.

당내 갈등을 기사화한 것에 민노당 지도부는 흥분했다. 그래서 11월 22일의 이른 아침, 한겨레신문사 7층 편집국장실에 민노당 항의단과 『한겨레』 편집국 수뇌부가 마주하고 앉았다. 한겨레에서는 김종구 편집국장과 김이택 부국장, 정치부장인 내가, 민노당에서는 최규엽 공동선대본부장과 이상현 미디어홍보위원장, 이해삼 최고위원, 이영희 민주노총 정치위원장 등이 있었다. 탁자에는 논란의 발단이 된 기사가 펼쳐져 있었다. 민노당 간부들은 『한겨레』가 민노당, 특히 권영길 후보에 악의적이라며 거센 불만을 쏟아냈다. 우리는 그렇지 않다고 반박했다. 말이 오고가면서 언성이 높아졌다. 누군가 탁자를 손으로 내리쳤다. 분위기가 험악해지자 옆에 섰던 박중언 국제부 기자가 "예의 없이 남의 사무실에서 웬 큰소리냐"고 끼어들었다. 이 말에 민노당 간부들이 격분했다. 한 간부가 벌떡 일어나 박중언 기자에게 삿대질을 하며 "뭐? 예의 없다고? 너 몇 살 먹었어? 어린 게 감히……"라고 소리쳤다.

순간 일촉즉발의 긴장감이 감돌던 방 안에 웃음이 돌았다. 논란은 대충 끝이 났고, 민노당 항의단은 돌아갔다. 진보정당과 진보언론 사이의 '격렬하고 수준 높을 것 같은 논쟁' 중에 "너 몇 살이야. 어린 게 감히 (왜 끼어들어?)"라는 말은 도대체 왜 나온 걸까? 단편적인 일이지만, 이 에피소드에는 논리보다 연배를 앞세우는 NL 문화의 특징이 고스란히 녹아 있다. 한국적인, 너무나 한국적인 NL의 한 단면을 보여준다.

가장 대중적인 진보정당

한국전쟁 이후 가장 영향력 있고 대중적인 진보정당이 민노당이란 사실은 부인할 수 없다. 2000년 1월 창당한 민노당은 17대 총선(2004년)에서 정당 득표율 13퍼센트로 원내 의석 10석(지역구 2석, 비례대표 8석)을 획득했다. 2008년 PD계가 진보신당으로 떨어져나간 적도 있지만, 2012년 1월 통합진보당(통진당)이 발족할 때까지 12년간 민노당은 정당 여론조사에서 줄곧 10퍼센트 안팎의 대중적 지지를 받았다. 그러나 민노당 후신인 통진당은 고난의 길을 걸었다. 창당 몇 개월 만인 2012년 5월 부정경선 사건으로 통진당은 완전히 두 쪽으로 쪼개졌다. 갈라져 나온 쪽(PD 계열과 국민참여당 계열, NL 인천연합 등)은 정의당을 만들었다. 당권파(NL 경기동부 등)는 통진당을 고수하다 2014년 헌법재판소 결정으로 '정당 해산'이란 초유의 사태를 당했다.

진보정치 운동의 결실인 '민주노동당(또는 통합진보당) 12년'은 내부적으로는 NL-PD의 정파 갈등 역사였다. '한 지붕 두 가족'처럼, 진보정당 안에서조차 NL과 PD는 하나로 융합하지 못했다. 민노당 창당 주역이자 성장의 견인차였던 권영길(전 민노당 대표)은 "진보정당 성공을 위해선 NL과 PD가 화학적으로 결합해야 한다. 민노당에서 화학적 결합 직전까지 갔는데 끝내 그걸 이루진 못했다. 북한 문제가 둘의 화학적 결합을 막은 가장 큰 요인이었다"고 말했다. 북한 핵개발이나 북한 인권 등에 대한 인식 차이가 두 계파의 단일 대오를 가로막았다는 뜻이다. 하지만 분열을 단지 NL-PD가 지향했던 이념과 가치 차이로만 설명하기는 어렵다.

2000년 1월 30일 열린 민주노동당 창당대회에서 권영길 대표(가운데) 등 지도부가 당원들의 환호에 손을 들어 답례하고 있다. 민주노동당은 1960년대 이후 가장 폭넓은 지지를 받은 진보정당이었다. 그러나 내부적으로는 NL-PD의 정파 갈등에 계속 시달렸다.

1980년대 폭발적인 민주화 국면을 거치며 NL과 PD는 운동 노선과 혁명론에서 뚜렷한 차별성을 드러냈다. 좀 단순하게 도식화하면, PD는 소련 같은 사회주의 국가를 추구했던 반면 NL의 모델은 북한 정권이었다. 1990년대에는 NL과 PD 모두 비전 부재와 조직·영향력 쇠퇴라는 공통의 위기에 직면했다. 먼저 충격을 받은 쪽은 PD였다. 1989~1991년 소련 및 동유럽 사회주의권 붕괴는 마르크스-레닌주의를 추종했던 PD 계열에 좌절을 안겼다. 북한을 변혁운동 모델로 삼은 NL 역시 1990년대 중반 이후 북한의 대기근과 핵개발을 맞닥뜨리며 심각한 내부 이탈에 직면했다. NL과 PD가 손잡고 진보정당 운동에 나선 데에는 이런 공통의 위기가 크게 작용했다. 국제 사회주의권과 북한 모두 수렁에 빠진 상태에서, 이념과 노선의 차이는 과거만큼 날카로울 수 없었다.

오히려 두 계파의 몸에 밴 행동양식과 조직문화의 차이가 갈등을 부추기는 요인으로 작용했다. 민노당 초기부터 정책 자문을 했던 정영태(인하대 교수)가 쓴 『파벌』이란 책에는 정파 갈등의 이면을 상징적으로 보여주는 어느 NL계 핵심 인사의 발언이 나온다. "평등파는 상당히 개인주의적입니다. 그리고 집단주의를 굉장히 원칙적으로 싫어해요.……정확히 버르장머리가 없습니다. 예를 들면, 시당위원장 했던 사람이……20살은 어릴 거예요. 대표 손에다 볼펜으로, 대표 나 좀 봐봐, 나 좀 봐봐, 이러고 볼펜으로 때리고. 아, 난 뚜껑이 열리더라고요, 옆에 있다가. 그 정도에요.……평등파에서 자주파를 바라보는 눈은……쟤들은 무슨 우두머리가 결정하면 무조건 따르는, 애들이 공부는 안하고……이런 생각이 있는 시당이 있습니다." ■

이 NL 인사의 발언이나 『한겨레』 기자에게 "너 몇 살 먹었냐"고 묻는 민노당 간부의 말이나, 밑바닥에 흐르는 정서는 다르지 않다. 인간적 의리와 연공서열을 우선하는 한국의 전통 규범을 그대로 반영한 게 NL의 문화인 것이다. NL이 오랫동안 사회운동의 주류를 형성한 것도 한국적인 조직문화와 잘 들어맞았던 탓이 크다. 그러니 집단보다 '개인', 의리보다 '서구식 합리주의'를 중시하는 PD 쪽과 정당을 함께하는 게 쉬울 리가 없었다.

재연되고 확대된 갈등

NL과 PD 갈등의 뿌리는 여러 측면에서 찾을 수 있다. 우선, 학생운동에서 누적된 갈등이 진보정당 활동에서 재연되고 확대되었다. 1980년대 말~1990년대 학생운동권은 NL이 압도적 다수를 차지하며 주도권을 행사했다. 서울대와 이화

■ 정영태, 『파벌』(이매진, 2011), 54쪽.

여대, 동국대 등 전국 40여 개 대학에서 PD 출신 총학생회장을 배출한 1990년이 거의 유일한 예외였다. 그나마 이때도 전국 또는 지역별 학생조직과 각 대학의 단과대학·서클연합회 등에서는 NL이 우세해, PD는 큰 영향력을 발휘하지 못했다. 대학 시절 항상 소수파로, 다수파인 NL의 횡포에 시달렸다고 생각한 PD는 진보정당에서도 NL의 '패권주의'가 작동하는 데 극도의 경계심과 반감을 표시했다.

　　　민노당에서 활동했던 한 PD 계열 인사는 이렇게 말했다. "(NL의 가장 큰 잘못 중 하나가) 패권주의다. '전진'(민노당에서 가장 규모가 컸던 PD 그룹) 멤버들 중엔 학생운동을 경험한 활동가들이 다수인데, 이들은 기본적으로 학생운동할 때도 NL과 치열하게 대립했다. NL이 압도적 다수를 점하는 학교에서 소수파 활동을 하다 보니까 피해의식이 굉장히 컸다. (NL에) 대단히 부정적 인식을 갖고 있다가 여기(민노당) 와서도 이러나 하는 생각이 들고, 그게 몇 가지 사건을 통해서 증폭이 됐다."

　　　민주노총에서 NL 영향력이 크게 확대되는 과정 역시 PD가 피해의식을 가질 만했다. 민주노총 전신인 전국노동조합협의회(전노협)만 해도 조직 내부에서는 노동운동을 중시하는 PD 경향이 강했다. 1995년 11월 전국민주노동조합총연맹(민주노총)이 발족하면서 내부 역학관계는 달라진다. 민주노총은 크게 보면 전노협과 대기업 노조, 사무직 업종별 협의회 등

세 그룹이 힘을 합쳐 결성한 것이었다. 전노협은 PD 경향이 강했지만 대기업 노조는 NL 세가 상대적으로 셌다. 사무직 업종별 협의회는 NL은 아니지만 대중노선을 따르는 경향이 강했다. 외연을 확대해야 한다는 점에서 NL과 입장이 같았다.

민주노총 발족은 NL에 중요한 도약의 기회였다. 노동운동권뿐 아니라 일반 국민에 NL의 대중노선을 각인시키는 계기가 되었다. 그 무렵 민주노총이 내건 구호가 '국민과 함께하는 민주노총'이었다. 투쟁 목표도 노동현장을 뛰어넘어 복지 확대·재벌 개혁 등 일반 국민이 공감할 수 있는 수준으로 폭을 넓혔다. 민주노총 발족과 성장 과정에 깊이 관여했던 한 인사는 이렇게 말했다. "노동현장에선 조합원들과 술 마시고 친목회를 하는 등 대중친화적 활동을 하지 않을 수 없다. 노동조합 활동 자체가 기본적으로 대중노선의 성격을 띤다. (PD에 비해) 상대적으로 NL의 조직기반이 확대되는 건 당연했다. 민주노총은 나중에 민노당의 가장 큰 조직적 기반이 된다. 진보정당 운동에 늦게 뛰어든 NL이 민노당 당권을 잡고, 거센 사회적 비판 속에서도 비교적 탄탄하게 세력을 유지했던 배경엔 현장의 오랜 조직 확대가 깔려 있다."

1997년 대통령선거 때의 아픈 기억도 한몫했다. 그해 대선(12월 18일)을 두 달여 앞둔 10월, 진보 운동권은 독자적 정치세력화를 위해 '국민승리21'을 출범했다. 오래전부터 독자 진보정당을 추진해온 PD 계열의 진보정치연합(1992년 결성된 진보정당추진위원회 후신), NL 색채가 강한 재야단체 연합체인 민주주의민족통일전국연합(전국연합), 민주노총이 참여했다. 국민승리21의 출범은 몇 가지 의미를 지니고 있었다. 우선, 전국적 노동조합 조직을 기반으로 한 민주노총의 공식적인 첫 정치 참여였다. 과거 1987년과 1992년 대선에도 진보 후보(백기완 후보)가 출마했고 일부 노동자운동 단체가 백기완 후보 진영에 결합했다. 하지만 실제 대중적 득표력을 가진 노동조합들이 조직적으로 진보 후보를 지지한 건 1997년 대선이 처음이었다. 그해에 또 다른 전국적 노동조합 조직인 한국노동조합총연맹(한국노총)은 김대중 새정치국민회의 후보에 대한 공식 지지를 선언했다.

NL과 PD의 불완전한 결합

국민승리21의 출범은 오랫동안 반목하던 운동권의 두 흐름, 즉 NL과 PD가 함께 진보 진영의 정치세력화에 동참했다는 의미를 지녔다. 오래전부터 진보정당을 추진해온 PD는 그렇다 쳐도, NL 세가 강한 전국연합의 동참이 눈에 띄는 부분이었다. 하지만 양쪽의 결합은 기대했던 만큼의 시너지를 내지 못했다. 그 이유 중 하나는 NL계의 모호한 태도였다. 대통령선거가 김대중-이회창의 치열한 양자 대결로 치닫자, 전국연합 조직들은 국민승리21이 내세운 권영길 후보 대신에 김대중 후보를 지지하는 쪽으로 대거 돌아섰다. PD 쪽에서는 "NL은 낮엔 권영길 선거운동하고 밤엔 김대중 선거운동을 한다"고 비난했다.

국민승리21에서 활동했던 PD 계열 인사는 정영태와의 인터뷰에서 이렇게 말했다. "(NL 계열의 전국연합은) 며칠 전에 다 (권영길 선거캠프에서) 퇴각했습니다. 투표일 며칠 전에.……(김대중-이회창 후보 간의) 경합이 심하다 하는 압박을 받았던 모양이고, 전국연합 조직 안에서 (국민승리21 참여에 대한) 반발이 심했고요. 그러니까……전국연합 중앙에 있는 분들에게 지역 NL 조직, 정확하게 주사파 조직들이 (김대중 후보를 지지해야 한다고) 굉장히 압박을 많이 가했어요."■ 심지어 김대중 후보를 지지하던 운동권의 NL계 인사 중에는 "권영길은 미 CIA 스파이"라고 말하는 이도 있었다. 권영길은 "그때 정말 엄청난 사퇴 압력을 받았다"고 말했다. 대선 결과 권영길 국민승리21 후보는 기대에 못 미치는 30만 6,000표(득표율 1.2퍼센트)를 얻는 데 그쳤다.

선거 막판에 NL 조직들이 '진보 후보' 대신에 '보수야당 후보'를 지지한 건 어쩌면 민주대연합론에 따른 당연한 귀결이었다. 하지만 이로 인해 진보정당을 같이해야 할 두 계파

■ 정영태, 『파벌』, 62쪽.

의 불신은 깊어졌다. 당시 민주노총 정책국에서 활동했던 인사는 이렇게 말했다. "NL은 결정적 순간에 보수야당과 손을 잡을 거란 의심을 (PD 쪽에선) 항상 했다. 북한이 주장하는 민족해방전선의 성격이 기본적으로 그런 것이니까. 2012년 대선에서 박근혜-문재인 대결이 치열해지자 이정희 통합진보당 후보가 투표 직전 사퇴한 것도 (NL의) 그런 인식을 드러낸 것으로 본다. 하지만 여야 접전으로만 따지면 1997년 김대중-이회창 대결 때가 훨씬 심했다. 그때 '진보 후보'로 나섰던 권영길 후보는 끝내 사퇴하지 않았다. 이게 NL과 PD의 차이다."

8

'NL은 수단방법을 가리지 않는다'
NL과 PD의 조직문화 (2)

너무 다른 문화와 행동양식

학생운동 시절의 경험만으로 NL과 PD의 치유할 수 없는 갈등을 설명하기는 어렵다. 시대 변화에 따라 1980~1990년대의 노선 갈등은 많이 완화되었다. 그런데도 두 계파가 화학적 결합을 하지 못한 데에는 조직문화의 차이가 자리 잡고 있다. 결혼한 부부가 갈라서는 게 대개 성격이나 생활방식의 부조화에 기인하듯, NL과 PD도 함께하기에는 문화와 행동양식이 너무 달랐다. 노선이나 전략전술의 차이는 치열한 논쟁을 통해 거리를 좁힐 수 있었지만, 오랫동안 몸에 밴 조직문화와 정서, 생활태도의 거리감은 쉽게 털어내기 힘들었다.

"(NL쪽과는) 문화에 대한 괴리감이 제일 강했어요. 위계질서, 연공서열 이런 것들. 선배 앞에서 후배는 말을 안 받는다거나 담배를 안 피운다거나, 술도 돌려 먹는다거나 이런 게 굉장히 많았거든요. (민노당에 들어와선) 많이 약화가 됐는데, 그건 제가 볼 때는 NL이 민노당에 들어와서 개화가 된 거예요. 당에서도 초기에는 굉장히 강했어요. 그리고 간헐적으로 일어나는 폭력사건 그런 것도 다 이것(NL 조직문화) 때문에 일어나는데, NL의 신참 조직원들은 여기(민노당) 와서 그런 문화에서 더 빨리 깨죠. 그런데 고참들은 그냥 가다가 어떤 지점에서 부닥치고, 폭력으로 가고 그랬어요." (PD 계열 인사 1)

"한번은 이런 일이 있었어요. 회식 자리에서 젊은 여성 상근자가 하늘 같은 민주화운동 선배한테 반말했다는 이유로 발로 차고 접시를 집어던졌다고 해요. 그런 일들이 계속 있었어요. 이게 무슨 폭력조직도 아니고……." (PD 계열 인사 2)

"반대쪽(NL)에 있는 사람들이 선량한 사람들이지만, 선하고 아니고 이런 개념은 아니니까……. 갈등이야 뭐 좌파끼리 인간적인 갈등이 더 많을 수도 있는 거고, 그런데 그런 게 아닌 거 같아요. (NL과의 갈등은) 그런 걸 뛰어넘는 거 같아요. 그러니까 (NL은) 조직이 결정하면 다 따르는 문화가 형성되어 있었기 때문에 당내에서 나름대로 합리적으로 판단하려고 하는 사람들의 입장에서 볼 때는 약간 좀 안 맞는 것 같다, 그런 거죠. 그에 비하면 (PD 쪽은) 개인주의적인 편이고 그러다 보니 좀 지지부진하긴 해요. 그래도 개인의 참여가 봉쇄된다든지, 조직적으로 봉쇄된다든지 이런 느낌은 없었던 거 같아요. (NL과 PD 사이에) 그런 문화 차이가 있는 거 같아요."(PD 계열 인사 3)

반대로 NL 계열 인사들은 PD를 바라보는 속마음을 이렇게 털어놓았다.

"조직문화가 다르죠. 정서나 문화가 많이 다르죠. 제가 볼 때는 출발이 사상적인 데서부터 시작하는 거 같아요. 예를 들면, 저희(NL) 활동방식은 쭉 그렇게 해온 거니까 익숙한 거잖아요. 진짜 관점의 차이가 아니라면 방식의 차이 같은 건 사실 저희는 그거 갖고 크게 그렇게 (문제를 삼거나) 하지 않거든요. 방식의 차이는 서로 존중해주면 되는 거니까요. 그런 데서 우리는 좀 더 열려있다고 할 수 있죠. 동지애도 차이가 있어요. 사람이 어떻게 완전무결하겠어요? 그런 사람이 있어 단결한다, 그런 게 아니고요, 사람마다 문제가 있고 오류가 있을 수 있죠. 그런데도 대표를 중심으로 뭉쳐야 된다는 거죠. 그런 데서도 (PD와는) 분명히 차이가 있죠."(NL 계열 인사 1)

"제가 당내에서 겪은 거로는 평등파(PD)는 집단주의를 굉장히 원칙적으로 싫어해요. 집단주의를 싫어하다는 것은 사실은 다수결주의를 어길 수 있다는 거죠. 그리고 대중성이 떨어져요."(NL 계열 인사 2)"

"(2007년 민노당 대선후보 경선에서 NL이 미는) 권영길 씨가 후보가 되자, (PD 계열 핵심이었던) ○○○ 씨는 선거운동 기간 중 해외여행을 가버렸어요. 그건 있을 수 없는 거죠. 저는 (PD의) 그런 게 싫어요. 무슨 생각을 가져도 좋다는 거죠, 자주파를 싫어해도 좋고, 사상의 자유가 있으니까, 다 좋다 이거죠. 그래도 조직의 구성원 아니에요? 어떻게 (선거운동 기간에) 해외여행을 갑니까?……(PD엔) 자유주의적 진보주의자가 많은 거죠. 우리(NL)는 오늘 서명 500명 받자 그러면 500명 될 때까지 하거든요. 여기(PD)는 아이 픽업할 시간 됐는데, 이제 가야 되는데, 그런 식이에요." (NL 계열 인사 3)

"우리가 사실은 정파 연합으로 당을 시작했던 태생적인 그런 약점이 있었죠. 몇 년 동안 같이하면서 그런 차이점들이 좁혀지기보다 여전히 온존했고, 당권이 한쪽(NL)으로 완전히 기울어져 갔고……. 사실 처음에는 우리(NL)가 소수였잖아요, 그렇지만 우리 입장이 관철 안 되고 이런 거였지 당을 깬다 이런 생각을 우리는 안 했거든요. 당이 이러면 안 되는데, 이런 생각은 하지만 '당을 깬다'는 생각은 안하죠. 그런데 (PD는) 진짜 당을 깨는 거예요." (NL 계열 인사 4)

이렇게 NL과 PD는 서로를 완전히 다른 시각과 기준에서 바라보았다. 이념과 노선보다 행태와 문화가 못마땅하다는 비판이 훨씬 많다는 건 의미심장하다. 민노당 정파 갈등을 파헤친 책 『파벌』의 저자 정영태는 두 계파의 조직문화 차이를 이렇게 평가했다.

"민족주의적인 성향이 강한 민족해방(NL) 계열 파벌,

특히 민족해방 계열 중 주체사상을 신봉하는 '주사파' 파벌은 집단주의(또는 민주적 집중제), 가부장제, 단일 민족 등과 전통적인 가치를 민중민주(PD) 계열에 비해 상대적으로 더 중시하는 반면, 자유주의적인 성향이 강한 민중민주 계열 파벌들은 개인주의적 민주주의, 연령이나 성별의 차이보다는 평등·다문화 등 후기산업사회의 가치를 중시하는 경향이 있다. 이런 조직문화의 차이는 서로 다른 파벌 구성원 간의 일상적인 소통을 어렵게 하는 것은 물론 당규를 포함한 규칙과 행동을 다르게 해석하게 하면서 갈등의 또 다른 요인이 됐다."■

그런 점에서 NL은 개인보다 조직을 중시하고 합리적 판단보다 인간적 의리를 앞세우는 한국 사회와 꼭 닮았다. 숱한 문제점에도 불구하고 1986년 이후 30년 동안 NL이 진보진영의 다수파로 자리매김할 수 있었던 비결이 여기 있다. NL 조직문화가 한국 사회의 DNA와 딱 맞아떨어졌던 셈이다. 정영태는 이 지점을 이렇게 분석했다.

"NL엔 한국을 대표하는 전통적 가치규범이 그대로 살아 있다. 세대에 따라 다르긴 하지만, 산업화 세대 심지어 '86세대'(1960년대에 태어나 1980년대에 대학을 다닌 민주화운동 세대)도 머리로는 민주주의와 합리주의를 얘기하지만 몸은 거기에 안 따라갔다. 어렸을 때부터 그렇게 자랐으니까. 이런 전근대

■ 정영태, 「파벌」, 293쪽.

적 행태에 한국의 구세대뿐 아니라 민주화 세대까지 물들어 있다. 권위주의, 집단주의, 연고주의, 여전히 이런 게 작동하고 있다. 한국 사회 전체가 그렇다. 재벌도 그렇게 움직이고, 진보적 단체나 정당도 겉으론 안 그런 거 같은데 소조직으로 내려가면 마찬가지다. 활동가를 재생산하려면 학교 연고가 중요하니까. 그래서 전통적 가치규범은 극복 대상이면서 동시에 여전히 중요한 요소가 된다. NL은 아예 이걸 이론적으로 정당화시켜 버렸다. 북한에 유일사상이 있으니까, 위계질서와 통제로 집단을 유지하는 북한 체제가 있으니까, 신념과 의리를 가장 중시하는 주체사상이 있으니까, 그러니까 NL은 그게(자신들의 인식과 문화가) 문제라고 생각하지 않으니까 더욱 당당하게 행동했다. NL이 한국의 전근대적 문화와 전통을 이론적으로 정당화하고 합리화시켜 준 거다."

NL의 온정주의와 '당비 대납'

인간적 관계와 의리를 중시하고, 개인보다 전체를 앞세우며, 항상 대중 중심의 사고와 행동을 하려 애쓰고 연공서열과 위계질서를 존중하는 문화. 이것이 NL의 조직문화였다. 한국 사회가 산업화와 민주화 과정에서도 버리지 않고 오랫동안 온존해온 규범이기도 했다. PD라고 해서 한국 사회규범에서 자유로울 수는 없지만, 그래도 서유럽의 사회민주주의를 추구하다 보니 NL보다는 훨씬 덜한 것이 사실이었다.

　　문화와 양식의 차이는 어떤 사건을 계기로 한꺼번에 폭발하곤 했다. NL계 인사들이 관련된 '영남위원회 사건'이나 '일심회 사건' 등이 그런 사례다. NL 계열의 한 인사는 1998년 7월 김대중 정부에서 일어난 영남위원회 사건을 PD 쪽이 도와주지 않았다고 말했다. 영남위원회 사건은 경찰의 수사 잘못으로 관련자 대다수가 최종심에서 무죄 판결을 받았다. 당연히 무리한 수사를 규탄하는 운동이 진보 진영에서 일어났다. 그런데 PD계는 석방 운동에 적극적이지 않았다. 오히려 "NL은 (북한을 추종한다는) 이념 성향을 왜 자꾸 숨기려고만 하느냐"고 핀잔하는 사람도 있었다고 한다. 어려움에 처한 동료를 도와주기는커녕 먼발치에서 뭐가 옳은지 따지는 PD의 행태를 NL은 도저히 이해할 수 없었다. "그래도 우리가 한 편인데, 동지의 고난을 방관할 수 있나? 의리를 저버리는 게 인간이 할 도리인가"라는 것이 NL의 보편적 정서였다.

　　반대로 PD 쪽에서는 이런 NL의 집단주의·온정주의 문화가 오히려 독이 되어 조직을 망친다고 보았다. 대표적인 것이 NL 그룹의 '당비 대납'이었다. 민노당 활동 초기에 PD는 NL의 말단 지역조직에서 대수롭지 않게 당비를 대신 내주는 것을 목격했다. 당시 NL의 누구도 이게 정당법과 정치자금법 위반이란 사실을 무겁게 인식하지 못했다. '돈 없는 동료를 대신해서 당비를 내주는데, 또는 십시일반으로 돈을 거두어서 동료를 도와주는 건데, 그게 뭐가 문제냐라고 생각했다. "그때는 심각한 법 위반이 될 수 있으리란 걸 깨닫지 못했다. 그런데 PD 쪽에서 그걸 문제 삼으니까, 아 이게 심각한 문제구나 생각했다"고 NL 쪽 인사는 말했다. 통진당(민노당의 후신)을 와해로 몰고 간 2012년 부정경선 사건의 문화적 배경은 이런 데 있었다.

대중정당에 맞지 않은 NL 문화

NL-PD 사이 본격적 갈등의 시작은 2001년 서울 용산지구당 파동으로 알려져 있다. 분당 직전인 2008년 2월 3일 민노당 임시당대회에 제출된 공식 보고서에는, 창당 이후 '패권주의' 논란이 일었던 13개의 사건이 적혀 있다. 시기적으로 가장 먼저 일어난 것이 바로 용산지구당 사건이다. 용산지구당 사건을 시작으로 인천 남동갑지구당 사건(2002년), 서울 강남지구당 사건(2003년), 당 기관지 『이론과 실천』 파동(2005년), 서울 성북갑 부정선거 사건(2007년) 등이 줄줄이 발생했다. 권영길은 이렇게 회고했다. "서울 용산지구당 창당준비위원장이 김종철 씨(나중에 민노당 대변인과 최고위원을 지냈다)였는데, 한번은 나한테 '누가 자꾸 용산지구당에 밀고 들어오려고 한

통합진보당을 와해로 몰고 간 2012년 '부정경선 파동'의 배경에는 NL 특유의 문화적 특징이 자리 잡고 있다. 그해 5월 12일에 열린 통합진보당 중앙위원회의에서 당권파 당원들이 피켓을 들고 회의 중단을 촉구하고 있다.

다'고 하더라. 그래서 '그럴 리가 있느냐'고 반문했다. 진보정당 지구당위원장은 여당이나 제1야당처럼 총선에서 당선을 노리거나 정치적 출세의 기반이 되는 자리가 아니었기에 서로 안 하려고 하던 시절이었다. 참 이상하다 싶었다."

2002년 초 민노당은 서울 용산지구당 창당을 준비했다. 그때 창당대회에서 지구당 위원장과 대의원 11명을 한꺼번에 뽑기로 했다. PD계인 창당준비위원장 김종철은 NL 쪽에 "대의원을 양쪽이 똑같이 나누자. 지구당 위원장도 원하면 양보할 수 있다"고 제안했다. 당내 세력분포를 반영한 나름 합리적 제안이었다. 그때는 대의원 한 사람 한 사람에 신임을 묻도록 되어 있어, 한 표라도 많은 다수파가 전체 대의원을 독식할 수 있는 구조였다. NL은 이 제안을 거절했다. 그리고 창당대회 직전에 자파 대의원 후보 11명 전원을 후보로 등록시켰다. 표 대결을 통해 대의원을 독식하겠다는 뜻이었다.

정정당당한 승부였다면 그나마 후유증이 덜했을 것이다. 김종철의 말이다. "경선을 앞두고 당원명부를 정리하는 과정에서 보니, 어떤 당원의 집엔 대학생 5명이 살고 있는 걸로 되어 있었다. 또 신혼부부가 사는 원룸인데 당원 거주자가 무려 7명인 곳이 있었다. NL 쪽에서 다른 지역 당원들을 대거 용산으로 주소 이전 시킨 것이었다. 어떻게든 반드시 권력을 쥐어야겠다는 패권주의가 이런 거구나 하는 걸 느꼈다."

김종철 창당준비위원장과 PD계 대의원 후보 5명은 즉

각 후보직을 사퇴하고 이 사실을 중앙당에 알렸다. 당에서는 난리가 났다. 결국 지구당 창당대회는 무산되었다. NL이 용산 지구당을 접수하려 했던 이유는 용산에 주한미군 기지가 있기 때문이었다. NL계는 반미 투쟁의 구심인 용산을 포기할 수 없었다. 'NL은 목표를 위해서 수단방법을 가리지 않는다'는 인식은 이런 데서 생겨났다. 김종철은 이렇게 말했다.

"그때 당규가 미비해서 당원 확장을 할 때 자기가 아는 사람들을 주로 당원으로 가입시킬 수밖에 없는 측면이 있었다. 그러니 약간의 문제는 저쪽(NL)이나 이쪽(PD)이나 다 있었다. 하지만 본질적으로 다른 게, PD 쪽에선 위장전입을 하려 해도 '그거 불법 아니냐, 그렇게 해선 안 된다'는 내부 비판과 토론에 의해 어느 정도 제어가 된다. NL은 달랐다. 위에서 결정하면 그대로 집행해야 한다는 집단주의 분위기가 매우 강했다. '목표가 방법보다 더 중요하다'는 자기 확신을 (조직원들에게) 심어주었다. 그러니까 대학생들은 위장전입에 가담하고도 아무런 죄의식을 느끼지 않았다. 이게 패권으로 외형화했다. NL은 대중활동에서 탁월한 면이 있지만, 문화·조직풍토·규율 이런 부분에서 대중정당에 잘 맞지 않는 측면이 있었다."

9

전설적인 대중활동
경기동부의 기원 (1)

광주대단지 사건

1970년 4월 8일 오전 6시경. 서울 마포구 노고산의 가파른 중턱에 세워진 와우아파트 1개 동이 무너져내렸다. 준공된 지 4개월밖에 안 된 새 아파트였다. 출근시간 전이라 집 안에 있던 주민들의 피해가 컸다. 사망 33명, 부상 38명. 날벼락이었다. 그나마 아직 전체 가구의 절반 정도밖에 입주하지 않은 게 다행이었다. 새로운 주거형태인 아파트가 막 서울에서 인기를 끌던 무렵이었다. 최첨단의 콘크리트 건물이 무너지리라곤 누구도 상상하지 못했다. 25년 뒤 삼풍백화점이 무너질 때까지 와우아파트는 우리나라 고도성장의 그늘, 부실공사의 대명사로 오랫동안 사람들 입에 오르내렸다.

원인은 철근을 빼고 콘크리트를 올린 데 있었다. 전형적인 날림 공사였다. 무허가 건설업자가 서울시 공무원들에 뇌물을 주고 공사에 참여했고, 1개 동에 철근 70개를 넣어야 하는 데도 공사비를 줄이기 위해 고작 5개만 넣고 아파트를 지었다. 경찰 수사로 수십 명의 공무원과 업자가 구속되었다. '불도저 시장'이라 불리던 김현옥 서울시장은 옷을 벗었다.

김현옥은 박정희 대통령의 각별한 신임을 받으며 서울을 '현대화'하기 위해 급격한 도시개발을 밀어붙인 인물이다. 도시화로 서울 인구가 급증하면서 무허가 판자촌이 곳곳에 늘어났다. 1966년 10월 린든 존슨 미국 대통령이 서울을 방문했을 때였다. 중구 소공동 일대의 중국인촌과 남산 기슭 판자촌이 텔레비전을 타고 전 세계에 방영되었다. 박정희 대통령은 나라 망신이라고 생각했다. '도시 미화'를 내걸고 무허가 판자촌 정리를 지시했다. 김현옥 서울시장은 무허가 가옥 십 몇만 채를 강제 철거하고 시민아파트를 대대적으로 건립하겠다고 발표했다. 와우아파트는 이 도시계획의 일환으로 지어진 시민아파트였다.

당시만 해도 시민아파트는 최신식 주택으로 중산층 이상의 거주지였다. 별다른 보상도 없이 아파트 건설지역에서 쫓겨난 무허가주택 철거민들은 오갈 데가 없었다. 서울시는 철거민들을 경기도로 강제 이주시켰다. 김현옥 시장 재임 시절인 1968년, '한강 이남에 제2의 서울을 건설한다'는 명목

아래 경기도 광주군 중부면 5개 리 300만 평에 철거민들을 이주시키겠다고 발표했다. 그 뒤 수년간 서울에서 쫓겨난 철거민들은 반강제로 광주대단지(지금의 성남시)로 이주해야만 했다. 말이 '제2의 서울'이지 아무런 기반시설도 갖추지 않은 허허벌판에 철거민들을 그대로 몰아넣은 것이었다. 1969년부터 광주로 몰려들기 시작한 철거민과 이주민 숫자가 1971년에는 13만 명에 달했다. 먹고살려면 서울로 출퇴근을 해야 했는데, 서울로 가는 도로는 국도 하나뿐이었고 그나마 1970년 말이 되어서야 포장이 시작되었다. 상수도는 애초 계획의 3분의 1만 공급되었다. 전기가 들어오는 집이 전체 가구의 절반에 못 미쳤다. 위생상태와 의료시설은 최악이었다. 빈곤이 극에 달해 '산모가 아이를 낳아 삶아먹었다'는 소문이 돌 정도였다.

  1971년 8월 10일, 주민들의 분노가 폭발했다. 서울시가 투기를 막는다는 명목으로 이주민에게 불하해준 땅값을 크게 올리고, 그것도 일시불로 내라고 요구한 게 발단이었다. 주민 약 5만 명이 '배가 고파 못살겠다', '일자리를 달라'는 플래카드를 들고 서울시장 면담을 요구했다. 면담 약속시간에 시장이 나타나지 않자 주민들은 출장소에 들어가 서류를 불태웠다. 이어 시영버스를 뺏어 타고 서울로 향하다 이를 막는 경찰과 격렬한 투석전을 벌였다. 광주대단지는 한나절 동안 시위 군중에 완전히 점거되었다. 시위대는 그날 저녁 양택식 당시 서울시장이 주민 요구를 모두 들어주겠다고 약속하면서 6시간 만에 해산했다. 해방 이후 최초의 대규모 도시빈민 생존권 투쟁이었던 '광주대단지 사건'은 그렇게 끝이 났다. 그러나 서울에서 쫓겨나 차별과 배제를 당했다고 생각한 광주의 정서는 이후 성남 지역 민주화운동과 조직 활동의 기반이 되었다. 그로부터 40여 년 뒤 정치권을 뒤흔든 통합진보당 사건의 주역 '경기동부'의 역사적 기원은 급격한 산업화의 그늘, 차별과 배제에 맞선 지역적 연대의식과 맞물려 있다.

성남 운동세력과 학생운동의 결합

1980년 성남시대학생연합회(성대련)가 결성되었다. 서울에 있는 대학교에 다니는 성남 학생들이 만든 모임이었다. 한 대학에 같은 지역 출신 학생들의 모임(향우회)이 결성되는 것은 흔했지만, 작은 도시에 사는 여러 대학 학생들이 한데 모여 지역조직을 꾸린 것은 드문 일이었다. 매개는 5·18광주민주화운동이었다. 전두환 신군부가 내린 휴교령으로 학교에 갈 수 없게 된 성남 지역 학생들이 삼삼오오 모이다 자연스레 단체를 만들었다. 서울대생으로 성대련 회장을 지낸 박우형은 임미리와의 인터뷰에서 "이전까지 YMCA 등 종교단체를 보호막 삼아 활동한 것에 견주면 성대련은 새로운 형태였고, 시간이 갈수록 광주의 실상을 알고 싶어하는 더욱 많은 학생

1992년 2월 성남 모란시장(5일장)의 모습. 수도권 최대 민속시장으로 꼽히는 모란시장은 1970년대 초 서울에서 쫓겨난 철거민들이 성남 일대에 모여들면서 자연스럽게 생겨났다. 고도성장 과정에서 차별당했다고 생각한 성남의 정서는 이후 민주화운동과 조직 활동이 자라나는 토양을 제공했다.

들이 결합했다"고 밝혔다.

임미리는 성남이 특히 5·18광주민주화운동에 민감하게 반응한 것은 광주대단지 사건의 기억 때문이라고 분석했다. 1980년 광주의 고립과 외로운 투쟁은 1971년 경기도 광주(오늘날 성남시)의 그것과 흡사했다. 더욱이 성남은 '제2의 광주'라고 불릴 정도로 호남 인구가 많았다. 5·18광주민주화운동에 대한 정서적 공감이 다른 지역에 비해 훨씬 클 수밖에 없었다. 이런 정서는 대학생들 활동에도 그대로 투영되었다.

5·18광주민주화운동이 1980년대 한국 사회운동에 끼친 가장 눈에 띄는 영향은 반미 운동의 대중화였다. 신군부의 광주 시민 학살을 미국이 방조했다는 생각은 '미국 책임론'으로 비화하며, 한국전쟁 이후 처음으로 반미 운동의 대중적 확산을 불러왔다. 광주의 정서를 공감했던 성남의 젊은 대학생들이 '자주'와 '반미'를 앞에 내건 NL로 기운 건 지극히 자연스런 현상이었다. 성남은 1980년대 중반 이후 NL의 강고한 아성으로 변신했다. 임미리는 "지금의 경기동부연합 인맥은 재탄생한 성대련을 중심으로 1984년부터 만들어졌다"고 말했다. 성대련은 1990년에 대학을 가지 않은 지역 청년들까지 포함하는 '터사랑청년회'로 확대되었다.

- 임미리, 『경기 동부』(이매진, 2014), 65쪽.
- 앞의 책, 72쪽.

1987년 6월항쟁은 성남이란 지역에 기반한 운동세력과 학생운동이 조직적으로 결합하는 계기로 작용했다. 민주헌법쟁취국민운동 성남지역본부가 결성되었고 여기에 전대협 산하 용인성남총련(용성총련) 학생들이 결합했다. 6월항쟁 첫날인 6·10시위부터 6·26까지 성남에서는 학생·시민 수만 명이 참여하는 거리시위가 벌어졌다. 대규모 시위의 물꼬를 튼 건 역시 한국외국어대 용인캠퍼스와 경희대 수원캠퍼스, 경원대 총학생회 학생들이었다. 성남의 지역 정서와 한국외국어대 용인캠퍼스의 조직력이 결합해서 다른 지역에서는 보기 힘든 특별한 결속력을 만들어냈다. 그 무렵 운동권에 급속히 퍼진 '의리'와 '단결'을 앞세우는 NL 사조가 이런 결합의 밑거름이 되는 건 당연했다.

　　1990년대 중반부터 '경기동부'는 조직력과 대중활동 경험을 바탕으로 NL 진영에서 두각을 나타냈다. 이때까지만 해도 경기동부연합은 지금과 같은 특정 NL 그룹을 부르는 이름이 아니었다. 1991년 발족한 재야세력의 결집체인 민주주의민족통일전국연합(전국연합)은 학생운동, 노동운동 등 부문별 조직과 각 지역별 조직의 결합체였다. 성남 지역에서 활동한 전국연합 조직이 바로 '성남연합'이었다. 전국연합의 다른 지역조직도 비슷했지만, 성남연합 결성의 주력은 NL 그룹들이었다. 성남연합 결성 과정을 잘 아는 재야단체 출신 인사는 이렇게 말했다. "성남연합엔 주로 NL 쪽 그룹과 중도 성향의 시민사회단체, 지역의 목사·교수 같은 명망가들이 참여했다. PD 쪽은 진보정당 건설에 더 관심이 많아서 거의 참여를 안했다. 성남연합은 처음부터 NL 강세의 단체였다." 성남연합은 1996년 무렵 용인, 광주, 하남, 이천, 여주까지 포괄하는 좀 더 큰 규모의 '경기동부연합'으로 확대 개편되었다. 경기동부연합은 2000년 민노당이 창당할 때 NL 그룹 가운데 가장 먼저 진보정당에 참여해서 '민노당 경기동부지부'의 주축을 이루었다.

2000년대 초반에 전국연합이 유명무실화하면서 경기동부연합 역시 공식적으로는 사라졌다. 2012년 통진당 경선 부정 사태 때 당권파가 "경기동부연합은 오래전에 해체된 실체 없는 조직"이라고 주장한 배경이 여기 있다.

전국연합 경기동부연합이 정당 조직인 민노당 경기동부지부로 전환할 때 회원 숫자는 500명 정도였다고 한다. 민노당과 통진당에서 당권파라 불린 경기동부연합의 순수한 조직 규모를 따지자면, 대략 그 정도라고 보는 게 타당할 것이다. 많다면 많고 적다면 적은 수지만, 결집력과 실천력에서만큼은 PD는 물론이고 NL 내부에서도 타의 추종을 불허했다.

타의 추종을 불허하는 대중사업

1996년 유례없는 기근에 시달리던 북한 동포를 돕자는 운동을 처음 시작한 곳이 경기동부연합이다. 쌀 모으기 운동에 참여했던 한 인사의 이야기다.

"1996년 4월 15대 총선 때였다. 한국외대 총학생회장을 지내고 성남에서 지역활동을 하던 정형주 씨(84학번)가 전국연합의 권유로 총선에 무소속으로 출마했다. 그때 이름도 알려지지 않은 정 후보를 어떻게 주민들에게 각인시킬까 고민했다. 이왕 선거에 참여한 이상 보수정당 같은 선거운동 말고, 우리 식으로 민족적이고 진보적인 선거운동을 하자고 했다. 그렇게 나온 게 '북한 동포 돕기 쌀 모으기 운동'이었다. 그때 북한은 몇 년째 큰 홍수로 심각한 식량난에 시달리고 있었다. 성남의 한 집 한 집 찾아다니면서 쌀 한 됫박씩만 모으자, 그러면 북녘 동포를 도울 수도 있고 선거운동도 되지 않겠나, 이런 마음으로 시작했다. 나중에 끝나고 계산해보니 우리 운동원들이 1만 5,000가구를 방문해서 쌀을 모았더라. 그렇게 200가마니를 모아서 북에 보냈다. 그 뒤 북한 동포 돕기 쌀 모으기 운동이 전국으로 확산됐다. 선거에도 큰 도움이 됐다. 그전까지 운동권의 방식은 유인물 뿌리고 집회나 시위를 하는 게 전부였다. 이제 집집마다 찾아가니까 주민과 안방에서 대화도 하게 되고……. 정말 대중운동이란 게 이런 거구나 하는 걸 느졌다."

　　　　정형주 후보 캠프는 지역을 돌며 '청소 선거운동'도 했다. 운동원들이 다 모여 빗자루 하나 들고 골목골목을 청소하면서 지나가는 시민에게 인사하는 것이었다. 운동원들은 선거가 끝난 뒤에도 1년가량 지역 청소를 계속했다. 성남 주민들은 자연스레 정형주 후보와 운동원들, 곧 경기동부 그룹을 '동네 청소 잘하고 북한 주민 돕기를 열심히 하는 사람들'로 기억했다. 경기동부연합이 나중에 민노당에서 다수파, 곧 당권파로 발돋움한 데에는 이렇게 밑바닥에서 조직을 다지는 철저한 대중노선이 바탕에 깔려 있었다. 운동권이란 '이슈를 만들고 그 이슈가 지나가면 소리 소문 없이 사라지는 꾼들'이라는 인식을 성남에서 경기동부 그룹이 떨쳐버렸다.

　　　　1996년 제15대 총선에서 30대 초반의 무소속 정형주 후보는 성남시 중원구에서 8,794표(8.36퍼센트)를 얻었다. 전혀 이름이 알려지지 않은 무소속 후보가 1만 표 가까이 득표한 건 놀라운 일이었다. 낙선했지만 정형주는 운동권에서 유명해졌다. 그리고 그 명성은 2012년 통합진보당 사태 때 '경기동부연합의 몸통'이라는 비난을 받는 계기로 작용했다. 정형주는 2012년 3월 『한겨레』 인터뷰에서 "경기동부연합은 2000년 민주노동당이 창당한 뒤 얼마 안 가 없어진 단체(전국연합의 지역조직으로 해체되었다는 뜻)"■라고 반박했지만, 그런 말로 진보정당 내부에서 곪을 대로 곪은 파벌의 상처를 덮을 수는 없었다.

경기동부 그룹은 진보 진영에서 전례를 찾기 힘든 성공적인 대중사업을 계속 벌여나갔다(누군가는 '전설'이라고 불렀다). 1998년 IMF 외환위기 직후 성남에서 처음 시작한 공부방 사업도 그런 사례였다.

저소득층 밀집지역인 성남에는 맞벌이 부부가 많아 아이들이 그냥 방치되곤 했다. 경기동부는 이 점에 눈을 돌렸다. 낮에 아이들을 맡아 공부를 가르쳐주는 공부방을 운영하면 주민들의 호응을 얻을 수 있으리라 판단했다. 공부방 선생님은 대학을 나온 경기동부 회원들이 맡으면 될 것이었다. 회원들은 북한 돕기 쌀 모으기를 할 때처럼 집집마다 찾아가서 '공부방을 열려고 하는데 아이를 보내겠느냐'고 물었다. 낮에 아이를 맡길 데가 없어 고민하던 부모들은 대환영이었다. 그렇게 성남 달동네서 처음 문을 연 공부방은 전국으로 퍼져나갔고, 시·군·구 등 지방자치단체에서 예산까지 지원하는 대형 사업으로 발전했다. 성남에서 10년 동안 공부방을 거쳐간 아이들만 3,000명을 넘었다.

경기동부로 분류되는 한 인사는 "2000년 민노당 창당 때 PD가 다수였고, 우리는 소수였다. 우리는 열심히 대중활동을 했고, 기반을 넓혀서 다수로 성장했다. 이걸 패권주의라

■ 허재현, 「경기동부연합의 몸통을 만나다」, 『한겨레』, 2012년 3월 31일.

비난하는 건 참을 수 없다"고 말했다. 그러나 경기동부연합은 해체되었어도 '정파로서 경기동부'는 오히려 강화되었다고 많은 사람이 느꼈듯이, 경기동부 그룹의 당권 장악 과정을 단지 '탁월한 대중사업의 결과'로만 설명하기는 어렵다. NL 스스로도 인정하지만, 강력한 조직력과 '일단 조직이 결정하면 따른다'는 집단주의 정서, 그리고 과정보다 결과를 중시하는 목표지상주의가 다른 이들에게는 '배타적 패권주의'로 인식될 수밖에 없었다.

민노당 정책실장과 진보신당 정책위원회 의장을 지낸 고故 이재영(1967~2012)은 생전에 정상근(현 『미디어오늘』 기자)과 인터뷰에서, 경기동부연합의 패권적 행동에 대해 이렇게 말했다. 1997년 국민승리21 활동을 할 때 "성남에서 두 세력, 성남 진정추(진보정당추진위원회)와 경기동부가 같이 지구당 설립신고를 승인해달라고 (중앙당에) 요청했어요. 그런데 그 두 그룹의 갈등을 알고 있었던 중앙당에서는 지구당 승인을 안 해줬어요. 그랬더니 경기동부가 도당 직인이 보관되어 있었던 사무실에 몰래 들어가 직인을 절취해서 공문서를 위조하고 선관위에 일방적으로 등록했어요. 현재 경기동부라 칭해지는 세력은 국민승리21 때부터 보자면 불법인 셈이에요. 직인을 절취해서 만든 불법 지구당이죠. 그렇게 절도와 불법이 최초로 발생한 거예요. 그럼에도 불구하고 여전히 경기동부와 성남 진정추 사이에 대립이 있었어요. 당시만 해도 경기동부가 성남 진정추를 압도할 만한 세력이 없었어요. 진정추는 직장인들이 많아서 당비를 냈는데 경기동부는 그것도 못 냈어요. 그래서 개발한 것이 '당비 대납'이에요. 당직자가 진정추, 민주노총 조합원들이 낸 당비를 자파(경기동부)의 학생들, 통일단체 회원들에게 대납해 줬어요.■

이렇게 '전설적인 대중활동'과 '공세적 패권주의'란 양날의 칼 위를 경기동부는 위태롭게 걸어갔다.

■ 정상근, 「"통합진보당은 깨질 수밖에 없다" 아픈 이재영, 아픈 진보를 말하다 ①」, 『레디앙』, 2012년 5월 25일.

10

진보정당 역시 대중정당이다
경기동부의 기원 (2)

대중의 신뢰를 잃다

1996년 선거의 경험은 경기동부연합이 NL 그룹들 가운데 가장 먼저 진보정당에 결합하는 계기로 작용했다. 1990년대 초반부터 독자적 정치세력화에 적극적이었던 PD 계열과 달리, NL계는 '민주대연합론'을 내세우며 집권 가능성이 높은 제1야당과 연대를 강조했다. 민주대연합론은 식민지 시기 제국주의에 반대하는 모든 세력이 광범위하게 손을 잡아야 한다는 민족해방전선(NLF)과 맥이 닿아 있었다. 그런 이유로 2000년 1월 민노당이 창당할 때 대부분의 NL계 그룹은 관망했다. 풍부한 대중운동 경험을 가진 경기동부연합과 강력한 노조를 기반으로 한 울산연합만 민노당 창당에 적극적이었다.

민노당 창당 석 달 만에 치러진 2000년 4월 16대 총선에서 정형주는 민노당 간판을 달고 성남시 중원구에 다시 출마했다. 그는 4년 전에 비해 거의 세 배 가까운 득표를 했다. 그가 얻은 표는 1만 9,781표, 득표율로는 21.48퍼센트라는 높은 수치였다. 5년 뒤인 2005년, 열린우리당과 민주당의 분당으로 4자 구도로 치러진 4·30 재보궐선거에서 정형주 민노당 후보는 27.36퍼센트를 득표해 한나라당 신상진 후보(34.72퍼센트)에 이어 2위를 차지했다. 당선에는 실패했지만, 야당의 간판 격인 열린우리당의 조성준 후보(21.61퍼센트), 민주당의 김강자 후보(11.58퍼센트)를 훌쩍 뛰어넘었다. 성남에서 진보 진영의 성장이었고, 경기동부 그룹의 눈부신 도약이었다.

그러나 딱 거기까지였다. 2008년 민노당이 분당하고 'NL 패권주의' 논란이 거세지자 경기동부연합은 대중의 지지를 잃어버렸다. 이 흐름을 정형주 개인의 노력, 성남의 특수한 정서만으로 뒤집을 수는 없었다. 민노당이 분당의 기로에 섰을 때 경기동부연합은 왜 양보를 해서라도 당을 뛰쳐나가는 PD계 인사들을 붙잡지 않은 걸까?

당시 심상정 비상대책위원장은 당이 깨지는 걸 막기 위해 최종적인 혁신안을 만들어 당대회에 부쳤다. 혁신안의 가장 큰 쟁점은 북한에 당원 정보를 넘겨주었다는 혐의로 유죄 판결을 받은 '일심회' 관련자 2명을 제명하는 문제였다. 심상정은 NL계의 친북 성향을 비판하면서 당이 '종북 논란'에서 벗어나야 한다고 주장했지만, "진보정당에서 웬 마녀사냥이냐"라는 NL계 당원들의 거센 반대에 부닥쳤다. '심상정 혁신안'은 NL계가 다수인 대의원 표결에서 압도적으로 부결되었다. NL은 당을 지키는 데 성공했지만, 결국 그 당은 두 쪽이 났다. 경기동부는 NL 그룹 중에서도 '심상정 혁신안'에 가장 강하게 반대했다고 한다.

민노당의 NL계는 내부의 모든 정파가 참여하는 전국단위의 논의구조를 두고 있었다. 소계파별로 각개약진했던 PD와 결정적인 차이점이었다. 당원 분포로만 따지면 PD가 NL보다 많았음에도 당내 선거에서 번번이 NL이 승리한 것도, 바로 이 '전국모임'을 통해 행동을 통일했기 때문이다. 민노당의 NL계 인사는 "전국모임의 결정사항을 내부 계파가 어긴 적은 거의 없었다. 특히 선거에선 거의 100퍼센트 행동통일이 이루어졌다"고 말했다. PD 쪽에서 "NL은 위에서 오더를 내리면 그대로 따르는 '조폭' 조직과 다를 게 없다"는 비아냥이 나올 정도였다.

전국모임에는 경기동부연합과 광주전남연합, 울산연합, 인천연합, 서울연합 등이 참가했다. 2008년 2월 '심상정 혁신안'을 표결할 당대회를 앞두고도 NL계 전국모임이 소집되었다. 인천연합은 혁신안을 받아들이자고 말했다. 혁신안 내용에 찬성해서가 아니라, 그걸 비토하는 순간 당이 깨질 게 분명하니 어찌 되었든 분당은 막아야 하지 않겠느냐는 논리였다. 경기동부는 그런 인천연합을 강하게 비판했다. "심상정 비대위가 권한을 달라면 줄 수 있다. 비례대표 추천권도 줄 수 있다. 그러나 동지의 등에 칼을 꽂을 수는 없다. 일심회 관련자 제명엔 절대 동의할 수 없다"고 주장했다. 경기동부 의견에 광주전남연합과 울산연합 등이 동조했다. 결국 인천연합도 마지못해 동의했고, 당대회 결과는 앞에서 말한 대로 '심상정 혁신안'의 참담한 부결이었다. PD는 당을 뛰쳐나갔고, 민노당은 둘로 쪼개졌다. 진보정당은 대중의 신뢰를 잃었다. 경기동부연합에는 '민노당 NL의 배후조직' 또는 '종북 주사파의 핵심'이란 부정적 낙인이 찍히기 시작했다.

경기동부연합의 장점과 한계

'경기동부연합'이 실체로서 존재하든 또는 무정형의 정파로서 있든, 회원(조직원) 수는 500명 안팎일 것으로 추정되었다. 전국연합 시절의 경기동부연합에서 2000년 초반 민노당 경기동부지부로 넘어온 회원 수가 대략 그 정도이기 때문이다. 1990년대 후반부터 학생운동을 비롯한 진보 운동의 세는 크게 약화되었다. NL이든 PD든 민노당의 각 정파 역시 그런 사회적 흐름에서 자유로울 수는 없었다. 그런데 유독 경기동부는 진보정당 내에서 젊은 층을 수혈하면서 영향력을 확대할 수 있었다. 1990년대부터 한국외국어대 용인캠퍼스 등 용성총련 산하 대학과 긴밀한 연계를 맺고 활동해온 경험이 큰 도움이 되었다. 경기동부의 조직력은 공동체 생활을 통해 다져졌다. 통합진보당 대변인을 지낸 우위영(한국외국어대 서반아어과 84학번)은 이렇게 말했다. "6~7명 정도의 핵심 간부들은 상근 활동을 했기 때문에 새벽에 신문 배달이나 우유 배달을 해 생계비와 활동비를 충당했습니다. 대충 하루 일과는 새벽 3~4시 사이에 시작됐고 새벽 1시가 넘어서야 마무리될 수 있었습니다. 최소한 1년에 절반은 그렇게 생활했습니다. 하루에 네 시간 이상을 자는 것은 양심에 찔리는 일이었습니다." ▪

NL이 PD에 비해 집단의식이 강하지만, 그중에서도 경기동부연합의 집단문화와 규율은 특별했다. 2000년대 들어 NL, PD 가리지 않고 운동권 내 거의 모든 정파의 세가 기우는데도 유독 경기동부만은 조직과 영향력을 확대할 수 있었던 배경이 여기에 있다.

내부적으로는 경직되었다 싶을 정도의 규율을 가졌지만, 외부 활동에서는 대중의 요구를 앞에 놓고 유연하게 움직인 것이 경기동부의 장점이었다. 1994년 무렵 통일운동 방식을 놓고 범민련과 새통체가 대립할 때 경기동부는 새통체 편

▪ 임미리, 「경기 동부」, 83쪽.

에 섰다. 2000년 민노당 창당 때 대부분의 NL 그룹이 참여를 주저했지만, 가장 먼저 민노당에 합류한 것도 경기동부였다. 누구보다 대중의 요구에 민감했기 때문으로 해석할 수 있다. 그런 경기동부연합이 불과 10여 년 뒤 유연성을 상실하고 '가장 폐쇄적이고 배타적인 정파'로 바뀐 배경은 여전히 아리송하다.

경기동부를 이야기하면 이석기 전 국회의원을 빼놓을 수 없다. 그는 2012년 국회의원 시절 『한겨레』와의 인터뷰에서 "외부에서 부르는 것인데, 경기동부연합은 과거에 존재했던 조직이고, 지금은 해산한 조직이다. 경기동부연합이라고 표현되는 사람들 중에 내가 포함돼 있는데, 나는 당시 경기동부연합이 활동했을 때에 참여한 바가 없다"고 말했다.■ 그가 말한 경기동부연합은 1990년대 전국연합 산하의 경기동부연합을 뜻하는 것으로 보인다. 자신은 그때 '전국연합 산하 경기동부연합에서 활동하지 않았다'는 뜻이다. 이건 사실이다. 1990년대에 이석기는 NL계 전위당인 민혁당에서 활동했고, 이 일로 상당 기간 수배와 투옥 생활을 해야 했다.

그러나 이석기는 정치적 파벌(정파)로서 경기동부의 기반인 두 가지 중요한 요소를 모두 갖고 있다. 그는 성남 출신

■ 석진환, 「이석기 "유시민과의 당권거래설은 소설이다"」, 『한겨레』, 2012년 5월 9일.

(성일고등학교 졸업)이고, 한국외국어대 용인캠퍼스에서 학생운동을 했다. 82학번인 이석기가 NL 이념을 접한 때는 1986년 무렵 방위 복무 시절로 알려져 있다. 우연히도 이석기는 NL 이념의 초기 정립에 역할을 한 하영옥과 방위 생활을 같이했다. 1989년 하영옥이 NL계 전위조직인 반청을 결성할 때 이석기는 중앙위원으로 주도적으로 참여했다. 그 무렵 '강철서신' 저자 김영환이 감옥에서 출소했다. 이석기는 김영환을 반청에 합류시키기 위해 그에게 중앙위원직을 양보했다. 쉽지 않은 결정이었다. 김영환은 이렇게 말했다. "운동을 하는 게 돈이나 출세를 위한 건 아니었지만, 그래도 명예는 중시하던 시절이었다. 전위조직의 중앙위원이면 활동가로선 매우 영예로운 자리인데, 그걸 나한테 양보하고 지역으로 내려가는 걸 보고 '꽤 순수한 사람이다'라는 생각을 했다."

이석기는 민혁당 사건으로 2002년 5월 검거되어 2년 6개월 형을 선고받고 복역하다 2003년 8월 광복절 특사로 석방되었다. 그는 국회의원이 된 뒤 민혁당 사건에 대해 "과거형이다.……그 사건의 경우 수사 과정 자체부터 판결 때까지 저는 한 번도 인정한 적 없다.……적절한 시기가 되면 할 말이 굉장히 많다. 20대 청년 때 새로운 사회와 미래에 대한 열정으로, 혁명가가 아닌 사람이 어디 있었나"라고 말했다.■

■ 석진환, 「이석기 "유시민과의 당권거래설은 소설이다"」.

"이석기가 누구냐"

이석기는 2005년 설립한 선거기획·광고대행사 CN커뮤니케이션즈를 통해 민노당에서 영향력을 확장했다고 언론은 보도했다. CN커뮤니케이션즈는 2007년 권영길 민노당 대통령후보의 광고와 홍보를 맡았다. 또 총선과 지방선거 때 민노당과 통진당 후보들의 선거홍보를 도맡다시피 했다. 중앙선거관리위원회(중앙선관위)에 따르면, 2012년 4·11 총선에서 통진당 출마자 51명 중 20명이 CN커뮤니케이션즈에 약 12억 원어치의 일을 맡겼다. 이석기는 『한겨레』 인터뷰에서 "(CN커뮤니케이션즈는) 감옥에서 나와서 대중운동이 정당운동으로 바뀌면 선거를 많이 할 테니까 거기에 기여하려고 만들었던 거다.……운동권과 거래해 돈 번 데가 없다"며 "난도질 당하고 있다"고 말했다.■ 그러나 민노당 최고위원을 지냈던 한 인사는 이렇게 말했다. "CN커뮤니케이션즈가 경기동부에서 운영하는 기획사 겸 재정사업처라는 얘기는 오래전부터 당내에 파다했다. 2012년 총선에서 '이석기 비례대표 파동'이 난 뒤에야, 아 이게 경기동부의 합법 거점이구나 라는 사실을 명확히 알게 됐다."

2012년 4·11 총선을 앞두고 통진당 비례대표 후보

■ 석진환, 「이석기 "유시민과의 당권거래설은 소설이다"」.

공개활동 경력이 거의 없는 이석기의 국회 진출은 경기동부 그룹의 빛과 그림자를 고스란히 보여주었다. 2014년 12월 헌법재판소가 '정당 해산' 결정을 내린 뒤, 당 강제해산과 의원직 상실 결정에 항의하는 통합진보당 소속 의원들이 헌법재판소 앞에서 시위를 하고 있다.

경선에서 1번으로 최다 득표를 할 때까지, 이석기의 존재를 아는 사람은 진보정당 내에 거의 없었다. 민노당 활동을 오래 했던 어느 인사의 말이다. "2008년쯤인가 민노당이 분당되고, 천영세 비상대책위원장 시절이었다. 경기동부 쪽의 실무자가 '이석기 씨 어머니가 돌아가셨으니 문상을 가시는 게 어떠냐'고 해서, 천영세 위원장을 모시고 몇몇 간부가 문상 간 적이 있다. 천영세 위원장도 나도 빈소에서 이석기 씨를 처음 봤다. 이석기 씨가 천 위원장에게 '얼마나 고생이 많으십니까. 제가 다 얘기 듣고 있습니다'라고 말하더라. 그걸 보고 실세는 실세구나 하는 생각이 들었다. 그래도 그때만 해도 이석기 씨가 비례대표 국회의원이 될 줄은 전혀 예상하지 못했다."

이석기는 2012년 3월 비례대표 후보를 선출하는 당내 경선에서 득표율 27퍼센트로 1위를 차지했고, 19대 총선에서 통진당 비례대표로 국회에 입성했다. 당 안팎에서는 "이름도 없는 '듣보잡'이 경기동부의 조직적 지원으로 국회에 들어갔다"는 식의 거센 비판이 터져나왔다. 비당권파인 정성희(소통과혁신연구소장, 전 민노당 최고위원)는 『경향신문』과 인터뷰에서 "그 사람(이석기)에 대해 아는 게 없고, 얼굴 한 번도 못 봤다. 나중에 이력이 나오는 걸 보고서야 민중의소리, CNP전략그룹과 관련된 사람이구나 했다"고 말했다.■ NL계 울산연합

■ 백철, 「실체 없는 '숨은실세 이석기'」, 『경향신문』, 2012년 5월 12일.

의 핵심으로 꼽히는 김창현(전 울산 동구청장)조차 "이석기가 누구냐"고 반문할 정도였다.

애초 경기동부의 비례대표 후보로는 이용대 전 민노당 정책위원회 의장이 첫손가락에 꼽혔다. 그러나 선거를 몇 달 앞두고 그가 뇌출혈로 쓰러지면서 갑자기 이석기가 그 자리에 들어왔다. 공개 활동 경력이 거의 없는 이석기의 국회 진출은 진보정당을 뒤흔드는 '판도라의 상자'를 여는 일이었다.

통진당 비례대표 후보 경선에서 이석기가 1위에 오른 것이 부정선거 때문인지는 가리기가 쉽지 않다. 그 이후 검찰 수사와 재판 과정을 보면, 경선 부정은 당권파(경기동부)뿐 아니라 국민참여당계를 비롯한 비당권파에서도 광범위하게 행해졌다. 결속력 강한 경기동부는 단일하게 이석기를 밀었고, 다른 정파들은 후보 난립으로 표가 분산되었기 때문에 이석기가 1위가 되었다는 분석도 적지 않다.

그러나 이석기는 경기동부가 지닌 문제점과 한계를 고스란히 드러냈다. 당내 핵심 인사들도 누군지 알지 못할 정도로 배후에서만 일해온 막후 실세가 어느 날 갑자기 정당의 간판 국회의원으로 떠오르는 건, 적어도 대중정당에서는 있을 수 없는 일이었다.

민노당과 통진당은 대중정당을 지향했고, 유권자의 지지를 받아 성장했다. '경기동부'는 그런 대중정당의 정파로서 적응하는 데 실패했다. 전체 당원과 국회의원 선거에서 진보정당에 표를 던진 수많은 일반 유권자의 요구를 강고한 조직력으로 뛰어넘을 수 있다고 생각한 것은 오만한 착각이었다. 대중활동에서 누구보다 열성적이었던 경기동부가 잊고 있었던 건, 진보정당 역시 대중정당이란 사실이었다.

11

뉴라이트의 탄생
NL 전향파의 오늘

NL 전향파와 뉴라이트

2004년 11월 23일 서울 명동 전국은행연합회관에서 '자유주의연대' 출범식이 열렸다. 자유주의연대는 출범 선언문에서 이렇게 주장했다. '대한민국이 절체절명의 위기에 빠져 있다. 한미동맹은 표류하고 안보 불감증은 확산되며 경제는 활력을 잃었다.……한심한 것은 노무현 정권만이 아니다. 두 차례의 대선 패배로 좌파 포퓰리즘 세력에게 나라 운영의 권리를 넘겨준 한나라당은 기득권 유지에 전전긍긍하는 기회주의적 모습에서 벗어나지 못하고 있다. 이제 이러한 수구좌파와 수구우파가 주도하는 정치는 종말을 고해야 한다.'

각계의 86세대 70여 명이 참여한 자유주의연대의 주

축은 1980년대 민주화운동가 출신, 특히 그중에서도 'NL 전향파'였다. 홍진표·한기홍·최홍재·허현준 등 이 단체 핵심 10여 명이 NL 전향파였고, PD 출신은 신지호(연세대 81학번) 하나뿐이었다. 자유주의연대의 출범은 NL 전향파가 한국 보수주의 운동의 전면에 나서겠다는 선언과 다름없었다. 놀라운 일이었다.

민주화운동을 했던 인사들이 신념을 바꾸고 독재정권 또는 보수정당에 몸을 싣는 것이 드문 일은 아니었다. 김영삼 대통령 시절인 1996년 15대 총선 때는 민중당 핵심이던 이재오·김문수·이우재가 한꺼번에 집권 여당(신한국당)에 입당해 운동권에 적지 않은 충격을 주었다. 진보 진영에서는 '변절' 또는 '전향'이라 비난했다. 명분이나 도덕적 정당성을 찾기가 어렵기에, 이런 변신은 대개 개인적으로 조용히 이루어졌다. 그에 따른 비난 역시 스스로 감수하는 게 일반적이었다.

NL 전향파는 달랐다. 변절이란 비난에 아랑곳하지 않고 오히려 '뻔뻔하게' 반박하기 시작했다. 공개적으로 단체를 만들고, 좌파와 우파 모두에 대한 전면적인 '투쟁'을 선언했다. 그들에겐 전통적인 우파와 다르다는 의미에서 '뉴라이트'란 이름이 붙었다. 뉴라이트란 이름을 처음 쓴 사람은 이명박 정부에서 청와대 홍보수석을 지낸 이동관(전 『동아일보』 정치부장)이었다. 이동관은 "이들을 처음엔 '신보수'라 불렀는데 그러자니 미국의 '네오콘'Neo-con이 연상됐다. 네오콘은 조지 부시 대통령 시절 이라크전쟁과 대테러전쟁을 주도한 극우·강경보수 그룹이었다. 그래서 극우·강경 이미지를 피하려 '뉴라이트'로 부르자고 했다"고 말했다. 하지만 처음엔 참신한 듯 보였던 뉴라이트란 이름도 결국 극우·강경 이미지를 피해가지 못했다. 자유주의연대 결성에 핵심 역할을 했던 홍진표는 "뉴라이트 역시 미국과 유럽에선 극우적 이념을 지칭했기에, 나는 그 네이밍이 썩 마음에 들진 않았다. 그러나 언론에서 다들 그렇게 부르는 데 어쩔 수 없었다. 그게 새로운 세력을 알리는 데 효과적인 측면도 있었다"고 말했다. 그로부터 수년간은 뉴라이트 전성시대였다. 보수 언론의 집중적인 스포트라이트를 받았고, 류근일·조갑제 등 전통 보수 원로들의 지지 또는 격려를 받으며 보수의 총아로 떠올랐다.

『시대정신』과 새로운 운동의 모색

자유주의연대의 출발은 1998년 11월 창간한 격월간지 『시대정신』이었다. 『시대정신』은 민혁당 사건 핵심인 김영환과 홍진표, 노동운동가 출신 한기홍이 함께 만든 잡지였다. 뉴라이트는 『시대정신』에서 싹을 틔웠다. 홍진표는 이렇게 회고했다. "1997년 12월 말쯤이었던 걸로 기억한다. 그때 김영환 씨는 울산 부부간첩단 사건 수사 과정에서 이름이 나와 중국으로 도피한 상황이었다. 김씨로부터 '한번 보자'는 연락이 왔다. 민혁당을 해산하고 신변 안전을 걱정하던 김영환 씨와 독일에서 만났다. 김씨는 북한민주화운동을 지원하고 남한 내 '종북주의'와의 투쟁을 주도할 수 있는 잡지를 하나 만들자고 제안했다. 나도 '좋다'고 찬성하고 국내로 돌아와 한기홍 씨와 잡지 창간 문제를 협의했다. 그렇게 셋이 서로 의견을 주고받으면서 실무준비를 했다. 처음엔 아주 작은 규모였다. 개인 돈을 갹출하고 '푸른사람들' 회원들의 기부를 받아 신촌에 사무실을 하나 마련했다. 원고료 없이 재능기부 형식으로 투고를 받았으니 돈이 많이 들진 않았다. 대중잡지로 출발한 게 아니라 처음엔 운동권 출신들을 주 독자층으로 설정했다. 그때는 뉴라이트로 분류되리란 생각은 하지 않았고, 기존 운동권의 사고를 벗어나 새로운 길을 모색해보자는 정도였다."

김영환과 홍진표는 민혁당 핵심으로, 1997년 민혁당 해산 때부터 줄곧 논의를 같이해온 사이였다. 홍진표는 국가보안법으로 두 차례, 집회 및 시위에 관한 법률(집시법) 위반 혐의로 한 차례 구속된 전력이 있는 운동권 핵심이었다. 학생운동을 졸업한 뒤에는 전민련 조국통일위원회 간사를 맡는 등 1990년대 내내 통일운동에 몸담아왔다. "북한에 대한 실망감"이 전향의 이유였다고 그는 말했다.

한기홍(연세대 심리학과 81학번, 현 북한민주화네트워크 대표)은 오랫동안 NL 계열 노동운동을 해오면서 '푸른사람들'이란 운동권 출신 인사들의 모임을 통해 김영환과 알게 되었다. 서울 충무로 인쇄노조를 거쳐 철도청 하급 기능직으로 취직해 있던 한기홍은 마침 장기적 관점의 노동운동에 개인적으로 회의가 들었다고 했다. 그는 선뜻 직장을 그만두고 『시대정신』 창간에 합류했다. 한기홍은 "동유럽 사회주의권이 몰락하고 북한도 식량난 등으로 위기가 심화하면서 뭔가 운동의 새로운 변화와 모색을 해야 한다는 딱 그 정도 생각으로 시작한 일이었다. 내가 발행인 겸 편집인을 맡고 NL 주사파 출신들이 공식·비공식 편집위원으로 참여했다. 『시대정신』이 본격적으로 보수화한 건 2006년 안병직 서울대 명예교수 등의 주도로 계간지로 재창간하면서부터다. 그때부터 뉴라이트 색깔이 확 부각됐다"고 말했다.

『시대정신』 편집위원을 맡은 최홍재(고려대 신문방송학과 87학번, 현 바른정당 정책연구소 부소장)는 1991년 고려대 총학생회장과 전대협 5기 조국통일위원회 위원장 대행을 지냈다. 1994년에는 한총련 정책실장을 맡아, 당시 서울대에 재학 중이던 최정남을 한총련 대표로 평양에 파견하는 데 주도적 역할을 했다. 그는 전향을 한 계기를 이렇게 말했다. "북한 실상이 내가 생각한 것과 달랐다. 전대협 조국통일위원장 대행과 한총련 정책실장을 맡으면서 여러 후배를 평양에 보냈다. (평양을 방문한) 후배들은 베를린의 범청학련(조국통일범민족청년학생연합) 본부에서 일했는데, 우리와 베를린은 생각이 비슷한데 평양과는 맞지 않는 경우가 많았다. 북한 태도가 이상하다는 얘기를 듣고 뭐가 실체적 진실일까 고민하다 (전향을) 하게 됐다."

『시대정신』 멤버들은 초기 자신들의 활동을 '새로운 운동의 모색'으로 정당화했다. 좌도 우도 아닌, 시대 변화에 맞는 새로운 운동을 시작한다고 말했다. 이들은 박정희 이데올로기를 신주단지 모시듯 하는 '국가주의 보수'와 분명히 선을 그었다. 대신 기업과 시장의 자율을 믿는 '자유주의'를 내세웠다. 박정희식 국가주의에 대한 부정否定은 북한 체제에 대한 부정과 일맥상통했다. 이들은 북한 김정일 체제는 사회주의가 아니라 봉건체제와 흡사한 독재정권에 불과하다고 주장했다. 이 점에서 통일운동과 남북 화해를 중시하는 진보 운동권과는 분명한 대척점에 섰다.

홍진표는 이렇게 말했다. "『시대정신』과 북한민주화네트워크(1999년 창립)를 만든 사람들은 대부분 주사파에서 전향한 이들이다. 뭐가 우리가 할 일이 있으리라 봤고, 그게 북한민주화운동에 대한 기여라고 생각했다. 대상과 내용이 달라졌을 뿐 이것도 운동의 일환이라 봐서 자연스레 넘어갔다. 국가주의 보수는 북한 자체를 없어져야 할 대상이라 봤기에 북한 민주화에 아예 관심이 없었다. 우리는 북한 정권과 민중을 분리해서, 북한 민중을 돕자는 거였다. 그때까지만 해도 한국의 전통 보수와는 분명히 다른 생각이었다. 이게 보수인가,

운동권인가 우리도 헷갈렸다. 언제부터인가 보수로 분류되고, 이명박 정부 들어서는 '뉴라이트=극우'란 이미지까지 씌워졌다."

최홍재는 "처음 북한민주화운동을 시작할 때엔 북한 인권을 위해 보수 뿐 아니라 진보 진영도 함께할 수 있다고 생각했다. 인권은 진보적 가치니까. 그런데 그렇게 안 됐다. 북한 인권운동을 하다보면, 김대중 정부의 햇볕정책은 걸림돌이다. 북한 정권을 고립·약화시켜야 하는데, (햇볕정책은) 오히려 그 역으로 가니까. 그래서 (김대중·노무현 정부를) 공격하다 보니까 자꾸 오른쪽으로 갈 수밖에 없었다"고 말했다.

이들은 특히 NL 주사파를 공격하는 데 온 힘을 쏟았고, 이것이 진보 진영에서 설 자리를 잃는 또 하나의 중요한 배경이 되었다. 생각을 바꿀 수는 있지만 과거 동료들을 공개적으로 비난하는 건 선을 넘어서는 '배신'이었다. 특히 김영환은 1999년 민혁당 수사 때 국정원에 협조하고 공소 보류로 풀려나와 '변절자'로 낙인찍혀 있었다. 진보 진영이 보기에 이들은 '새로운 모색'이 아니라 '우파의 앞잡이'로 투항한 것에 불과했다.

'NL 전향파'가 분명하게 오른쪽으로 좌표를 잡은 건 2002년 대선이 계기였다. 전향파의 일부는 노무현 민주당 후보와 이회창 한나라당 후보가 맞붙은 대선에서 노무현 후보를 지지했다. 그러나 다수는 노무현 정부 출범 이후, 새 정부의 유화적인 대북정책을 맹비난하며 분명하게 '보수' 색깔을 드러냈다. 이들에게는 '뉴라이트(신우파)'란 이름이 붙었다.

친일파와 독재 찬양

뉴라이트란 새로운 네이밍과 화려한 부상은 추락의 시작이었다. 2004년 보수 언론과 정치권의 주목을 받으며 화려하게 출범했던 자유주의연대는 '새로운 운동 모색'의 종말인 동시에 뉴라이트의 실패를 알리는 서곡과 같았다. 한기홍은 "모든 사회운동이 그렇듯이, 결국 정치가 끼어들면서 뉴라이트 운동 역시 변질되기 시작했다"고 말했다.

당시 한나라당은 이명박-박근혜 두 사람이 치열하게 대선후보 쟁탈전을 벌이고 있었다. 박근혜 후보가 대구경북을 기반으로 하는 '구보수', 다시 말해 박정희 이데올로기에 충실한 보수를 대변했다면 이명박 후보는 수도권 중도층을 겨냥한 '신보수'를 지향했다. 이명박 후보에게 자유주의연대와 같은 '뉴라이트'는 빛깔 좋은 이념적 배경이었다. 너도나도 뉴라이트를 내건 단체를 만들어 정치에 뛰어들었다. 1970년대 반유신 민주화운동에 참여했던 김진홍 목사가 만든 '뉴라이트전국연합'은 뉴라이트 단체 중 가장 규모가 컸지만, 사실은 이명박 대통령 만들기를 위한 외곽 단체라는 평을 들었다.

자유주의연대에서도 신지호 등은 뉴라이트 운동을 정치 발판으로 삼으려 애썼다. 신지호는 2008년 4월 총선에서 친이명박계로 국회의원 배지를 달았다. 『시대정신』 인사 가운데 홍진표는 이명박 정부에서 국가인권위원회 상임위원을 지냈고, 최홍재는 문화방송 대주주인 방송문화진흥회 이사로 선임되었다.

홍진표는 "뉴라이트 운동이 결과적으로 친이명박 운동이 되어버렸다. 여기에다 친일파 논란 등으로 '극우' 이미지가 덧씌워지면서 급격하게 대중적 이미지가 추락했다"고 말했다. 최홍재는 이렇게 말했다. "뉴라이트가 우파 혁신으로 갔어야 하는데 그렇게 가지 못하고, (2004~2007년 무렵에) 노무현 정부 공격에만 집중했다. 사실 자유주의연대에서 국가보안법 7조 고무찬양죄를 폐지하자는 주장을 내놓기도 했다. 그렇게 냉전, 반공주의를 극복하자는 주장이 있었지만 크게 이슈화하진 못했다. 오히려 보수 진영으로부터 '위장 전향 아니냐'는 비난을 받고는 쑥 들어가버렸다. 또 하나의 문제는 교과서포럼이었다. 학자 개개인의 성향은 우리가 뭐라고 할 수가 없는 상황이었다. 친일 또는 5·16 미화 등은 우리 의견이 아니었다. 하지만 이 논란을 거치면서 '뉴라이트는 MB(이명박) 2중대이면서 친일파'란 낙인이 찍혔다. 어쨌든 그 책임은 우리가 져야 한다고 본다."

뉴라이트에 결정적 타격은 통일 문제가 아니라 '친일

파'와 '독재 찬양'이라는 현대사 문제에서 터졌다. 2006년 11월, 뉴라이트 계열의 교과서포럼이 중심이 되어서 쓴 '한국 근현대사 대안교과서' 시안 파문이 터졌다. 시안은 일제 식민지 지배를 일본 우익학계의 '식민지 근대화 사관'과 유사한 시각에서 서술했다. 또 4·19혁명을 '학생운동'으로 표현하고 5·16쿠데타를 '5·16혁명' 또는 '군사혁명'이라고 불렀다. 명백히 4·19혁명의 의미를 평가절하하고, 박정희 전 대통령이 주축이 된 군부 쿠데타를 근대화 또는 산업화의 계기로 높이 평가하는 시각이 담겨 있었다.

그해 11월 30일 서울대서 열린 교과서포럼 심포지엄에서 안병직 서울대 명예교수(당시 『시대정신』 발행인)는 기조발제를 통해 "현재 고교에서 쓰이는 교과서들이 모두 운동사 중심으로 돼 있다. 근현대사를 새로 써야 한다"고 주장했다. 또 "이승만·박정희 대통령이 미국과 손잡아 안보를 확보하고 자유민주주의 시장경제를 도입하지 않았더라면 경제 번영도, 민주화도 불가능했을 것이다. 자유민주주의는 시민사회가 형성돼야 가능한데, 이승만·박정희의 독재가 시민사회 바탕을 만들고 민주사회의 토대를 닦았다"고 말했다. 이 심포지엄은 4·19단체 회원 50여 명이 단상을 점거하고 항의하는 바람에 중간에 그대로 막을 내렸다. 교과서포럼 파문을 계기로 국민들에게 '뉴라이트=식민사관, 독재 미화'란 인식이 확산되었다.

2006년 11월 교과서포럼이 중심이 되어서 쓴 '한국 근현대사 대안교과서' 시안 파문 이후 국민들에게 '뉴라이트=식민사관, 독재 미화'란 인식이 확산되었다. 11월 30일 서울대 사범대에서 열린 '교과서포럼 심포지엄'에서 4·19단체 회원들이 주최 측과 몸싸움을 벌이고 있다.

교과서포럼의 도발적 문제 제기는 박근혜 정권 들어서 역사교과서 국정화로 귀결되었다. 교과서포럼 공동대표(박효종·이영훈·차상철) 가운데 이영훈(서울대 교수)은 『시대정신』 편집위원이었다. 한기홍은 "북한 주도의 현대사 인식에 동의하긴 어렵지만, 우리는 역사교과서 국정화엔 반대했다. 뉴라이트 내부에서도 스펙트럼이 다양했다"고 말했다. 그는 "최근 몇 년간 『시대정신』에서 뉴라이트 색깔을 빼려고 노력했다"고 덧붙였다.

뉴라이트의 날개 없는 추락

뉴라이트 추락의 결정판은 전북대 총학생회장 출신 허현준이 박근혜 정권의 국정농단사건에 깊숙이 개입한 것이었다. 뉴라이트가 내건 지향으로만 보면, 반북·반운동권이야 그렇다 쳐도 박정희 이데올로기의 충실한 추종자인 박근혜 전 대통령을 돕는다는 것은 쉽지 않는 일이었다. 한기홍은 "박 전 대통령은 국가주의 신념이 너무 강해서 우리와는 코드가 맞지 않았다"고 말했다. 그런데 최홍재·허현준 등 전향 주사파 몇몇은 2012년 대선에서 박근혜 후보를 지지했고, 정권 출범 이후 청와대로 들어갔다. 최홍재는 "내가 학생운동 경력도 있고 시민사회 경력도 있어서 박근혜 캠프에서 국민대통합위원회 위원으로 활동했다. 그 인연으로 박근혜 청와대에 국민소통비서관실 선임행정관으로 들어갔다. 시민사회를 맡았는데 혼자서는 못할 거 같아 학생운동 시절부터 잘 알던 허현준 씨를 (행정관으로) 추천했다"고 말했다.

허현준(전북대 88학번)은 전북대 총학생회장과 전북총련 의장을 지낸, 1990년대 전북 지역 NL 학생운동 핵심이었다. 그는 범청학련 사건과 서울대 범민족대회 사건으로 두 차례 구속되었고, 1996년 연세대 사태 때는 한총련 중앙집행위원장을 맡아 2년간 도피생활을 한 적도 있었다. 허현준은 정식 민혁당원은 아니었지만 민혁당 외곽 학생조직원으로서 열심히 활동했다. 1996년 연세대 사태 이후 전북대는 NL 주류에서 분화한 새로운 학생운동 흐름, 이른바 '사람사랑 계열'의 핵심 거점으로 꼽혔다. 민혁당이 와해될 때 전북 그룹은 김영환을 따라 집단으로 북한민주화운동 쪽으로 방향을 틀었다. 허현준도 그중 한 사람이었다. 그는 2004년 자유주의연대 출범 때 창립회원으로 적극 참여했고, '사단법인 시대정신'의 사무국장을 지냈다.

그런 그가 2013년 청와대 행정관으로 일하면서부터 뉴라이트 동료들과 멀어지기 시작했다. 익명을 요청한 뉴라이트 인사는 "허현준 씨가 '박근혜 신도'처럼 변한 걸 보고 놀랐다. 그렇게 우리들과도 관계가 소원해졌다"고 말했다. 2014년 초, 최홍재는 1년 남짓 일한 청와대 선임행정관을 그만두었다. "(청와대에서) 더 이상 할 수 있는 일이 없어서, 국민대통합위원회로 자리를 옮겼다." 최홍재가 하던 일을 3급으로 승진한 허현준이 이어받았다. 시민사회 진영을 총괄하는 자리였다. 이 자리에서 허현준은 이른바 '화이트리스트'를 직접 실행하는 핵심 역할을 수행했다.

'박근혜-최순실 국정농단 특별검사팀'의 수사 내용을 보면, 허현준은 세월호 집회에 반대하는 극우단체들의 '관제 시위'를 뒤에서 지원하고 조종한 혐의를 받았다. 관제 시위대에 지급된 일당은 전경련 등을 압박해 조달했다. 전경련 관계자는 특검 진술에서 "허현준 청와대 국민소통비서관실 행정관이 마치 돈을 맡겨둔 듯 찾아와 보수단체 지원을 요구했다"고 밝혔다. 아무리 전향파라지만 그래도 과거 학생운동을 했던 인사가 극우단체들의 관제 시위를 조직해 시민사회 진영을 핍박하려 했다는 것은 충격이었다. 민주주의 가치에 대한 최소한의 믿음을 버린 것처럼 보였다. 뉴라이트의 한 인사는 "허씨가 그런 일까지 한 걸 우리도 알지 못했다. 왜 그렇게 변한 건지 모르지만, 허씨가 청와대 업무를 하면서 박근혜 전 대통령에 강한 인간적 신뢰를 갖게 됐다는 얘기는 전해 들었다"고 말했다. 또 다른 인사는 "허씨는 충직한 친구라 그런 성격이 좀 작용한 게 아닌가 싶기도 하다. 어쨌든 이해가 안 되는 일이다"고 말했다.

허현준 행정관의 행적은 NL 전향파 또는 전향 주사파

의 도덕적 파탄의 상징으로 여겨졌다. "한때 북한 추종에 몰두했던 이들이 이젠 정반대의 폭력적 국가주의에 충실하게 복무한" 사례로 꼽았다. '극과 극은 통한다'는 말이 이렇게 잘 들어맞는 경우도 흔치 않다. 뉴라이트의 날개 없는 추락은 피할 길이 없어 보였다. 그래도 상당수는 박근혜 정권과 선을 그음으로써 동반 몰락의 위기는 모면했다.

2015년 격월간지로 바뀐 『시대정신』은 2017년 5월 17일 통권 78호를 끝으로 휴간을 결정했다. 최순실 국정농단 사건의 여파로 전경련을 비롯한 기업 후원이 급격히 줄었기 때문이다. 10년 만의 진보정권(문재인 정권) 탄생으로 과거와 같은 정부 지원을 기대하기도 힘들어졌다. 『시대정신』 휴간 소식이 보수 진영에서 영향력이 큰 『조선일보』 1면에 실렸다는 건 의미심장하다. '박정희-박근혜'로 이어져온 국가주의 보수는 최순실 국정농단사건을 계기로 파산했다. 새로운 보수의 정립은 불가피해졌다. 그 대안으로 다시 『시대정신』과 같은 '신보수(뉴라이트)'에 눈을 돌리는 것이다.

뉴라이트가 추락한 건 진보의 공세 때문이 아니다. 보수정권 10년간 스스로 무너져버렸다. 저절로 허물어진 성을 다시 쌓기란 매우 어렵다. '박근혜식 보수'와 차별성을 주장할 수 있고, 공격의 대상(북한 정권)이 아직 건재하다는 게 이들에게는 실낱같은 부활의 희망이다.

NL 현대사

ⓒ 박찬수, 2017

초판 1쇄 2017년 11월 24일 펴냄
초판 2쇄 2018년 1월 15일 펴냄

지은이 | 박찬수
펴낸이 | 강준우
기획·편집 | 박상문, 박효주, 김예진, 김환표
디자인 | 최진영, 최원영
마케팅 | 이태준
관리 | 최수향
인쇄·제본 | 대정인쇄공사

펴낸곳 | 인물과사상사
출판등록 | 제17-204호 1998년 3월 11일

주소 | (121-839) 서울시 마포구 서교동 392-4 삼양E&R빌딩 2층
전화 | 02-325-6364
팩스 | 02-474-1413
www.inmul.co.kr | insa@inmul.co.kr

ISBN 978-89-5906-477-9 03910
값 15,000원

이 저작물의 내용을 쓰고자 할 때는 저작자와 인물과사상사의 허락을 받아야 합니다.
파손된 책은 바꾸어 드립니다.

이 도서의 국립중앙도서관 출판예정도서목록(CIP)은 서지정보유통지원시스템 홈페이지
(http://seoji.nl.go.kr)와 국가자료공동목록시스템(http://www.nl.go.kr/kolisnet)에서 이용하실 수 있습니다.(CIP제어번호: CIP2017029724)